Robin de Ruiter

Het Wachttorengenootschap

Jehovah's getuigen tussen
Zionisme, Vrijmetselarij en US-Politiek

Mayra Publications

Robin de Ruiter

Het Wachttorengenootschap

Jehovah's getuigen tussen Zionisme, Vrijmetselarij en US-Politiek

Mayra Publications

PUBLISHER'S NOTE
The views expressed herein are the personal views of the author and are not intended to reflect the views of the publisher.

Oorspronkelijke titel: "El poder detrás de los testigos de Jehová"

Copyright: © 1995 - 2016 Robin de Ruiter
Uitgave: Mayra Publications, Nederland
ISBN: 978-90-79680-20-7
Jaar van uitgave: 2016
Oorspronkelijke Nederlandse titel: "De verborgen macht achter de Jehovah´s getuigen"
Oorspronkelijke uitgever: Gideon (2001 - 2009)

No part of this work may be reproduced in any form by print, photo print, microfilm or any other means without written permission of the publisher.

Alle rechten voorbehouden. Niets uit deze uitgave mag worden verveelvoudigd, opgeslagen in een geautomatiseerd gegevensbestand, of openbaar gemaakt, in enige vorm of op enige wijze, hetzij elektronisch, mechanisch, door fotokopieën, opnamen of op enige andere manier, zonder voorafgaande schriftelijke toestemming van de uitgever.

Deze uitgave is met de grootst mogelijke zorg samengesteld. Noch de makers, noch de uitgever is echter verantwoordelijk voor mogelijke schade veroorzaakt door mogelijke fouten en/of onvolledigheden in deze uitgave. Ook zijn zij niet aansprakelijk voor de gevolgen van beslissingen die mensen nemen naar aanleiding van het lezen van dit boek.

De auteur

Robin de Ruiter staat al jaren internationaal bekend om zijn buitengewone vermogen tot onderzoek. Hij behoort tot een van Nederlands meest vertaalde auteurs.

Geboren werd de auteur op 6 maart 1951. Zijn jeugd bracht hij voornamelijk door in zijn geboorteplaats Enschede. Als jonge jongen verhuisde hij met zijn ouders naar Spanje. Hier studeerde hij onder meer theologie, geschiedenis en Spaans waarvan hij in 1973 en 1974 zijn titels behaalde.

Zijn carrière begon De Ruiter als freelance schrijver voor Spaanstalige tijdschriften op het gebied van politiek en religie. Met zijn Spaanse publicaties verwierf hij zich een naam in de Verenigde Staten en Latijns-Amerika. Met zijn boek *George W. Bush en de mythe van al-Qaeda – De verborgen macht achter de terroristische aanslagen van 11 september 2001* oogstte hij groot succes onder een wereldwijd publiek.

De Ruiter beschikt over een ongeëvenaarde geopolitieke inzicht en een buitengewone feitenkennis. Zijn directe internationale connecties en talenkennis - hij spreekt vloeiend zeven vreemde talen - geven hem toegang tot een ongekend aantal informatiebronnen. Zijn publicaties getuigen van een heldere, onbevooroordeelde blik. In de tegenwoordige journalistiek is zoiets zeer zeldzaam. Boeken welke getuigen van een dergelijke buitengewone feitenkennis en inzicht in samenhangen - zonder betweterij - zijn in Nederland ondenkbaar geworden. En al helemaal bij wat zich de serieuze pers noemt.

Inhoud

Dankbetuiging 7
Inleiding 9

Hoofdstuk 1: Jehovah's Getuigen 11
- Het Wachttorengenootschap 11
- Charles Taze Russell 21
- Joseph Franklin Rutherford 25
- Nathan Homer Knorr 29
- Frederick William Franz 30
- Milton G. Henschel 32
- De theologie van het Wachttorengenootschap 33
- Gedachtencontrole 42

Hoofdstuk 2: Het Wachttorengenootschap en de vrijmetselarij 47
- De vrijmetselarij 47
- Jehovah's Getuigen en de vrijmetselarij 54
- De brief spreekt voor zich! 65

Hoofdstuk 3: De geheime macht achter de schermen 72
- Handlangers van het kapitalisme 72
- In dienst van het zionisme 75
- Pacifisten en spionnen 93

Hoofdstuk 4: Jehovah's Getuigen in Duitsland 98
- Militaire dienst 98
- Op zoek naar confrontaties met de christelijke kerken 103
- De Tweede Wereldoorlog 107

- Het Amerikaanse *State Department* 110
- Foute houding moeilijk te ontkennen 128
- De erfenis van Heinrich Himmler 130
- De psychologische campagne tegen het communisme 134

Hoofdstuk 5: Neutraliteit 142
- Jehovah's Getuigen als politieke vluchtelingen 142
- Afrika 143
- Brieven aan politieke machthebbers 144

Hoofdstuk 6: Satanisme in Brooklyn 147
- Valstrikken van de duivel 147
- Bronvermelding van de afbeeldingen in hoofdstuk 6 179

Hoofdstuk 7: De nieuwe religieuze bewegingen 182
- Ondermijning van het christelijk geloof 182

Bijlage 1 187
Bijlage 2 193
Bijlage 3 199
Bijlage 4 203
Bibliografie 209
Wachttorenliteratuur 217
Noten 219

Dankbetuiging

In het bijzonder wil ik mijn erkentelijkheid betuigen aan Fritz Springmeier, een Amerikaans onderzoeker en schrijver, voor de waardevolle samenwerking en zijn toestemming om veel van zijn documenten en onderzoeken in dit boek te gebruiken. Zijn bijdrage heeft ervoor gezorgd dat dit boek in zijn oorspronkelijke taal (Spaans) door meer mensen is gelezen en meer effect heeft gehad dan anders het geval zou zijn geweest.

Ook gaat mijn dank uit naar de volgende schrijvers en onderzoekers, voor de waardevolle samenwerking: Darek Barefoot, Walter Krappatch, Günther Pape, Franz Stuhlhofer, Antonio Carrera en José Fierro Córdova. Zij zijn allemaal expert op dit gebied.

Ook dank ik Elle Wiltjer, Javier Palermo Colinas, Jutta Birlenberg, Dizán Vázquez, Heidi de Ruiter-Frank en mijn vader, Cebastiaan de Ruiter, die mij daadkrachtig terzijde hebben gestaan met informatie, commentaar, medewerking en steun.

Inleiding

Er is al veel geschreven over het Wachttorengenootschap en zijn volgelingen, de Jehovah's Getuigen. Er zijn echter maar weinig schrijvers die de moeite hebben genomen om de geheime macht achter deze pseudo-religieuze organisatie te ontmaskeren. Het is verrassend dat veel van de leidinggevenden binnen de organisatie niet weten wie achter de schermen de touwtjes in handen heeft. Evenmin zijn ze op de hoogte van de actieve rol die het Wachttorengenootschap op het wereldtoneel speelt. Het lijkt onmogelijk om tot de geheimen door te dringen die slechts bij een paar leden van de hoogste leiding bekend zijn.

Maar bestaat er een methode om tot de diepste geheimen door te dringen? Wie leidt de organisatie op de achtergrond? Maakt de organisatie deel uit van een bepaald plan? Wat zijn haar geheimen? Dit zijn allemaal vragen die de lezer zelf zal kunnen beantwoorden, wanneer hij deze studie gelezen heeft.

Bij het lezen van dit boek wordt de lezer lid van de 'jury'. Ik ben van mening dat de meerderheid van de geleverde informatie de jury op een dusdanige manier de weg zal wijzen, dat die in staat zal zijn het vreselijke geheim van de macht achter deze organisatie te ontsluieren.

Ik hoop dat de lezer, die dus lid van de jury is, van deze nieuwe onthulling zal profiteren en daaruit zo goed mogelijk zijn conclusies zal trekken, gebaseerd op feiten – en niet op verdenkingen.

Ik wijs er nadrukkelijk op dat het enige doel van dit werk is om de connecties van het Wachttorengenootschap met bepaalde figuren op de achtergrond aan het licht te brengen. Ook wil ik duidelijk aangeven dat dit boek niet gericht is tegen de volgelingen van het Wachttorengenootschap, maar uitsluitend tegen de leiders van de organisatie en tegen de machthebbers die achter de schermen van deze organisatie actief zijn.

Om de lezer inzicht te verschaffen in de betrekkingen tussen het Wachttorengenootschap en de machten op de achtergrond, heb ik aan het begin van enkele hoofdstukken een korte, en soms ook wat langere historische inleiding gegeven.

Door het hele werk heen worden zonder onderscheid deze uitdrukkingen gebruikt: *Jehovah's Getuigen*, respectievelijk *Getuigen, Bijbelonderzoekers*, een verkorte vorm van de officiële naam *Internationale Vereniging van Ernstige Bijbelonderzoekers*. Terwille van de kortheid wordt ook vaak het woord *Genootschap* gebruikt, als aanduiding van het Wachttorengenootschap. Overigens wordt in dit boek met de naam *Wachttorengenootschap* niet zozeer verwezen naar het Nederlandse Genootschap der Jehovah's Getuigen, als wel naar de Watchtower Society in de Verenigde Staten, tenzij anders aangegeven.

Alle informatie die in dit boek naar voren wordt gebracht, is met de grootste zorgvuldigheid verkregen uit de meest betrouwbare bronnen. Ter vrijwaring van de uitgever, verklaart de auteur zich volledig verantwoordelijk voor de tekst en inhoud van dit boek.

1

De Jehovah's Getuigen

Het Wachttorengenootschap

Als u Brooklyn binnenkomt, of het nu vanaf de Manhattanbrug is of vanaf de Brooklynbrug, dan ziet u als eerste een paar crèmekleurige gebouwen. Daar in de buurt staan de drukkerijen van het hoofdkantoor van de Jehovah's Getuigen, waar dagelijks honderdduizenden boeken en tijdschriften worden gedrukt.

Het hoofdkantoor in Brooklyn staat onder leiding van de *Watchtower Bible and Tract Society of New York*. De drukkerijen van het Genootschap behoren tot de grootsten ter wereld. In 1996 heeft het Wachttorengenootschap alles bij elkaar meer dan 900 miljoen tijdschriften uitgebracht. *De Wachttoren* is het religieuze tijdschrift met de hoogste oplagen ter wereld!

De hoofdzetel van de Jehovah's Getuigen bestaat uit vele fabrieken en een groot kantorencomplex; twee gebouwen zijn op de vijfde verdieping met elkaar verbonden door middel van een loopbrug over de weg. Er bevinden zich fabriekshallen (die gebruikt worden als opslagplaatsen voor papier), een werkplaats waar machines worden gerepareerd, een meubelmakerij waar jaarlijks meer dan 11.000 meubelstukken worden geproduceerd, en een kleine boekbinderij. De benodigde lijm, inkt, zeep en schoonmaakmiddelen worden op het terrein zelf gemaakt.

Het Wachttorengenootschap vervaardigt zelfs zijn eigen drukinkten, in meer dan vijftig verschillende tinten. In de fabriek waar de inkten worden gemaakt, wordt ook alle verf geproduceerd die nodig is voor het onderhoud van zowel de binnenkant als de buitenkant van de gebouwen.

In een van de fabrieken worden per maand meer dan 17.000 artikelen uit metaal vervaardigd. Deze artikelen worden allemaal binnen het complex zelf gebruikt. In de buurt van de fabriekshallen en het kantorencomplex bevindt zich een expeditieafdeling. Niet ver daarvandaan staan nog meer gebouwen, waar ongeveer 3.000 arbeiders zijn gehuisvest, die daar als vrijwilliger werken en allemaal Jehovah's Getuigen zijn.

Bovendien maakt het Genootschap cd's, cassettebandjes, kalenders, posters, ansichtkaarten en vele andere artikelen met een religieus thema. In nog geen drie jaar tijd zijn meer dan 11 miljoen cassettebandjes in de eigen opnamestudio geproduceerd. Sinds 1976 zijn er in totaal ongeveer 65 miljoen exemplaren vervaardigd.

In 1990 begon het Wachttorengenootschap voor het eerst met de vervaardiging van videobanden voor het algemene publiek. Korte tijd later is de organisatie ook begonnen met het maken van computerdiskettes.

In 1991 werd in Brooklyn een nieuwe wasserette in gebruik genomen, waar vrijwilligers zich elke week over 25.000 ton vuil wasgoed van de andere medewerkers ontfermen. Alle arbeidskrachten wonen in *Bethel of Brooklyn* en betalen geen premies voor pensioenverzekering of sociale lasten. Het einde van de wereld nadert immers, dus waarom zou je je dan nog verzekeren?

Het Wachttorengenootschap verwacht weliswaar een heleboel van de medewerkers die een zogenaamd volledige dienstbetrekking hebben, maar het is niet bereid om als tegenprestatie ook maar enige verplichting aan te gaan! De leiding in Brooklyn beweert dat deze medewerkers niet voor het Wachttorengenootschap werken, maar dat ze dit werk met een 'godsdienstig karakter' volkomen 'vrijwillig' verrichten, en dat ze het als een 'eer' beschouwen dit werk te mogen doen[1]. Om het deze medewerkers toch mogelijk te maken al hun tijd en energie in dienst van het Genootschap te stellen, ontvangen zij een maandelijks zakgeld, maar dat dekt lang niet de onkosten die ze maken.

Omdat er tussen het Wachttorengenootschap en de medewerkers met een volledige dienstbetrekking geen arbeidsovereen-

1. De Jehovah's Getuigen

komst bestaat, zijn de Bethel-medewerkers, kringdienaars en speciale pioniers gedurende hun diensttijd door geen enkele verzekering gedekt, ingeval van ziekte, ongevallen en dergelijke. In zulke gevallen moeten ze zelf opdraaien voor alle kosten van de medische verzorging.[2] Wanneer iemand full-time voor het Genootschap wil gaan werken, moet hij eerst op eigen kosten een ziektekostenverzekering afsluiten.[3]

In Brooklyn Heights bezit het Wachttorengenootschap meer dan de helft van al het onroerend goed en maken de leden van het Genootschap ruim vijftien procent van de bevolking uit. Telkens weer probeert het Genootschap nieuwe gebouwen te bemachtigen voor zijn activiteiten en zijn leden.

Aangezien de medewerkers over heel weinig geld beschikken, gaat het de middenstand (handelaren en winkeliers) in Brooklyn Heights niet bepaald voor de wind. Velen van hen zien zich genoodzaakt hun zaak te sluiten. De winkeliers verzetten zich er dan ook tegen dat nog meer onroerend goed in handen van het Wachttorengenootschap komt. De leiders van de sekte huren daarom stromannen in, om op die manier toch aan het felbegeerde onroerend goed te kunnen komen.

Volgens de *Daily News* van 31 juli 1988 zijn het Bossert-pension, het Towers-hotel en het Standish-hotel door *Cohi Towers Associates* gekocht en onder verdachte omstandigheden doorverkocht aan het Wachttorengenootschap. Dezelfde krant meldde dat *Cohi Towers Associates* is opgericht door Dallas Wallace en andere toonaangevende personen binnen het Wachttorengenootschap.

Toen het Genootschap het *Bossert*-pension overnam, kregen alle honderd tachtig bewoners de toezegging dat ze niet hoefden te vertrekken. Maar korte tijd later werd alles in het werk gesteld om hen er toch uit te zetten. Beneden in de lobby, waar de oudere bewoners altijd bij elkaar kwamen, werden de meubels weggehaald en was het niet langer toegestaan kerstliederen te zingen. Er werden geen herstelwerkzaamheden meer uitgevoerd, er werd geen informatie meer verstrekt en ook de post werd niet meer bezorgd. Midden in de nacht werd er hard op de deuren van de bewoners gebonsd, en de laatsten die er nog woonden, kregen geld aangeboden om uit eigen beweging te vertrekken.[4]

In de *Brooklyn Heights Press* van 8 september 1988 stond dat in hotel *Towers* dezelfde maatregelen waren genomen. Bovendien werd in dezelfde krant verslag gedaan van de manier waarop de sekte de toenmalige bewoners uit hotel *Standish* wegwerkte. Voordat het Wachttorengenootschap hotel *Standish* overnam, verklaarde de eigenaar van het hotel (die overigens ook hotel *Towers* aan het Genootschap had verkocht) dat hij het gebouw net zolang door prostituees zou laten gebruiken, totdat de bewoners zich gedwongen zouden zien vrijwillig te vertrekken. Sinds het Wachttorengenootschap het pand heeft overgenomen, zijn ook de prostituees met hun aanhang daaruit vertrokken.

Ongeveer 90 kilometer ten noorden van Brooklyn, nog steeds in de staat New York, heeft het Genootschap een conglomeraat van fabrieken en boerderijen, waar ongeveer duizend vrijwilligers werken. Hier bevinden zich de productie- en distributiecentra van de levensmiddelen waarmee alle vrijwillige medewerkers van het Genootschap worden gevoed. Om de duizenden vrijwilligers te kunnen voeden, heeft het Genootschap enorme hoeveelheden levensmiddelen nodig.

In andere gebieden beschikken de Jehovah's Getuigen over nog meer boerderijen en landgoederen, waarop ze onder meer honderdduizenden kippen, varkens en runderen fokken. Op al deze boerderijen werken vrijwilligers, om te voorzien in de lichamelijke behoeften van de volgelingen in Brooklyn.

In het lieflijke Patterson Valley, ongeveer 110 kilometer van Brooklyn verwijderd, staan op een terrein van 266 hectare: een kantorencomplex, verschillende zendingsscholen, een hotel met 144 kamers en een keuken en een eetzaal waar zo'n 1600 mensen tegelijkertijd kunnen eten, zes gebouwen met in totaal 624 woningen en een garage met 450 parkeerplaatsen.

Momenteel heeft het Wachttorengenootschap over de hele wereld meer dan honderd filialen. Het aantal personen dat in deze

1. De Jehovah's Getuigen

filialen als vrijwilliger werkt, is inmiddels gestegen tot 15.000. Zij werken niet alleen in de fabrieken en op de kantoren, maar houden zich ook bezig met het bereiden van maaltijden, het onderhouden van de luxewagens van de hogere leidinggevenden, en zo meer.

In de Verenigde Staten zorgde de brochure *Planned Giving for Kingdom Interest*, die door het Wachttorengenootschap wordt uitgegeven, voor grote onrust onder de Jehovah's Getuigen. Het betreft hier een poging van het Wachttorengenootschap om het grote geld van zijn leden te bemachtigen. Het Genootschap doet zijn leden verschillende modellen aan de hand om een schenking in het voordeel van de gever te laten werken – in de allereerste plaats door middel van belastingaftrek.

Nog niet zo lang geleden heeft de Wachttorenleiding een nieuwe bron van inkomsten aangeboord: de handel in verzekeringen. Volgens het Duitse Infolink (Netzwerk ehemaliger Zeugen Jehovas) gaat het Wachttorengenootschap zo ver, dat het voor zijn leden in de Verenigde Staten het aangaan van elke vorm van verzekering vergemakkelijkt, in het bijzonder voor de Koninkrijkszalen.

De huur voor de Koninkrijkszalen in de afzonderlijke landen wordt door de leden van alle gemeenten vrijwillig gedragen. Zij betalen niet alleen de lopende kosten van hun gemeente, maar ondersteunen ook alle noodzakelijke bouwwerkzaamheden, zoals de renovatie of uitbreiding van hun Koninkrijkszaal. Al deze uitgaven worden door middel van financiële bijdragen en vrijwilligerswerk gedragen.

Veel Koninkrijkszalen worden niet gehuurd, maar gekocht. Alle Getuigen werken mee aan de bouw van de Koninkrijkszalen; ze hebben ervoor gespaard om een nieuwe zaal te kunnen bouwen, en wanneer het gezamenlijke spaargeld de kosten niet dekt, dan biedt het hoofdkantoor in Brooklyn een lening aan waarover rente moet worden betaald. De maandelijkse aflossingen worden uiteraard door de gelovigen betaald. Alle Koninkrijkszalen worden bij aflevering als eigendom van het Wachttorengenootschap geregistreerd.

Een voorbeeld van de manier waarop de Wachttorenleiding zich tegen verliezen indekt, zien we in Canada. In 1991 raakten de non-profitorganisaties in dat land hun subsidies kwijt. Hierop deelde de leiding van het Genootschap uit Brooklyn zijn Canadese volgelingen in een brief van 1 februari 1991 mee dat zij met onmiddellijke ingang, om economische redenen, het verspreiden van Wachttorenliteratuur zelf moesten afhandelen.

Een andere manier waarop het Wachttorengenootschap het klaarspeelt zijn leden geld afhandig te maken, is de oprichting van een reisbureau met de naam *Bethel Tours*. Hoewel de Jehovah's Getuigen leren dat God noch in huizen, noch in tempels woont, laat de leiding haar volgelingen op een subtiele manier geloven dat God in New York woont. Vaak worden in publicaties van het Genootschap de silhouetten van deze stad onder de troon van God afgebeeld.

De propaganda van *Bethel Tours* beweert onder meer dat het een voorrecht voor de gelovigen is om een reis naar New York te maken, en dat door deze reizen de achting voor de zichtbare organisatie van God, het Wachttorengenootschap, zal toenemen.

Overigens heeft alleen het Wachttorengenootschap hier profijt van.

Volgens het Wachttorengenootschap houdt de organisatie zich niet met wereldse handel bezig, maar op een mensvriendelijke manier met bijbels onderwijs. De organisatie doet geen handelsinvesteringen en bezit geen bankrekeningen waar miljoenen dollars op staan. Het Genootschap verzekert ons dat vooral de vrijwillige bijdragen van zijn volgelingen over de hele wereld het onderhoud van de vele filialen, drukkerijen, zendingsprojecten en activiteiten van de organisatie mogelijk maken.

In de meeste westerse landen zijn de belastingdiensten steeds minder geneigd de zakelijke activiteiten van het Wachttorengenootschap als religie te interpreteren.

Zo moet in Frankrijk elke instelling die noch een religie noch

1. De Jehovah's Getuigen 17

een liefdadigheidsinstelling is, in principe zestig procent belasting over al het inkomen betalen. Deze regeling is ook op de Jehovah's Getuigen van toepassing en heeft het nationale hoofdkantoor van de Wachttoren in Louviers een belastingaanslag van ruim 303 miljoen franc (zo'n 45 miljoen euro) opgeleverd.[5] Terecht, vinden sektenkenners, die het al lang een doorn in het oog is dat onder het mom van religie miljoenenwinsten worden gemaakt. Het is een schande, briest het Wachttorengenootschap, en het neemt maar weer eens de term vrijheid van godsdienst in de mond die het in de publiciteit zo goed doet. Kort na het ontvangen van de belastingaanslag werden alle vrijwillige bijdragen naar de bijkantoren in het buitenland doorgestuurd. Daarnaast werden alle drukpersen in Boulogne-Billancourt 's nachts heimelijk naar Engeland verscheept.

Een verweerschrift tegen de belastingaanslag werd op 4 juli 1998 door het Tribunal de Grande Instance in Nanterre afgewezen. Het hoofdkantoor in Brooklyn probeerde vervolgens met behulp van internationale druk tegen deze beslissing in te gaan. Zo werd er bijvoorbeeld een open brief aan de Franse president Jacques Chirac in de New York Times van 5 juli 1998 gepubliceerd.

Het is belangrijk te weten dat de lectuur van het Genootschap sinds enige tijd in sommige landen niet meer wordt verkocht, en dat de organisatie dus zogenaamd op vrijwillige schenkingen is aangewezen. Dat wil zeggen... er hoeft geen omzetbelasting meer te worden betaald! Overigens wordt de lectuur in de voormalige communistische landen, zoals Rusland, en in de meeste landen uit de zogenaamde Derde Wereld nog altijd volgens de standaardprijzen verkocht.

Voor 1992 werd de literatuur en andere producten van het Wachttorengenootschap nog in alle landen van de wereld verkocht. Volgens het computergestuurde Informatiesysteem Kredietgegevens van *Dunn & Bradstreet* in de Verenigde Staten bedroeg de jaarlijkse omzet van het *Watchtower and Tract Society of New York* alleen al in 1991 meer dan 1,25 miljard dollar.[6]

Uit financiële rapporten over de jaren tachtig blijkt dat het

Wachttorengenootschap in Engeland vele miljoenen verdiende met de verkoop van leesmateriaal. Ieder jaar werden er miljoenen overgemaakt naar het hoofdkantoor in Brooklyn (zie bijlage 1).

Ondanks het feit dat de Jehovah's Getuigen leren dat ze de wetten moeten naleven van het land waarin ze wonen, hebben ze van meet af aan oppositie gevoerd tegen de wereldse regeringen. Die zijn, volgens de leiding van het Wachttorengenootschap, allemaal werktuigen van Satan, de duivel. Vriendschappelijke betrekkingen met de staat en zijn instellingen beschouwen de Jehovah's Getuigen als een 'onzindelijke handelwijze' en als 'geestelijke hoererij'. Wie zich aan zulke betrekkingen schuldig maakt, maakt zichzelf tot een vijand van God en wordt vernietigd, samen met 'dit samenstel der dingen' (met andere woorden: alle momenteel bestaande staatsrechtelijke structuren en organisaties) tijdens Armageddon (het komende einde der wereld). Volgens de Jehovah's Getuigen betekent een relatie tussen kerk en staat oorlog met God!

Maar de leidinggevenden binnen het Wachttorengenootschap doen precies wat de Jehovah's Getuigen tot nu toe altijd als doodzonde is voorgehouden! Om aan de greep van de belastingdienst te ontkomen en tegelijkertijd nieuwe geldbronnen aan te boren, neemt het Wachttorengenootschap in Duitsland sinds 1990 overal de nodige maatregelen om als een publiekrechtelijk lichaam te worden erkend. De publiekrechtelijke status zou de Jehovah's Getuigen enorme voordelen opleveren. Met die status zouden ze kerkelijke belasting in rekening kunnen brengen en zouden ze kunnen profiteren van belastingvoordelen, zoals de vrijstelling van inkomens-, vermogens- en grondbelasting.[7]

In het openbaar recht is een publiekrechtelijk lichaam een vereniging die staatsrechtelijke opdrachten onder toezicht van de staat moet uitvoeren, en is daardoor een onderdeel van de staat.[8] Mocht het Wachttorengenootschap als publiekrechtelijk lichaam worden erkend, dan maakt de gemeenschap van de Jehovah's Getuigen in Duitsland niet alleen deel uit van wat volgens de eigen leer een anti-christelijk verschijnsel is, maar wordt ze ook mede-

1. De Jehovah's Getuigen 19

verantwoordelijk voor de wetten en normen ervan – wetten met betrekking tot homoseksualiteit, abortus, onderwijs, echtscheiding, opvoeding en nog veel meer.[9] Het Wachttorengenootschap zal er onherroepelijk toe worden gedwongen de belangen van de staat te behartigen en zijn doelen te verwezenlijken! Daarbij komt nog het zwaarwegende feit dat de status van publiekrechtelijk lichaam een verleend recht is dat niet zomaar ongedaan kan worden gemaakt.

In 1997 werd het boek *Anerkennungsverfahren der Religionsgemeinschaft der Zeugen Jehovah's in Deutschland 1990-1997* in kleine oplage gedrukt. Dit boek (waarin de inspanningen van het Wachttorengenootschap worden gedocumenteerd om als publiekrechtelijk lichaam te worden erkend) werd echter niet onder de Jehovah's Getuigen verspreid. In de meeste Vergaderingen bezit niemand een exemplaar van dit boek, ook niet de raad van ouderlingen. De meeste Jehovah's Getuigen weten zelfs niet van het bestaan van dit boek! Het doel van deze publicatie is de inspanningen van de Jehovah's Getuigen in Duitsland weer te geven om als publiekrechtelijk lichaam te worden erkend, door een bundeling van de belangrijkste documenten. In het boek staat onder meer de bij het constitutioneel gerechtshof ingediende, 47 pagina's lange, aanklacht over ongrondwettige maatregelen die tot dusver genomen waren, alsmede de gerechtelijke vonnissen van alle instanties die waren uitgesproken.

In Noorwegen zijn de Jehovah's Getuigen als kerk erkend. Alleen al in 1995 ontving het Wachttorengenootschap van de staat het lieve sommetje van 6,6 miljoen Noorse kronen.[10] Het betekent dat het Genootschap bereidwillig geld heeft aangenomen van een systeem dat naar zijn mening volledig door Satan wordt beheerst en waar geen enkele Jehovah's Getuige iets mee van doen mag hebben.

Naast de Rooms-Katholieke Kerk heeft het Wachttorengenootschap in Italië de meeste aanhangers onder de Italiaanse bevolking. Op 20 maart 2000 werd er zelfs een verdrag tussen de Italiaanse regering en het Wachttorengenootschap gesloten. In deze overeenkomst wordt de beweging niet alleen officieel erkend, maar is tevens gerechtigd geestelijke bijstand te verlenen in gevangenissen, ziekenhuizen en onder militairen. Bovendien mogen Jehovah's Getuigen godsdienstlessen geven op alle openbare scholen.

Tot dusver was het een van de onherroepelijke basisprincipes van deze sekte om geen deel uit te maken van deze wereld en daarom ook in politiek opzicht volkomen neutraal te blijven. Een principiële houding die ook inhoudt dat geen enkele Jehovah's Getuige aan democratische verkiezingen deelneemt.

Wanneer we de beweringen van het Wachttorengenootschap mogen geloven, dan zijn de Jehovah's Getuigen in Frankrijk het slachtoffer van een lastercampagne tegen religieuze minderheden. De waarheid is echter heel anders, zoals blijkt uit een bericht dat in 1996 is verschenen in het enige Europese land dat het potentiële gevaar van deze sekte erkent en dat haar nooit de status van een organisatie zonder winstoogmerk heeft toegekend.[11]

Het volgende bericht is zo buitengewoon, dat vele Jehovah's Getuigen het waarschijnlijk zullen beschouwen als een kwaadwillig onjuist bericht dat van afvalligen afkomstig is. Maar zoals we uit meerdere bronnen in Frankrijk hebben vernomen, draagt het Wachttorengenootschap in dat land zijn leden uitdrukkelijk op *deel te nemen aan politieke verkiezingen*. In meerdere Vergaderingen dringen de ouderlingen er vanaf het podium en in persoonlijke gesprekken op aan deel te nemen aan gemeentelijke en regionale verkiezingen, opdat 'de wereld' ziet dat de Jehovah's Getuigen naar het stemlokaal gaan en men niet langer kan zeggen dat het hier gaat om een sekte die een gevaar vormt voor de democratie. Leidinggevende leden van het genootschap bevestigden daarom begin 1999 op de Franse televisie dat ze vanzelfsprekend hun plicht als staatsburger nakomen en zullen stemmen.[12]

Kennelijk wil men op deze manier de situatie ongedaan maken die door de belastingvordering van 303 miljoen franc (45 miljoen euro) is ontstaan, en tegelijkertijd een Frans rapport uit 1996 weerleggen, waarin de Jehovah's Getuigen als een gevaarlijke sekte worden aangemerkt.

1. De Jehovah's Getuigen

Uit meerdere Vergaderingen komen geluiden dat vooral oudere Jehovah's Getuigen er steeds meer moeite mee hebben de onbegrijpelijke zigzagkoers van het Wachttorengenootschap te volgen. In Duitsland doet zich een soortgelijke ontwikkeling voor. Aan het begin van het jaar 2000 werden alle ouderlingen er namelijk over geïnformeerd dat zogenaamde niet-politieke verkiezingen nu zijn toegestaan. Maar men wilde dit 'nieuwe inzicht' absoluut niet aan de grote klok hangen, en daarom is de ouderlingen opgedragen deze verandering niet in de Vergaderingen bekend te maken (waaraan niet in alle gevallen gehoor is gegeven). Toen hun er direct naar werd gevraagd, gaven meerdere ouderlingen toe dat er een verandering heeft plaatsgevonden met betrekking tot actieve en passieve deelname aan verkiezingen.

Hoe de leiders van het Wachttorengenootschap dit aan hun leden willen uitleggen, is niet bekend. Er zal wel net zolang gekonkeld en gedraaid worden totdat de zaak in hun kraam past, wat voor deze lieden geen enkel probleem is. Zij vinden altijd wel een passende uitvlucht!

Charles Taze Russell

Joseph Franklin Rutherford, die in januari 1917 president van de sekte werd, is verantwoordelijk voor de hedendaagse organisatie van de Jehovah's Getuigen, hun gecentraliseerde theocratie en het grootste deel van hun leer.

Het verhaal van de voorloper van de Jehovah's Getuigen, die destijds bekend stond onder de naam *Internationale Vereniging van Bijbelonderzoekers*, begon echter vele jaren eerder. Deze groepering ontstond in de Verenigde Staten, in de jaren zeventig van de negentiende eeuw.

De voorloper van de Jehovah's Getuigen was opgericht door Charles Taze Russell. Hij werd op 16 februari 1852 geboren in de buurt van Pittsburg, Pennsylvania. Russell was een nakomeling van de familie Rossel, die in de zeventiende eeuw in Duitsland woonde. Toen de familie naar Schotland emigreerde, veranderde ze haar achternaam in Russell. Later verhuisde het gezin met vele andere families naar Ierland.

Joseph Russell en Ann Eliza Birney, Charles' ouders, waren heel arm en besloten in 1839 naar Amerika te emigreren, omdat Ierland door een hongersnood werd geteisterd die was veroorzaakt door een ziekte onder de aardappelen die in Europa werden verbouwd.[13]

De broer van Eliza, Thomas Birney, leende het gezin geld voor de reis en het dekken van de eerste uitgaven.[14] Toen de Russells in Allegheny aankwamen, reisden de kolonisten nog over weidse prairies en kwamen ze de prachtige bizonkudden tegen die over de westelijke weidegronden draafden. De verovering van het Westen was nog niet begonnen, en de laatste Indiaanse bolwerken liepen nog geen gevaar.

Russell's ouders huurden al snel een ruimte en begonnen een winkel van herenmodeartikelen. De leiding van het Wachttorengenootschap vertelt dat Charles, na de dood van zijn moeder, opklom tot vennoot van zijn vader.

De jonge Charles, die eigenlijk geen theologische opleiding had genoten, beweerde de waarheid over de wederkomst van Jezus Christus te hebben ontdekt. Hij vormde de drijvende kracht binnen een kleine groep bijbelonderzoekers, en de leden riepen hem uiteindelijk tot 'pastor' uit.

Men zegt dat Russell de zaak van zijn vader verliet om zich geheel aan het geloof te wijden. Volgens de Jehovah's Getuigen ontving hij meer dan een kwart miljoen dollar, toen hij zijn aandeel in de zaak opzegde.[15] Dat is een fabeltje; het staat vast dat het de Russells zakelijk niet zo goed ging als de Jehovah's Getuigen willen doen geloven. Volgens de officiële statistieken van Pittsburgh (pagina 98) bedroeg het totale bezit van het gezin in 1870 slechts 2000 dollar.[16]

Russell riep in juli 1879 het tijdschrift in het leven dat we tegenwoordig kennen onder de naam De *Wachttoren*. In hetzelfde jaar trouwde hij met Mary Francisca Ackley, de zus van de tweede vrouw van zijn vader. Het huwelijk bleef kinderloos.

1. De Jehovah's Getuigen

Russells vrouw stond hem enkele jaren als penningmeester terzijde. Daarnaast maakte ze deel uit van de Wachttorenredactie. Ook Russells vader, zijn oudere broer Frank en een van zijn zusters (Margaret) namen belangrijke posities in binnen de organisatie. Zijn vader schreef vele artikelen voor de Wachttoren.

In 1881 richtte Russell het bijbelse genootschap op dat zich in het Engels *Zion's Watchtower Tract Society* noemde en in het Nederlands *Zions Wachttoren Traktatengenootschap*. Tegenwoordig staat de organisatie bekend als *Watch Tower and Tract Society of Pennsylvania*. In 1909 werd de *Peoples Pulpit Association* opgericht, die vanaf 1956 als *Watchtower Bible & Tract Society of New York* bekend werd. In 1914 werd in Engeland het *Genootschap der Bijbelonderzoekers* in het leven geroepen.

De kern van de religieuze leer van 'pastor' Russell vormde de wederkomst van Christus en het einde van de wereld in de Slag van God in Armageddon. Kort samengevat, leerde Russell dat de Heer in 1874 in geestelijke vorm, onzichtbaar, naar de aarde was teruggekeerd. Later kondigde hij aan dat de persoonlijke wederkomst van Christus en de Slag van Armageddon, die het einde van de wereld zou inluiden, in het jaar 1914 zouden plaatsvinden.

Russell was in de eerste plaats zakenman. Na de oprichting van het Wachttorengenootschap leek er steeds meer geld binnen te komen. Na die oprichting stichtte Russell vele handelsondernemingen, waarvan de doelstellingen absoluut niets te maken hadden met zijn bijbelse genootschap. In 1882 opende hij bijvoorbeeld, samen met zijn vader, een schroothandel.[17]

Russell dreef niet alleen veel handel (hij handelde bijvoorbeeld in hout en had een meubelmakerij), maar hij was ook aandeelhouder van de asfaltmaatschappij uit Pittsburgh, van de *Railway and Dock Construction* uit New York en van de zilvermijnen in Nevada. Bovendien had hij een flinke vinger in de pap bij de *Brazilian Turpentine Company*, de *United State Coal & Coke Company*, de *United Cematries Company* en een geldbeleggingsbedrijf, de *United States Investment Ltd*. Laatstgenoemde firma bezat duizenden percelen, huizen en boerderijen in heel de Verenigde Staten. Russell had 95% van deze firma in bezit.

Niet alle projecten van Russell waren succesvol. In 1911 probeerde hij een speciaal soort tarwezaad te verkopen dat volgens hem vijf keer zo snel groeide als alle andere bekende soorten, en dat voor een prijs die zestig keer zo hoog lag als de marktprijs. Toen Russell door een krant belachelijk werd gemaakt, klaagde hij die krant aan wegens laster. Een door de regering uitgevoerd onderzoek wees uit dat het wonderzaad in niets verschilde van het zaad dat normaal werd verhandeld.

Naast 'wonderzaad' verkocht de 'pastor' zijn volgelingen ook nog doosjes met wonderbaarlijke katoenzaadjes. Ook brouwde hij een wonderdrank met de naam *Santone*, die diende voor de genezing van blindedarmontsteking en tyfus, en nog een ander preparaat ter bestrijding van kanker.

Een ander interessant feit is dat Russell in zijn privé-leven vele problemen kende. Nadat zijn vrouw hem meerdere malen had betrapt met Emily Matthews, de hulp in de huishouding, en met Rose Ball, Russells secretaresse, vroeg ze in 1897 scheiding van goederen aan, zodat hij niet officieel met een van zijn geliefden kon trouwen. In een proces, dat tot 1909 duurde, klaagde zij hem aan wegens slechte behandeling en overspel. Volgens de vrouw van Russell was het voor hem onmogelijk zich in de buurt van een vrouw te bevinden zonder haar lastig te vallen. Bovendien verklaarde ze dat ze hem vaak in compromitterende situaties met vrouwen had aangetroffen. Tijdens het proces speelde Russell de arme man, om zo zijn winkel en bezittingen te kunnen verzwijgen. Maar dat hielp hem niet. Russell werd schuldig bevonden en moest zijn vrouw haar leven lang een pensioen betalen.

Ook weten we dat de pastor vele andere gerechtelijke nederlagen te verduren had, en dat hij zich meer dan eens schuldig heeft gemaakt aan meineed. Nadat Russell bijvoorbeeld in 1907 geholpen had bij de oprichting van een gefingeerde vennootschap (genaamd *Solon*), bezwoer hij vervolgens tijdens het proces daarvan niets af te weten.[18]

1. De Jehovah's Getuigen

Russell stierf op 31 oktober 1916, na een inspectiereis naar zijn zilvermijnen met de Santa Fe-Expres. Zijn dood is in geheimzinnigheid gehuld. Volgens de meesten van zijn volgelingen was er sprake van een complot, beraamd door zijn opvolger, Joseph Franklin Rutherford, om de leiding van de organisatie naar zich toe te trekken. Er is in bedekte termen te kennen gegeven dat Russell door zijn begeleider tijdens de treinreis werd vergiftigd. Het lijkt erop dat zijn voorproever niet bijzonder goed heeft opgelet.[19] Zijn trouwe volgelingen hebben gezegd dat vergif in zijn voedsel de doodsoorzaak is geweest. Om het misdrijf te verdoezelen, heeft men het lijk onderweg van de trein laten halen, om het zo snel mogelijk te kunnen balsemen.

Joseph Franklin Rutherford

De opvolger van Russell was de reeds genoemde Joseph Franklin Rutherford, die op 8 november 1869 in Boonville, Missouri, werd geboren. De levensloop van Rutherford is, vanuit juridisch oogpunt, al even schandaleus als die van Russell. Nog voordat hij met de Jehovah's Getuigen in aanraking kwam, werd hij tweemaal (in 1894 en in 1897) wegens weinig verheffende activiteiten veroordeeld.

Volgens het Wachttorengenootschap schreef Rutherford zich op zijn zeventiende in om rechten te studeren. Nadat hij die studie had voltooid, werkte hij twee jaar onder het toezicht van rechter E.L. Edwards. Op zijn tweeëntwintigste werd hij toegelaten als advocaat en werkte hij als jurist in Boonville. Hij was ook werkzaam als officier van justitie, en bij diverse gelegenheden verving hij de dienstdoende rechter. Dat was de reden dat hij na verloop van tijd als 'de rechter' bekend stond. Vanaf 1909 tot aan zijn dood maakte hij deel uit van het Openbaar Ministerie in New York.

Volgens informatie van de Jehovah's Getuigen leerde Rutherford de Bijbelonderzoekers in 1894 kennen. Merkwaardig genoeg duurde het twaalf jaar voordat hij zijn leven 'aan Jehovah toewijdde', zoals de Jehovah's Getuigen het noemen. In 1906 had hij een ontmoeting met Russell in het *Midland Hotel* in Kansas City, Missouri.[20]

Marley Cole, auteur van het boek *Die Zeugen Jehovas – Die Neue Welt-Gesellschaft*, merkt op dat tijdens het gesprek bleek dat het Rutherford absoluut niet duidelijk was wat het betekende om een vroom christen te zijn.[21] Een jaar later werd 'de rechter' juridisch adviseur van het Wachttorengenootschap in Pittsburgh.

Rutherford kon niet goed met pastor Russell overweg; al vrij snel deden zich problemen voor. Eén keer beledigde 'de rechter' Russell in een brief, die door de laatste in de Wachttoren werd gepubliceerd. In het boek *Charles Taze Russel,* van David Horowitz, wordt gezegd dat Russell 'de rechter' als heel gevaarlijk beschouwde. Om zich van 'de rechter' te ontdoen, leende hij hem duizend dollar voor zijn commerciële activiteiten in Californië. Rutherford verliet in 1915 het hoofdbureau in Brooklyn en vestigde zich in Los Angeles.[22]

Na Russells dood kwam Rutherford direct terug uit zijn Californische verbanningsoord om, met weinig verheffende methoden, de macht binnen de organisatie naar zich toe te trekken.

Overeenkomstig de laatste wil van Russell drukte de *Watch Tower* van 1 december 1916 zijn testament af. In het artikel 'Wat is er gebeurd met het originele testament van Charles Taze Russell?', dat werd gepubliceerd in het *United Israël Bulletin* van november 1971, maakte de schrijver van het artikel bekend dat de originele tekst van het testament van Russell een andere was dan de tekst die in de *Watch Tower* was afgedrukt. Volgens het origineel was het Russell's laatste wil dat er in zijn plaats een comité zou komen om de organisatie over te nemen. Onder de mannen die het comité moesten vormen, komt de naam van Rutherford niet voor! Verificatie van de feiten toont aan dat Rutherford, die een meester was in juridische aangelegenheden, Russell's testament achterover heeft gedrukt. Hij voegde een nieuwe bepaling aan de statuten van de organisatie toe, die hem volledige vrijheid van handelen verschafte in alle aangelegenheden van het Wachttorengenootschap.

1. De Jehovah's Getuigen

De woorden van de rechter die een kort geding van Isaak F. Hoskin tegen Rutherford voorzat, zijn verbluffend. De rechter zei dat het, juridisch gezien, een fluitje van een cent was geweest om Rutherford als voorzitter af te zetten.[23]

Rutherford was nog maar nauwelijks voorzitter, of hij ontdeed zich van 31 trouwe volgelingen van de pastor en eigende zich het kapitaal toe dat Russell in het Bethel-huis in Brooklyn had verstopt, om er het Wachttorengenootschap in zijn eigen voordeel mee te reorganiseren.[24]

Vele leden die met Russell hadden samengewerkt, verlieten het Wachttorengenootschap en stichtten een nieuwe organisatie, waarin ze zijn leer konden blijven volgen.

Voordat Rutherford het democratisch systeem, dat Russell tot stand had gebracht, in een theocratisch systeem omvormde, wiste hij alle sporen van zijn voorganger uit en ontdeed hij zich van diens trouwe volgelingen. In de brochure *Why we have to serve Jehovah* verklaarde hij dat hij de spreekbuis van God was. De theocratie gaf hem de macht om alle beslissingen te nemen met betrekking tot het leiderschap.

Begin jaren twintig kondigde de nieuwe president aan dat de aartsvaders van het oude verbond – Abraham, Isaak en Jakob en anderen – in 1925 opnieuw zouden verrijzen. Om hen te ontvangen, bouwden de volgelingen een groot paleis in een exclusieve wijk van San Diego, Californië. Terwijl men op de aankomst van de aartsvaders wachtte, vestigde Rutherford zich in het paleis, ook al had hij in Brooklyn een zeer luxueuze woning. In de crisisjaren van de jaren dertig bedroeg de huurprijs van dit appartement al meer dan 10.000 dollar per jaar. Verder bezat Rutherford een exclusieve bungalow in Staten Island en verschillende peperdure woningen in Europa. Rutherford leefde op grote voet; hij genoot van zijn twee Cadillacs en bracht de zomer in Europa door en de winter in Californië.

Fascinerend is dat hij zich voordeed als puritein, maar dat hij zich tegelijkertijd geregeld in bijzonder vulgaire bewoordingen uitliet, wanneer hij teveel had gedronken. Om dezelfde reden moest hij vaak zijn redevoeringen afzeggen. De nieuwe president had een geheel ander karakter dan Russell: hij was wilskrachtig, nors, driftig en dictatoriaal. Ook was hij berucht om zijn aanvallen tegen alle regeringen en tegen de katholieke kerk.

Rutherford en W.F. Salter, de leider van het filiaal in Canada, smokkelden alcohol tijdens de 'drooglegging', die de verkoop van alcohol in de Verenigde Staten verbood.

Nog meer indruk maakt het geval dat een bevriende aanhanger hem publiekelijk beschuldigde een cabaret te hebben bezocht waarin naakte vrouwen optraden. Ook werd vastgesteld dat Rutherford, hoewel hij getrouwd was, er een vaste geliefde, Bonnie Boyd, op nahield die met hem samenwoonde in de residentie in San Diego. Bovendien had hij betrekkingen met Vera Peal, die hem meer dan eens op zijn reizen naar Europa vergezelde. Rutherford had vele vrouwen. Hij was niet of nauwelijks bij zijn zoon en zijn echtgenote, Mary, die eveneens in Californië woonden.

Opmerkelijk is dat de dood van 'de rechter', in 1942, niet werd opgehelderd. Hoewel de Jehovah's Getuigen beweerden dat hij een natuurlijke dood was gestorven, werd ook van zelfmoord gesproken. Bovendien verklaarden sommigen dat hij gewurgd was aangetroffen en dus was vermoord. Op de overlijdensakte, die verrassenderwijs door zijn vaste geliefde Bonnie Boyd werd ondertekend, wordt urinezuurvergiftiging als doodsoorzaak opgegeven. Zijn lijk werd in het geheim, in strijd met de gemeentelijke regelgeving van San Diego, op het landgoed van *Beth-Sarim* bijgezet. Dr. Ching, de huidige eigenaar van *Beth-Sarim*, nam dit landgoed in 1948 over van het Wachttorengenootschap. Hij heeft persoonlijk tegenover mij verklaard dat de Jehovah's Getuigen het stoffelijk overschot van Rutherford naar Engeland overbrachten, voordat de verkoop van het landgoed plaatsvond.

De leiding van de Jehovah's Getuigen verklaart dat Rutherford geen testament heeft achtergelaten. Dat is uiterst merkwaardig, aangezien 'de rechter' een vaardig jurist was.

1. De Jehovah's Getuigen

Nathan Homer Knorr

De officiële opvolger van Rutherford, was Nathan Homer Knorr. Hij werd op 23 april 1905 in Bethlehem, Pennsylvania, geboren. In een interview, dat hij op 22 juli 1961 gaf aan Janos Bardi van de *Bildzeitung* uit Hamburg, zei hij dat hij aanvankelijk was voorbestemd om carrière te maken als groothandelaar in de kapitalistische 'grote zakenwereld' van de Verenigde Staten. Deze plannen werden echter zonder verdere verklaring opzij gezet. Als achttienjarige werd hij medewerker van het Wachttoren-hoofdkantoor in Brooklyn.

Nathan Knorr kreeg zeer verantwoordelijke posities binnen het genootschap en kon goed organiseren. Zijn natuurlijke aanleg om het werk van het Genootschap te organiseren en uit te breiden, werd ten volle benut.

Knorr intensiveerde onder meer de propaganda en ontwikkelde een nieuw toenaderingssysteem, dat was gebaseerd op beleefdheid. In 1943 hield hij zich bezig met de oprichting van een zogeheten 'bijbelse school van Galead', die belast werd met de opleiding van de zendelingen. Hij vormde de door Rutherford ontworpen theocratie om tot een strikt hiërarchisch gestructureerd, piramidevormig systeem. Na verloop van tijd kwam de leiding van de organisatie in handen van de president en een groep uitverkorenen, het zogenaamde 'Lichaam'. Deze mannen beroemen zich erop de exclusieve waarheid te bezitten. En de volgelingen van het Genootschap zijn ervan overtuigd dat zij het 'Kanaal van God' zijn. De Wachttorenleiding beweert dat God zelf het Besturend Lichaam heeft uitverkoren om alle Jehovah's Getuigen te voorzien van richtlijnen en geestelijke voeding.[25]

Merkwaardig genoeg is aan het licht gekomen dat de strenge morele voorschriften door enkelen van de 'supergeestelijke gezalfden' van het Besturend Lichaam niet werden nageleefd. Het is frappant dat Leo K. Greenless zich van zijn positie moest terugtrekken, omdat hij homoseksueel was. Het geval van Edward C. Chitty was helemaal verachtelijk. Deze 'leider' werd betrapt, terwijl hij seksueel contact had met een zeventienjarige jongen, die ook lid was van de Jehovah's Getuigen. Als gevolg daarvan pleegde de jongen zelfmoord.[26]

In de Wachttoren van 1 januari 1986 geeft het 'Besturend Lichaam' het volgende toe: 'Het is schokkend dat zelfs enkelen die een vooraanstaande positie binnen de Jehovah's organisatie innamen, zijn gezwicht voor immorele praktijken, met inbegrip van homoseksualiteit, partnerruil en seksueel misbruik van kinderen.'

Het is interessant dat de Noorse *Billedbladet NÅ* berichtte dat niet alle personen die zich aan onzedelijke praktijken schuldig maakten daadwerkelijk werden uitgesloten. Naar aanleiding van het artikel moet zelfs worden vastgesteld dat de Noorse Jehovah's Getuigen een probleem wilden verdoezelen dat zich onder hen voordeed. Jan Fiksdal schreef onder meer over het seksueel misbruik van kinderen, door een vooraanstaand lid van de Noorse 'Getuigen'. Deze 'gezalfde persoonlijkheid' moest zich voor een gerechtelijke commissie van de Jehovah's Getuigen in Noorwegen verantwoorden voor zedendelicten met een minderjarige. Omdat de man medische hulp nodig had, stelde de commissie de politie niet op de hoogte, met als gevolg dat deze persoon zijn weerzinwekkende praktijken kon voortzetten. Hoewel het Wachttorengenootschap een dergelijk voorval met uitsluiting uit de gemeenschap had moeten bestraffen, bleef het betreffende lid deel uitmaken van het Genootschap. De gemoederen kwamen tot bedaren. Men trof geen enkele disciplinaire maatregel van betekenis tegen de man, en in de loop van het daaropvolgende jaar heeft hij zich aan dertien andere kinderen vergrepen.[27]

Nathan Knorr stierf in de avond van 8 juli 1977, na een slopende ziekte die een maand had geduurd.

Frederick William Franz

De opvolger van Nathan Knorr was Frederick William Franz. De vierde president van het Wachttorengenootschap kwam op 12 september 1893 in Covington, Ohio, ter wereld.

1. De Jehovah's Getuigen

Volgens informatie van het Wachttorengenootschap studeerde hij Latijn, Oudgrieks en Spaans, en bracht hij zichzelf ook Hebreeuws bij. Voordat hij in aanraking kwam met de organisatie van Charles Taze Russell, studeerde hij om presbyteriaans predikant te worden.

Volgens de Jehovah's Getuigen deed Franz ook tentamens om in aanmerking te komen voor de befaamde studiebeurs van *Cecil Rhode*. Hij kwam goed door de tentamens heen, maar in plaats van de studiebeurs aan te nemen, brak hij zijn studie af om zich bij de groep van Russell aan te sluiten. Na de dood van Rutherford werd Fred Franz vice-president van het Wachttorengenootschap. Omdat hij een grote kennis van de bijbel had, klom hij op tot belangrijkste schrijver van het Genootschap.

Tijdens het presidentschap van Nathan Knorr werden de auteurs van de boeken niet meer vermeld. Op vergelijkbare wijze werden zelfs de namen van de vertalers verwijderd uit de bijbel van de Jehovah's Getuigen, de *Nieuwe-Wereldvertaling*. Toch is wel aan te tonen dat Fred Franz de hoofdvertaler was, samen met Nathan Knorr, George Gangas en Albert Schroeder. De laatste drie hebben nooit een academische opleiding gevolgd, en Fred Franz had, zoals eerder vermeld, slechts korte tijd aan een universiteit gestudeerd, zonder ooit iets te hebben afgerond.

De bijbel die de Jehovah's Getuigen gebruiken, heeft talrijke correcties ondergaan om hem in overeenstemming te brengen met de leerstellingen van de sekte. Een Getuige die met de vertaalcommissie te maken heeft gehad, zei dat de vertalers onder leiding van Franz om een grote tafel zaten en zo'n dertig verschillende bijbelvertalingen voor zich hadden liggen. Ze gingen vers voor vers na en kozen telkens de vertaalvarianten uit die de beste leken. Vaak maakten ze zelfs gebruik van de tekst van Johannes Greber, een priester die zijn bijbelvertaling met behulp van een spiritistisch medium had gemaakt.

Het is het vermelden waard dat Franz jarenlang een lijfwacht, Natheer Salih, in dienst had, die met sieraden en goud was behangen en die de oude leider niet alleen werkelijk overal begeleidde, maar die ook als zijn woordvoerder optrad.

Frederick Franz overleed in de ochtend van 22 december 1992 op 99-jarige leeftijd.

Milton G. Henschel

Acht dagen na de dood van Franz werd Milton G. Henschel de vijfde president van de organisatie.

Merkwaardig genoeg is er zeer weinig over deze nieuwe president bekend. Tot op de dag van vandaag is er nog geen enkele biografie over Henschel geschreven en zijn er ook geen andere gegevens over hem gepubliceerd – in tegenstelling tot andere personen die belangrijke posities binnen de organisatie bekleden.

Er is mij van verschillende kanten meegedeeld dat hij als Jehovah's Getuige van de derde generatie in Pomona, New Yersey, werd geboren. Als kind ging hij al met zijn vader mee, wanneer die de boodschap verkondigde. Ze reisden samen in een vrachtwagen waar luidsprekers op waren bevestigd, en zo maakten ze de boodschap van het Wachttorengenootschap in het hele land bekend.

Henschel werd in 1935 gedoopt. Na verloop van tijd klom hij op tot secretaris van de derde president, Nathan Knorr, en deze functie vervulde hij vele jaren. Samen met Knorr bezocht hij bijna alle landen ter wereld. Na een meningsverschil met Knorr ging hij zich bezighouden met de administratie van het Genootschap.

Henschel schijnt een zeer ernstig en oprecht man te zijn. Ook is het opmerkelijk dat hij tijdens samenkomsten van het Besturend Lichaam weliswaar nauwelijks iets zegt, maar dat, áls hij spreekt, dat met verbazingwekkende en grote standvastigheid is. Hij staat erom bekend dat hij zich verzet tegen alle leerstellige veranderingsvoorstellen die tijdens de zittingen van het Besturend Lichaam naar voren worden gebracht.

1. De Jehovah's Getuigen

De theologie van het Wachttorengenootschap

De theologie van het Wachttorengenootschap ontkent alle grondwaarheden van het traditionele christelijk geloof, zoals de Drie-eenheid van God, de godheid van Christus, Gods menswording, zijn lichamelijke opstanding, de verlossing door genade door het geloof, de eeuwige verdoemenis, enzovoort. Volgens Jehovah's Getuigen is Jezus Christus slechts een aartsengel. Voordat hij de hemel verliet, was Jezus de aartsengel Michaël.[28]

Een van de bekendste fundamentele leerstellingen van de Jehovah's getuigen is dat een bloedtransfusie tegen de wet van God ingaat. Sinds 1945 worden Jehovah's Getuigen die een bloedtransfusie ondergaan uit de geloofsgemeenschap gestoten. Steeds weer komen Jehovah's Getuigen om het leven, omdat zij iedere vorm van bloedtransfusie weigeren.

In 1993 zorgde een brief van de Tsjechische afdeling van het Wachttorengenootschap aan de regering van de Tsjechische Republiek voor onenigheid onder de Tsjechische Getuigen. De brief ging over het weigeren van bloedtransfusies aan minderjarige kinderen. Er stond in dat het Wachttorengenootschap niet tot doel heeft om invloed uit te oefenen op individuen en hun te vertellen wat ze in buitengewone levensomstandigheden moeten doen of laten. Bovendien wordt er in de brief beweerd dat de organisatie niet leert dat een bloedtransfusie ingaat tegen Gods wet.

De uitspraken die in deze brief worden gedaan, wijken duidelijk af van wat de Jehovah's Getuigen al tientallen jaren in hun publicaties onderwijzen!

Na jarenlang strijd te hebben gevoerd met de Bulgaarse regering om de status van religieuze gemeenschap te verkrijgen, werd het Wachttorengenootschap op 9 maart 1998 in Bulgarije officieel erkend. Het is opmerkelijk dat het Wachttorengenootschap zelfs de hulp van de Europese Commissie voor de Rechten van de Mens heeft ingeschakeld om tot deze overeenkomst te komen. Door bemiddeling van deze organisatie werd een overeenkomst getekend waarin onder meer het verbod op bloedtransfusie voor de Jehovah's Getuigen in Bulgarije werd opgeheven (Zie bijlage 2). De Bulgaarse overeenkomst met betrekking tot bloedtransfusie maakt wel duidelijk dat het Wachttorengenootschap kennelijk te allen tijde bereid is compromissen te sluiten en zelfs fundamentele leerstellingen overboord te zetten, als dat de eigen belangen ten goede komt.

Een dramatische ontwikkeling met betrekking tot het bloedvraagstuk begon zich af te tekenen, toen bekend werd dat het Besturend Lichaam tijdens zijn zitting van 24 mei 2000 had besloten dat het ondergaan van een bloedtransfusie niet langer tot uitsluiting uit de gemeenschap zou leiden. Of een Jehovah's Getuige wel of niet een bloedtransfusie laat uitvoeren, werd daarmee tot een gewetenskwestie verklaard en is daarmee niet langer onderhevig aan sancties van het Wachttorengenootschap. Jehovah's Getuigen die een bloedtransfusie ondergaan, worden niet meer uit de geloofsgemeenschap uitgestoten!

Waarschijnlijk hoopt de leiding door deze verandering het slechte imago van de groepering wat op te poetsen. We kunnen ervan uitgaan dat de koerswijziging vooral te maken heeft met de pogingen in zoveel mogelijk landen de status van religieuze gemeenschap te krijgen.

Voor de buitenwereld houdt het Wachttorengenootschap de schijn op dat het afstand heeft genomen van het tot nu toe ijzeren verbod op bloedtransfusies. Maar voor Jehovah's Getuigen zelf is niets veranderd. Als regel geldt nu dat iedereen die doelbewust een bloedtransfusie aanneemt zichzelf automatisch uitsluit en aangeeft niet langer lid van het Genootschap te willen zijn. Door zijn gedrag trekt hij automatisch zijn lidmaatschap in en wordt als een afvallige gebrandmerkt.

Vanaf dat moment wordt zelfs door de vrienden en familieleden binnen de beweging ieder contact met de uitgesloten persoon vermeden. Het eindresultaat is hetzelfde: het individu wordt niet langer beschouwd als lid van het Wachttorengenootschap.

Jehovah's Getuigen vertonen een sterk wereldmijdend gedrag. Ze vieren geen Koninginnedag en geen Moederdag en nemen niet deel aan het herdenken van oorlogsslachtoffers van een land. Ook de meeste nationale feestdagen, verjaardagen, Carnaval, Sinterklaas en Oud- en Nieuwjaar worden niet gevierd. Daarnaast vieren ze geen feesten die aan de grondwaarden van het christelijke geloof herinneren, zoals Kerstmis en Pasen. Volgens het Wachttorengenootschap kunnen Jehovah's Getuigen geen aandeel hebben in deze festiviteiten – of het nu gaat om zingen, musiceren, meedoen aan toneelopvoeringen, meelopen in een optocht, eten en drinken, enzovoort.

Jehovah's Getuigen beweren dat zij geen deel van de wereld zijn (Johannes 16:16). Ook hun kinderen wordt geleerd dat zij zich afgescheiden dienen te houden van de wereld. In de literatuur van het Wachttorengenootschap wordt één gemeenschappelijk doel voor alle Jehovah's Getuigen en hun kinderen geformuleerd – namelijk voor Jehovah God te leven.

Schoolgaande kinderen van Jehovah's Getuigen doen niet mee aan activiteiten die de school organiseert buiten het lesrooster. Aan georganiseerde sport wordt niet deelgenomen, want daardoor kweekt men nationalisme en stelt men zich bloot aan ongezonde omgang. Werkweken en schoolreisjes worden afgeraden, omdat de kinderen zich blootstellen aan het gevaar van alcoholmisbruik, drugs en seksuele immoraliteit. Ook dansfeestjes op school worden afgeraden, omdat jongelui daardoor vaak onvermijdelijk in slecht gezelschap komen. Wordt er in het kader van het onderwijs iets gedaan wat verband houdt met religieuze of patriottische feestdagen, dan weigeren de kinderen daaraan deel te nemen.[29]

Iedereen die aan één van de genoemde feestdagen of andere activiteiten deelneemt, hangt de dreiging van uitstoting uit de gemeenschap boven het hoofd. Niettemin beweert de leiding in Brooklyn dat de leden zelf verantwoordelijk zijn voor hun gedrag en dat van hun kinderen. Het Besturend Lichaam wijst iedere verantwoordelijkheid af en beweert stellig dat het zijn volgelingen niet onder druk zet of allerlei verbodsbepalingen oplegt. Ook in de literatuur van het Genootschap vinden we een taalgebruik dat het Besturend Lichaam van iedere verantwoordelijkheid vrijspreekt. Bovendien wordt Jehovah's Getuigen aangeleerd nooit te zeggen dat het Genootschap iets leert, opdraagt of beweert (Wachttoren van 15 maart 1998, blz. 19).

Als het Wachttorengenootschap zijn leden niet allerlei verboden en verplichtingen oplegt, hoe bereikt het onder hen dan een algemene overeenstemming, onderworpenheid en blinde gehoorzaamheid aan het gezag in Brooklyn? Zoals reeds vermeld, geloven Jehovah's Getuigen dat God zelf het Besturend Lichaam heeft uitverkoren om als zijn 'communicatiekanaal' te fungeren.

De *Wachttoren* van 15 september 1960, 569:

'Jehovah leidt en dirigeert ons door middel van zijn zichtbare organisatie op aarde.'

De *Wachttoren* van 1 november 1965, 657-660:

'Jehovah geeft ons raad door middel van zijn aardse organisatie. Aangezien zijn heilige geest op het Besturende Lichaam van die organisatie werkzaam is, is de door haar verschafte raad in harmonie met zijn wil. Of deze raad nu van de Bijbel of van Jehovah's organisatie komt, hij is van Jehovah afkomstig en wordt met het oog op onze beste belangen gegeven. Weersta deze raad niet door er argumenten tegen aan te voeren, door te weigeren er acht op te slaan en door tegen Gods organisatie te morren.'

De *Wachttoren* van 15 augustus 1984, 16:

'Het is erg belangrijk nooit onze stem te verheffen in bittere kritiek op de organisatie van de Heer.'

1. De Jehovah's Getuigen

De *Wachttoren* van 1 april 1988, 31:

'Wanneer onze hemelse Vader, Jehovah God, spreekt, hetzij via zijn Woord, de bijbel, of via zijn aardse organisatie, is het belangrijk dat wij luisteren en gehoorzamen, waardoor wij er blijk van geven dat wij gehoorzame aanbidders zijn.'

Verenigd in de aanbidding van de enige ware God, 1983, 120-124:

'Om Jehovah te behagen, moeten wij het onderricht dat hij via dit kanaal verschaft, aanvaarden en er in volledige overeenstemming mee handelen. Door een gezond respect voor Jehovah's organisatie aan te kweken en van ganser harte het werk te doen dat hij voorschrijft, bewijzen wij dat Jehovah werkelijk onze God is en dat wij verenigd zijn in zijn aanbidding.'

Het Besturend Lichaam hoeft niets te verbieden. Onder het mom van 'goddelijke raadgeving' worden Jehovah's Getuigen onderworpen en geïndoctrineerd. Alle raadgevingen afkomstig van het communicatiekanaal in Brooklyn worden blindelings opgevolgd.

De Jehovah's Getuigen zijn zelfs zo ver gegaan dat ze hun jongeren van een universitaire studie afhouden. De leiding in Brooklyn heeft er bij de jongeren in het Genootschap meer dan honderd jaar lang op aangedrongen de school na vervulling van de leerplicht te verlaten – dit uitsluitend om hen te kunnen inzetten om de belangen van het Genootschap te behartigen. Daardoor hebben veel jongeren geen beroep geleerd. Een groot deel van hen redt het zonder financiële hulp van de ouders absoluut niet.

Maar vele 'Getuigen' hebben een baan en werken dagelijks vele uren achter elkaar. Daardoor verbruiken ze hun krachten en zijn ze niet meer in staat om de straat op te gaan en de publicaties van het Genootschap tegen een vrijwillige bijdrage aan de man te brengen. Het is dus niet verwonderlijk dat de organisatie uiteindelijk een ander standpunt ten opzichte van opleidingen heeft ingenomen. Om ervoor te zorgen dat de jongeren economisch onafhankelijk zijn en zich tegelijkertijd volledig voor het Genootschap inzetten, is ouders onlangs geadviseerd na te denken over de voor- en nadelen van een hogere opleiding. Ook krijgen alle volgelingen dringend het verzoek geen kritiek te hebben op degenen in hun omgeving die uit eigenbelang verder willen studeren.[30]

In de uitgave van de *Wachttoren* van 8 december 1990 lezen we op bladzijde 8 het volgende: 'De Jehovah's Getuigen zijn anders: in een wereld vol vooroordelen springen de Jehovah's Getuigen eruit, omdat ze internationaal bekend staan om de goede verstandhouding tussen de verschillende rassen onder hen.'

Het is waar dat men deze goede verstandhouding tussen de verschillende rassen bij de jaarlijkse samenkomsten van de Jehovah's Getuigen altijd weer kan waarnemen, maar dit is ook het geval bij andere religieuze groeperingen.

Het is daarentegen interessant te weten hoe de Jehovah's Getuigen (overigens net als de Mormonen) aan het begin van de twintigste eeuw over het 'zwarte' ras dachten. Indertijd stonden ze op het standpunt dat rassenonderscheid gebaseerd was op de gemiddelde intelligentie van personen. In de *Zion's Watchtower* van 15 juli 1902 (pag. 215-216) staat: 'Het is waar dat het blanke ras kan bogen op enkele hogere eigenschappen dan ieder ander ras. Het geheim van een grotere intelligentie en van de hogere begaafdheid van de Indo-Europeanen moet ongetwijfeld worden toegeschreven aan een grootschalige bloedvermenging tussen verschillende blanke rassen. Die bloedvermenging vond duidelijk onder goddelijke leiding plaats.'

De Bijbelonderzoekers waren indertijd van mening dat kleurlingen zich moesten ontdoen van hun huidskleur en dat alleen God zoiets kon bewerkstelligen.

Het Wachttorengenootschap verwees indertijd naar Genesis 9:22-25. Op grond van deze verzen werd beweerd dat het zwarte ras het nageslacht van Cham is. Om de vloek die op hen rust ongedaan te maken, was het nodig dat ze van huidskleur veranderden! In de *Zion's Watchtower* van 15 april 1900 viel te lezen dat literatuur van het Wachttorengenootschap die aan kleurlingen werd verstrekt grotendeels verspild was, aangezien deze mensen te onontwikkeld waren en daarom grotendeels niet in staat waren profijt uit deze literatuur te trekken.

Het is verbijsterend hoe in de Verenigde Staten de kleurlingen werden behandeld die het 'Photodrama der schepping' wilden zien – een combinatie van film- en lichtbeelden, met nagesynchroniseerd geluid. Het was een stomme film die door Russell werd uitgebracht om zijn prediking kracht bij te zetten. In de *Watch Tower* van 4 januari 1914 staat op pagina 105 dat tijdens de voorstelling vele blanken de zaal verlieten vanwege de grote toestroom van kleurlingen. Daarop stuurde men de kleurlingen naar de gang!

Overigens heeft het Wachttorengenootschap, in tegenstelling tot andere religieuze organisaties, nooit kleurlingen of Latijns-Amerikanen in het Besturend Lichaam opgenomen.

De Jehovah's Getuigen moeten zich onophoudelijk toewijden aan het winnen van nieuwe gelovigen. Voor andere activiteiten blijft geen tijd over. Maar Raymond Franz, voormalig lid van het Besturend Lichaam, zegt in zijn boek *In Search of Christian Freedom* (Atlanta 1991) dat Rutherford, Knorr, Franz en het merendeel van de andere leidinggevenden zich nooit hebben beziggehouden met huisbijbelstudies of met de verkondiging van huis tot huis. Ook is bekend geworden dat meerdere leidinggevenden het verbod op bloedtransfusie genegeerd hebben. Bovendien werd het jonge 'Getuigen' toegestaan de militaire autoriteiten om te kopen, om zo onder de militaire dienst uit te komen.

De leiders van het Wachttorengenootschap hebben niet alleen de Mexicaanse regering, maar ook hun eigen aanhangers in Mexico om de tuin geleid. Jarenlang verbood de Mexicaanse wet alle religieuze organisaties, met inbegrip van de katholieke kerk, het recht op eigen bezittingen. Alle kerken en overige gebouwen van religieuze gemeenschappen werden tot staatsbezit verklaard. Om de onroerende goederen in Mexico niet kwijt te raken (gebouwen, grond en grote drukkerijen in de hoofdstad), ontkende het Wachttorengenootschap van 1946 tot 1989 dat ze een religieuze gemeenschap waren. Officieel bestond de organisatie alleen om de bevolking te alfabetiseren. De enige taak die de volgelingen hadden, was de bevolking te leren lezen en schrijven. Het enorme drukkerijencomplex dat de organisatie in Mexico-Stad bezit, draait tot op de dag van vandaag onder een andere naam dan Jehovah's Getuigen of het Wachttorengenootschap. Het staat geregistreerd als een particuliere onderneming met de naam *Grupo Editorial Ultramar S.A. de C.V.* Al deze jaren maakte de leiding van de Mexicaanse Jehovah's Getuigen de gelovigen wijs dat de regering het hun niet toestond hun godsdienst te beoefenen of de bijbel te gebruiken, en dat ze tijdens de Vergaderingen niet mochten bidden of zingen.

In hun literatuur gebruikten de Jehovah's Getuigen codewoorden of symbolen, opdat buitenstaanders die niet zouden begrijpen. Zo zeiden ze in plaats van 'God' of 'Jehovah' slechts 'Hoogste Meester' en om Christus aan te duiden, gebruikten ze de omschrijving 'Oppermeester'. 'Koninkrijkszaal' veranderde in 'Studiezaal', de 'doop' in een 'symbolische handeling', broeders en zusters werden 'medewerkers', bijbelstudies werden 'culturele studies', de gemeente werd een 'gezelschap', enzovoort.

Wat de militaire dienst betreft, de Jehovah's Getuigen konden in Mexico geen dienst weigeren, omdat ze aangaven geen religieuze gemeenschap te zijn. Daarom stonden de leiders in Brooklyn het hun Mexicaanse leden toe de militaire autoriteiten om te kopen om zodoende geen militaire dienst te hoeven vervullen.[31]

Nog een fundamentele peiler van het Genootschap is de leer over Armageddon, oftewel het 'einde der wereld'. Voor haar gelovigen telt enkel en alleen Armageddon dat, naar men beweert, voor de deur staat. De Getuigen verzwijgen dat hun leiders al vanaf het eind van de vorige eeuw het einde der wereld onjuist hebben voorspeld – om precies te zijn voor 1914, 1915, 1925, 1941 en 1975. Vele Jehovah's Getuigen deden afstand van alle wereldse goederen, gaven hun beroep op en wachtten vol verwachting op de dingen die komen zouden. Hoewel al genoemde tijdstippen verstreken en de wereldgeschiedenis gewoon haar loop vervolgde, verlieten maar weinigen de organisatie. De meeste Getuigen hadden merkwaardig genoeg nog meer geloof dan eerst.

De Jehovah's Getuigen leren dat, na Armageddon, het jongste oordeel en de vernietiging van al het kwade volgt. Het kwaad is gepersonifieerd in iedereen die geen lid is van het Wachttorengenootschap. Alle mensen die op de jongste dag geen Jehovah's Getuige zijn, zullen worden vernietigd!

Gewone Jehovah's Getuigen geloven dat ze na Armageddon op aarde zullen voortleven onder de leiding van een 'hemelse regering'. De aanhangers van het Genootschap denken dat 144.000 onzichtbare geesten onder leiding van Christus tot de leiding van deze 'hemelse regering' zullen behoren.

Naast de apostelen en de getrouwen van Christus uit de eerste eeuw, bevinden zich onder deze geesten ook de leden van de heersende klasse van het Wachttorengenootschap.[32]

In tegenstelling tot de gewone Jehovah's Getuigen (volgens de leer van het Wachttorengenootschap 'slapen' de gewone Getuigen vanaf hun sterven tot aan hun opstanding) worden de leden van deze heersende klasse onmiddellijk na hun sterven tot geestelijke wezens herschapen, om zodoende toegang tot de hemel te krijgen en samen met Christus te regeren.

Dit betekent dat slechts de 144.000 uitverkorenen zullen profiteren van de vruchten van de opstanding van Christus! Alleen zij zullen 'zonen van God' kunnen zijn! De gewone Jehovah's Getuigen zullen naast het grootste deel van de bijbelse beloften en zegeningen grijpen. Zij zijn mensen van het tweede garnituur met een heilsverwachting van mindere kwaliteit. De doorsnee gelovige van het Wachttorengenootschap is ertoe veroordeeld niet meer te zijn dan een ver familielid van God. Hij zal nooit tot Gods zonen gerekend kunnen worden.[33]

Hoewel de leiders van deze ondoorzichtige organisatie al deze dingen 'bewijzen' aan de hand van een veelvoud aan gemanipuleerde teksten uit hun eigen bijbelvertaling, mag niet worden vergeten dat dit allemaal op leugens is gebaseerd. Iedereen die de Heilige Schrift kent, weet dat deze leerstellingen weinig méér zijn dan bedrog. Ze staan niet in de Bijbel!

Gedachtencontrole

Het is zorgwekkend dat veel mensen denken dat de Jehovah's Getuigen geen probleem vormen. In werkelijkheid vormt dit genootschap een bedreiging voor de samenleving. De hersenen van een Jehovah's Getuige zijn dermate passief geprogrammeerd, dat het slachtoffer alles wat uit Brooklyn komt voor waar aanneemt. De heersende klasse heeft zoveel onderworpenheid bij haar volgelingen bereikt, dat deze zich op de voorgeschreven manier gedragen.

De Jehovah's Getuigen zijn het slachtoffer van een gedachtencontrole ('mental control / mind control') waaraan ze tijdens hun Vergaderingen en bij het lezen van de *Wachttoren* onderworpen zijn.[34] Tijdens de wekelijkse Wachttorenstudie denkt de studerende Jehovah's Getuige dat hij zich een objectieve mening vormt. Hij merkt niet dat de psychologisch op elkaar afgestemde teksten, met het vraag- en antwoordspel[35] en de eenzijdige en vervalste informatie, zijn denken steeds meer manipuleren, en dat zijn vertrouwen in alles buiten de Wachttorenorganisatie erdoor wordt aangetast en wordt vervangen door waarden en normen die alleen de Jehovah's Getuigen voorstaan.

De top van de leiding in Brooklyn controleert niet alleen het gedrag van de volgelingen, maar ook hun denken en hun gevoelsleven – inclusief hun seksuele leven. In de *Wachttoren* van 15 maart 1963 staat onder meer het volgende: 'Er bestaan organen, mannelijke en vrouwelijke, voor de geslachtsgemeenschap. Het is overduidelijk voor welk doel ze zijn bestemd en hoe ze gebruikt dienen te worden. Slechts op een gepaste en door God vastgestelde wijze dienen deze organen te worden gebruikt. Afwijkingen van het juiste en natuurlijke gebruik van deze organen, om de zucht naar

1. De Jehovah's Getuigen 43

onnatuurlijke intimiteiten met de geslachtsorganen te bevredigen of om dierlijke hartstochten op te wekken, zijn onrein. Ze zijn onterend, pervers en ongezond.'

Ook in de *Wachttoren* van 1 april 1970 wordt de leden te kennen gegeven dat de geslachtsorganen alleen bedoeld zijn voor het vervullen van de edele opdracht vruchtbaar te zijn. In de Wachttoren van 25 februari 1973 wordt gedreigd dat, wanneer er gevallen bekend worden van buitensporig onnatuurlijk gedrag, zoals oraal of anaal seksueel contact, de ouderlingen in de gemeente zullen optreden om de situatie te corrigeren, voordat er verdere schade wordt aangericht.

Zelfs de informatie die het slachtoffer krijgt, wordt gecontroleerd. De leiders houden hun volgelingen zo strak georganiseerd bij elkaar, dat die afstand houden van boeken en personen die hen kunnen wijzen op de dwalingen van de organisatie. De volgelingen hebben uiteraard niet het minste benul van wat er in werkelijkheid gebeurt.

Ik acht het hier voldoende om Charles Mason definitie van 'gedachtencontrole' te citeren. Die definitie laat een onaangenaam gevoel achter: 'Ik kan elke willekeurige persoon van wat dan ook overtuigen, wanneer ik dat met voldoende intensiteit doe en wanneer die persoon geen andere informatiebronnen heeft dan de mijne.'[36]

Het lijdt geen twijfel dat de psychologische schade die de Jehovah's Getuigen aan het individu, het gezin en de samenleving berokkenen, een enorm gevaar voor de openbare orde vormen. In het belang van de instellingen die menen dat de openbare orde geen gevaar loopt en dat zij zich de luxe kunnen veroorloven het probleem te negeren, citeer ik de tweede president van het Wachttorengenootschap, Joseph Franklin Rutherford:

'Zij die bij ons aangesloten waren, maar zich van ons hebben afgescheiden, kunnen wij niet doden, aangezien de wet dat niet toestaat. Maar als wij nu al de volledige heerschappij zouden kunnen uitoefenen, dan zouden we ze ter plekke doden.'[37]

Ook citeer ik onderzoeker en auteur Fritz Springmeier: 'Het is deprimerend om te zien hoe vaak de psychologische methoden van het Wachttorengenootschap verwarring stichten en in een nachtmerrie veranderen. In Kongo waren er in de jaren twintig en dertig aanhangers van de sekte die zich *Watchtower Movement* noemden. Ze hadden de leerstellingen kennelijk verkeerd geïnterpreteerd en dachten dat God van hen verlangde dat ze alle niet-leden van de sekte zouden doden'.[38] Vele mensen werden vervolgens om het leven gebracht!

De Wachttorenleiding in Brooklyn beweert hierover dat de Jehovah's Getuigen ten onrechte met de toenmalige praktijken van de *Watchtower Movement* in verband worden gebracht. De vraag komt echter naar voren: hoe kwamen de inheemse inwoners van dit Afrikaanse land er destijds toe zich de naam van het Wachttorengenootschap toe te eigenen?

De Mexicaanse krant *Alerta* van 1 juni 1985 meldde: 'Een Jehovah's Getuige heeft acht mensen om het leven gebracht, omdat ze zijn geloof niet wilden aannemen. Na zijn misdaad verstopte hij zich in een grot, waar hij zelfmoord pleegde. De hoofdcommissaris van de rijkspolitie en het hoofd van het Openbaar Ministerie stelden in hun rapport allebei vast dat de religieuze onenigheid in het betreffende plaatsje enkele jaren geleden was begonnen, toen er een groep buitenlanders kwam om alle inwoners te bekeren. Alleen de dader sloot zich bij de sekte aan. Door met moord te dreigen, probeerde hij anderen ertoe te bewegen zich bij de sekte aan te sluiten.'

Ter afsluiting van dit hoofdstuk vertel ik een treurig verhaal dat een betrokkene mij persoonlijk heeft verteld, toen ik in de zomer van 1992 een interview had gegeven aan een krant op de Canarische Eilanden:

'Ik heb een dochter die haar hele leven, tot en met de afsluiting van de *C.O.U.* (een Spaanse propedeuse), doorgaans goede tot zeer goede cijfers haalde. Ze was zeer leergierig en had een groot

1. De Jehovah's Getuigen

verantwoordelijkheidsgevoel. Op haar achttiende ging ze naar de universiteit, om haar academische opleiding te beginnen. Ze had echter de pech in haar eerste studiejaar een jongeman te leren kennen die Jehovah's Getuige was. Ze werd verliefd op hem, en daarmee begonnen de problemen.

Deze sekte is als een kwaadaardige spin die draad voor draad zijn web bouwt. Het begon ermee dat ze na enige tijd werkelijk geen enkel vrij moment meer overhad.

Ik had nooit gedacht dat mijn dochter zo gemakkelijk van religie zou kunnen wisselen. Ze hebben een Jehovah's Getuige van haar gemaakt. Ze besloot niet verder te studeren, hoewel ze op het punt had gestaan zich in te schrijven. Ze had jarenlang studieboeken en studiemateriaal gekocht. Maar na al de uitgaven die ze had gedaan, zei ze, van de ene op de andere dag, de universiteit vaarwel, met als verklaring dat de studie haar te lang duurde – iets wat ze altijd al had geweten.

Het erge was dat ze altijd droevig was als ik haar zag, afgestompt, alsof ze geen gevoel meer had. Ze werd soms heen en weer geslingerd tussen wat haar ouders haar adviseerden en wat haar door de sekte werd ingehamerd. Thuis zei ze alleen nog het meest noodzakelijke en sloot ze zich op in haar kamer, en met uitzondering van de zondagen, waarop ze van die zogenaamde Vergaderingen terugkwam, kwam ze zelfs niet meer te voorschijn om ons te begroeten.

De Jehovah's Getuigen hebben bereikt waar het hun om te doen was: onze dochter uit huis weghalen, zodat ze nog meer invloed op haar konden uitoefenen en zich ervan konden verzekeren dat wij haar armzalige werkzaamheden niet meer zouden verstoren. Ik kan alleen maar hopen dat mijn dochter weer bij zinnen komt en dat het nog niet te laat is. Vanwege de morele en geestelijke schade die deze heren aan haar persoonlijkheid hebben toegebracht, wil ik alle ouders met kinderen op school of op de universiteit aanraden uit te zoeken of zich daar ook Jehovah's Getuigen bevinden. Als dat inderdaad het geval is, geef ik hun het advies hun kinderen ten strengste te verbieden met hen om te gaan. Alleen op die manier kunnen zij hun zonen en dochters ervoor behoeden in de val te trappen.

Het is heel droevig dat ze mijn dochter geen andere boeken laten lezen dan degene die ze zelf aanbevelen. Ze hebben mijn dochter zo ver gebracht dat ze haar vroegere vriendinnen haat en hen niet eens meer groet als ze hen op straat tegenkomt. Afgezien van het feit dat ze niet meer naar de disco mag, zelfs niet om wat te kletsen, is ook dansen zondig. Ze gaat niet uit. De enige ontmoetingen die ze eventueel heeft, vinden plaats bij een sektelid thuis.'

Zie het niet als een onschuldige religieuze bevlieging die wel weer overgaat, als een van uw vrienden of familieleden interesse toont voor de Jehovah's Getuigen. KOM IN ACTIE, ZOLANG DE BETROKKENE NOG BEREID IS KRITISCH NA TE DENKEN.

2

Het Wachttorengenootschap en de vrijmetselarij

De vrijmetselarij

Hoewel er al heel veel over de vrijmetselarij is geschreven, bestaat er aan het begin van de 21ste eeuw nog veel onduidelijkheid over deze geheime broederschap. Iedereen die probeert iets over de vrijmetselarij te weten te komen, ziet zich voor vrijwel onoverkomelijke moeilijkheden geplaatst. Ondanks alle boeken die over dit onderwerp zijn verschenen, blijft de vrijmetselarij door geheimzinnigheid omgeven.

Velen zijn van mening dat deze organisatie is ontstaan bij de bouw van de tempel van Salomo. Volgens de vrijmetselaars zelf was de organisatie oorspronkelijk verbonden met de gebruiken van de middeleeuwse metselaars, steenhouwers, straatmakers en andere handwerkslieden.

Historisch gezien, was er aanvankelijk slechts een 'operatieve', dat wil zeggen: een ambachtelijk actieve vrijmetselarij. Zichtbare resultaten van haar werk zijn de prachtige kathedralen en citadels die we in heel Europa aantreffen. De metselaars die ze bouwden, waren in drie graden onderverdeeld: leerlingen, gezellen en meesters, waarbij de overgang van de ene graad naar de andere gepaard ging met speciale rituelen. Onderling gebruikten de metselaars – als symbolen van hun beroep – de hamer, beitel, lineaal, passer en winkelhaak. Tegenwoordig worden er geen kathedralen meer gebouwd. De arbeiders worden niet meer ingewijd zoals dat in de Middeleeuwen gebruikelijk was.

De loges in Engeland waren de eerste die personen toelieten die geen bouwmeester waren. Deze personen onderscheidden zich door hun intelligentie of door hun afkomst. Het waren onder anderen edelmannen, geleerden, gegoede burgers, kunstenaars, politici. Deze nieuwe ingewijden namen in aantal toe en begonnen langzaam maar zeker de leiding van de broederschap over te nemen. De hamer, beitel, passer en winkelhaak waren niet langer onmisbare werktuigen van de arbeiders; ze waren alleen nog maar belangrijke symbolen en tekens.

De metselarij, die aanvankelijk 'operatief' was geweest, werd omgevormd tot de beschouwende 'vrijmetselarij'. In 1717 fuseerden vier Engelse loges tot de Grootloge van Londen, die de gebruiken en voorschriften van de oude loges systematisch vastlegde onder de titel 'De plichten van een vrijmetselaar'. Deze constituties vormen nog steeds het reglement waarop alle obediënties van de Vrijmetselarij over de hele wereld zijn gebaseerd. De Londense Grootloge geldt als de moederloge van alle andere loges.[39] Vanuit Engeland ontstonden er loges op het Europese vasteland en in de koloniën.

De drie bekendste graden binnen de vrijmetselarij (leerling, gezel en meester) vormen de blauwe metselarij. Daarboven bevinden zich de hogere graden: de rode vrijmetselarij bestaat uit de vierde tot achttiende graad, de zwarte uit de negentiende tot dertigste graad, en de witte, tenslotte, uit de eenendertigste tot drieëndertigste graad.

Zoals dat bij de meeste geheime genootschappen het geval is, kennen ook de vrijmetselaars toelatings- oftewel inwijdingsrituelen. De inwijding vormt de toegang tot de wereld van de vrijmetselarij. Naar verluidt, is het onmogelijk om het inwijdingsgeheim in woorden weer te geven, en de oorsprong ervan is onbekend. Zelfs de meest geïnformeerde personen kunnen de herkomst van deze ceremonie niet achterhalen.

De vrijmetselaars beloven 'blinde gehoorzaamheid', zonder enige kritiek op wat er in de constitutie, statuten en reglementen is vastgelegd of op wat hun meerderen van hen verlangen. Met betrekking tot de gelofte van gehoorzaamheid wordt gezegd dat de

2. Het Wachttorengenootschap en de vrijmetselarij 49

geheimen zelfs niet mogen worden onthuld wanneer er sprake is van levensgevaar. Dit is een absolute voorwaarde voor toelating tot de loge.

Tot voor kort waren vele bisschoppen van de anglicaanse kerk in Engeland lid van de vrijmetselarij. In februari 1985 nam de generale synode van deze kerk – het 'parlement' van de kerk – het initiatief tot bestudering van de omstreden vraag of men als christen ook lid van de vrijmetselarij kan zijn. Het resultaat werd in mei 1987 bekend gemaakt, en het antwoord viel (wat geen verwondering zal wekken) negatief uit. Het universeel woordenboek van de vrijmetselarij van Daniel Ligou telt namelijk meer dan 150 rituelen, die variëren van magische formules (bijvoorbeeld aangaande de astrologie) tot de Illuminatie.

Het informatierapport van de synode noemt, als meest aanstootgevende punten, het gebruik van de naam *Jahbulon* als naam voor God en de eedformule waarin de vrijmetselaars verscheidene wraakdreigementen moeten uiten tegen iedere logebroeder die een geheim van de vrijmetselarij prijsgeeft.

Het is ontstellend te horen dat een van de wraakacties waarmee wordt gedreigd, eruit bestaat dat het lijk van de verrader met een bijl in tweeën wordt gehakt, het hoofd en de rechterhand ervan worden afgerukt, en de ingewanden worden verbrand.[40]

De synode stelde vast dat deze eedformules, ondanks het feit dat ze formeel zijn afgeschaft, nog steeds worden genoemd tijdens de rituelen van de vrijmetselaars.

Een bekend verhaal is dat van William Morgan, die kind aan huis was bij de Amerikaanse loges. Samen met een journalist, die Miller heette, bereidde hij de publicatie voor van enkele geheimen van de vrijmetselarij in de pers. Morgan verdween in de Niagarawatervallen. Op een gedenksteen ter ere van de terechtgestelde staat te lezen: 'Ter nagedachtenis aan William Morgan, burger van Virginia. Hij werd door de vrijmetselaars ontvoerd en vermoord omdat hij de geheimen van de orde had prijsgegeven.'

Zoals gezegd, is het 'geheim' kenmerkend voor de vrijmetselarij. Men beweert zelfs dat velen die tot de blauwe en zelfs tot de rode graad behoren, sterven zonder ooit te hebben ervaren wat de vrijmetselarij in werkelijkheid inhoudt en tot doel heeft.

Copin Albancelli, vrijmetselaar van de 29ste graad, trok zich uit de beweging terug, toen hij zou worden opgenomen in de 'binnenste cirkel', die schuilgaat achter de hogere graden en waarvan hij geen moment had vermoed dat die zelfs maar bestond. Nadat hij de werkelijke doelen van de organisatie onder ogen zag, beschreef hij in zijn boek *Le Pouvoir Occulte* ('De verborgen macht') hoe de vrijmetselarij in drie groepen is onderverdeeld:

1. De blauwe graden, die in geen enkel belangrijk geheim zijn ingewijd.
2. De rode graden, die weliswaar denken dat ze de geheimen kennen, maar die net zo min iets weten over de werkelijke doelen van de orde.
3. De 'internationale binnenste cirkel': de werkelijke heren en meesters, die schuilgaan achter de hogere graden en die in werkelijkheid de orden leiden.

In het boek *La Masonería en Madrid*, dat de vrijmetselarij gunstig is gezind, wordt beweerd dat er zelfs enkele 'grootmeesters zijn die helemaal opgaan in hun filosofische ethiek, zonder te weten wie de daadwerkelijke "machthebbers" binnen de loge zijn'.[41]

Albert Pike, vrijmetselaar van de 33ste graad, verklaarde in zijn boek *Morals and Dogma of the Ancient and Accepted Scottish Rite of Freemasonery*, (uitgave van 1871, opnieuw uitgegeven in 1966), pagina 819:

'Bij de blauwe graden leert men slechts van enkele symbolen de betekenis kennen. Men licht hen opzettelijk verkeerd voor door hun onjuiste uitleggingen te verstrekken. De eigenlijke betekenis van de symbolen wordt aan de hoogste graden voorbehouden. Men laat de leden van de 'blauwe graad' in de waan dat ze

2. Het Wachttorengenootschap en de vrijmetselarij 51

de gehele vrijmetselarij begrepen hebben. De vrijmetselarij is een sfinx, die zich tot aan haar kop heeft verstopt in het zand, dat men door de eeuwen heen heeft opgehoopt.'

De logebroeders schrikken nog steeds wanneer Gabriel Jogand Pages, beter bekend als Léo Taxil, ter sprake komt. Deze man beschuldigde de vrijmetselaars in zijn boek *Los Misterios de la Francmasonería* van duivelsaanbidding. In een ander boek, met de titel *Les Frères Trois Points*, dat in 1885 verscheen, verklaarde hij dat de rituele praktijken van de vrijmetselaars voortkwamen uit een satanische sekte die Lucifer verheerlijkte. In 1891 publiceerde hij het boek *Soeurs Maçonnes*, waarin hij gedetailleerd verslag deed van de satanische mis die werd gevierd onder de hogere graden van de *Palladische Ritus*.

De bedenker van de *Palladische Ritus* was de occulte leider van de Schotse Ritus in Washington, Albert Pike, die de bijnaam 'paus van de duivel' had. De *Palladische Ritus* is een satanische organisatie die de spirituele vrijmetselarij controleert en die ook moet worden gezien als de drijvende kracht achter de enorm groeiende New Age-beweging (zie noot 56).

De beschuldigingen van Léo Taxil, dat er nauwe banden bestaan tussen de vrijmetselarij en het satanisme, laten weinig ruimte voor twijfel. De hogere graden binnen de vrijmetselarij behoren tot de elite van Satan! In ieder geval werd in de editie van 1887 van het officiële blad van de Italiaanse vrijmetselarij, *Rivista della Massoneria Italiana*, op pagina 27 het volgende toegegeven: 'De vrijmetselarij beschouwt Satan de Grote als haar werkelijke leider.'

Dr. Fara, gespecialiseerd in documenten van de vrijmetselarij, schreef in zijn boek *La Masonería y su Obra*: 'De inwijdingsceremonie van de 29ste graad wordt gehouden onder een pantheïstisch symbool: de kop van een geitenbokje, dat een fakkel tussen de horens heeft, vleugels van aartsengelen, armen en handen van een mens, het lichaam van een vrouw met een roos en een kruis op de borst.'[42]

De Oostenrijkse politicus Friedrich Wichtl verklaarde in zijn boek *Weltfreimaurerei – Weltrevolution – Weltrepublik* (München 1919): 'De vrijmetselaars beschouwen Satan als hun hoogste heer en god.'

Nog duidelijker zijn de uitspraken die Albert Pike op 14 juni 1889 deed, in zijn instructies voor de 23ste Hoogste Wereldraad: 'De doctrine van het satanisme is een hiërarchie, en de ware, onvervalste filosofische religie staat gelijk aan het geloof in Lucifer en in Adonai; maar Lucifer, de God van het Licht en de God van het Goede, strijdt voor de mensheid, in tegenstelling tot Adonai, de God van de Duisternis en van het Kwade.'[43]

Dit komt overeen met wat de schrijvers van het boek *Los fabricantes de Dioses* zeggen: 'De vrijmetselarij heeft de antithetische filosofie van de geheime religies overgenomen, die verdraaien wat de Bijbel leert en zodoende van Lucifer God maken en van God Lucifer.'[44]

Vrijmetselaars van de lagere graden zullen zich bij het lezen van deze uitspraken ongetwijfeld niet alleen achter de oren krabben, maar ook in volle overtuiging zeggen: 'Daar klopt gewoon niks van – dit is een leugen, het kan absoluut niet waar zijn.' Maar zij kunnen dan beter worden herinnerd aan wat Albert Pike eens heeft gezegd: 'Men licht de "blauwe graden" opzettelijk verkeerd voor, door hun onjuiste uitleggingen te verstrekken.'

Ter gelegenheid van een bijeenkomst van alle vrijmetselaarsloges, die op 16 juli 1782 plaatsvond, werd in Wilhelmsbad een verbond gesloten tussen de vrijmetselarij en de 'illuminaten', een geheim genootschap dat op 1 mei 1776 werd opgericht door Adam Weishaupt, hoogleraar kerkrecht aan de Universiteit van Ingolstadt.

Weishaupt had een ingewikkelde hiërarchie van geheime graden opgebouwd. Toentertijd traden duizenden leidinggevende Europeanen tot de orden van illuminaten toe. Het was Weishaupts uitgesproken doel om door middel van een massa ingewijden, die op de achtergrond handelden volgens een nauwkeurig vastgesteld plan, in alle landen van de wereld de macht naar zich toe te trekken.

2. Het Wachttorengenootschap en de vrijmetselarij 53

Dankzij het organisatietalent van Baron van Knigge en dankzij de hulp van enkele vrijmetselaars, die in hun loges niet de directe actie aantroffen waarop ze hadden gehoopt, werden Weishaupts illuminaten in minder dan vijf jaar de geheime heersers van Beieren en de aangrenzende deelstaten.

Toen Jacob Lang, een lid van de illuminaten, op 10 juli 1785 door de bliksem werd getroffen terwijl hij op reis was, vond de politie geheime documenten die hij bij zich droeg. Die bevestigden de samenzwering van de illuminaten. Onmiddellijk werd de ontbinding van de orde bevolen. Weishaupt vluchtte en zette zijn gekonkel ondergronds voort.

Wanneer we 'achter de schermen' van de officiële geschiedenis kijken, dan stuiten we telkens weer op de illuminaten en de vrijmetselarij. Zij hebben van koningen horigen gemaakt, koninkrijken gemanipuleerd en vernietigd, oorlogen in scène gezet en uiteindelijk de wereld zoals we die vandaag de dag kennen vorm gegeven. De illuminaten en de vrijmetselaars zijn betrokken geweest bij alle grote revoluties die sinds de Amerikaanse onafhankelijkheidsoorlog in de wereld hebben plaatsgevonden.

Naar eigen zeggen wijst de vrijmetselarij elke vorm van politieke activiteit af. Een nadere bestudering van de geschiedenis maakt echter duidelijk dat de loges steeds nauw met de politiek verbonden zijn geweest. Het is opvallend dat de vrijmetselaars zich steeds weer daar bevinden waar de macht is. De deelname van de vrijmetselarij aan de revoluties in de negentiende en twintigste eeuw is van beslissende betekenis geweest. Bij de belangrijkste gebeurtenissen in de wereldgeschiedenis die sinds de Franse Revolutie hebben plaatsgevonden, zijn steeds op de ene of andere manier vrijmetselaars betrokken geweest.

In Europa zijn of waren alle Engelse premiers en Franse presidenten (waarschijnlijk met uitzondering van De Gaulle) logebroeders. Daarnaast is een groot aantal afgevaardigden bij de Verenigde Naties, de UNESCO en dergelijke, vrijmetselaar. Hetzelfde geldt voor functionarissen van de Europese Unie in Brussel (bijvoorbeeld binnen de 'Commissie'), die, zonder gekozen te zijn, heel Europa willen regeren.

Ook talrijke staatslieden, waaronder monarchen, waren of zijn vrijmetselaar van de hogere graden. Daaronder vinden we bijvoorbeeld de namen van vooraanstaande militairen, zoals bijna alle maarschalken van Napoleon en de overgrote meerderheid van de geallieerde militaire leiders. En laten we Simon Bolivar, de stichter van de staat Bolivia, of de Mexicaanse presidenten José de la Cruz Porfirio Diaz, Manuel Gonzalez, Obregón, Calles, Cárdenas en Miguel Alemán niet vergeten. Mexico is het enige land ter wereld waar de vrijmetselarij (sinds 1917) zelfs openlijk regeert met een politieke partij!

De Verenigde Staten zijn de vrijmetselaarsnatie bij uitstek! De macht die de loge in dit land heeft, is gigantisch. In de grondwet van het land zijn verscheidene principes terug te vinden die zijn vervlochten met de vrijmetselarij. De volgelingen van de vrijmetselarij zijn in zeer groten getale werkzaam binnen de regering. Vrijmetselaars bezetten in de Verenigde Staten alle sleutelposities. Niet alleen voormalig president Bill Clinton is vrijmetselaar, ook (minstens) achttien van zijn voorgangers waren dat, namelijk Washington, Madison, Monroe, Jackson, Polk, Buchanan, A. Johnson, Garfield, McKinley, Th. Roosevelt, Taft, Harding, F.D. Roosevelt, Truman, L.B. Johnson, Ford, Reagan en Bush.

Vele schrijvers beweren dat Ronald Reagan geen vrijmetselaar is, maar dat is niet zo zeker. In het tijdschrift *New Age* van april 1988 staat een foto waarop te zien is hoe Reagan de 33ste eregraad van de vrijmetselarij ontvangt.

De namen van Lincoln, Eisenhower en Kennedy ontbreken in de lijst. De ouders van Eisenhower waren echter Jehovah's Getuigen.

De Jehovah's Getuigen en de vrijmetselarij

Volgens de *Watch Tower* van 1 december 1916 (pagina 365) wa-

2. Het Wachttorengenootschap en de vrijmetselarij 55

ren de laatste woorden die Charles Taze Russell voor zijn sterven sprak: 'Wikkel me alsjeblieft in een Romeinse toga.' Voor een leek is het volkomen onbegrijpelijk dat iemand die op sterven ligt niets anders aan zijn hoofd heeft dan in een Romeinse toga te worden gewikkeld. Maar voor kenners is het een duidelijke aanwijzing: toga's, tunica's en vele andere klassieke gewaden worden heel vaak gedragen in verschillende hogere graden binnen de Amerikaanse vrijmetselarij.

Bestaat er een verband tussen het Wachttorengenootschap en de vrijmetselarij? Om die vraag te kunnen beantwoorden, moeten we eerst bestuderen op welke religieuze beginselen de oprichter van de sekte, Charles Taze Russell, zich baseerde. Er bestaat geen twijfel over dat zijn idee om een nieuwe organisatie op te richten niet zomaar uit de lucht kwam vallen. Zo is het duidelijk dat het Genootschap alle dwalingen van het arianisme vrijwel tot in de kleinste details heeft overgenomen.

In de loop der eeuwen zijn er steeds weer groepen geweest die de leer van de goddelijke drie-eenheid verwierpen, en dat gold met name voor de volgelingen van Arius, een priester die net als de Jehovah's Getuigen leerde dat Christus lager staat dan God (de Vader). Waarom zijn zoveel ideeën van Arius door Russell overgenomen?

In 1650 was de onderwerping van Ierland door de Engelsen voltooid. Daarna raakte Ierland stapsgewijs in het bezit van de protestantse, anglicaanse kerk. De Ierse katholieken werden gedegradeerd tot een verarmd boerenvolk.

In 1801 werd Ierland officieel in het Verenigd Koninkrijk ingelijfd, en sindsdien vanuit Londen geregeerd. Vanaf dat moment emigreerden steeds meer Ieren naar Amerika. Na 1845, toen de aardappeloogst mislukte doordat er een ziekte was uitgebroken onder de aardappelen die door de Engelsen in Europa waren geïmporteerd, groeide de emigratie uit tot een ware uittocht.

Er is al eerder gezegd dat ook de ouders van Russell zich onder de Ierse emigranten bevonden. Vóór hun emigratie woonden zij in

Ulster (Noord-Ierland) en waren lid van de presbyteriaanse kerk. (Het presbyterianisme is de Angelsaksische variant van het calvinisme.) Volgens de *Watch Tower* uit 1916 (Engelse uitgave, bladzijde 171) groeide ook de jonge Russell als presbyteriaan op.

Wat betekende het in die tijd om presbyteriaan te zijn? Er is een tijd geweest dat alle jongemannen in Ierland die predikant wilden worden aan de universiteit van Glasgow studeerden. Het is bekend dat professor Simpson, die indertijd aan de universiteit doceerde, evenals zijn opvolger, sympathiseerde met de theologie van Arius, die zich verzette tegen de leer van de drie-eenheid. Een andere sympathisant van Arius was Francis Hutcheson. Alle studenten waren onder de indruk van deze man. Zelfs de synode van Ulster accepteerde generaties lang deze afwijzende houding ten opzichte van de geloofswaarheid van de heilige drie-eenheid. Als gevolg van dit alles stond de presbyteriaanse kerk in Ierland generaties lang onder ariaanische invloed. En dit feit laat er geen twijfel over bestaan dat het geloof van de Russells ariaanisch gekleurd was.

De vrij precieze gegevens waarover ik beschik, bevestigen dat buitengewoon veel presbyterianen tegelijkertijd ook lid waren van de Loge. Zo was James Anderson, die de eerste constituties van de moderne vrijmetselarij opstelde, presbyteriaans predikant en theoloog. Vandaag de dag is bekend dat veel presbyterianen een belangrijke rol spelen in verschillende loges binnen de vrijmetselarij. De macht die de vrijmetselarij onder hen heeft, is enorm. Enkele predikanten die geen deel uitmaakten van de vrijmetselarij en die de organisatie kritisch benaderden, zijn zelfs uit hun ambt gezet. Een ander interessant gegeven is dat de meeste Amerikaanse presidenten niet alleen presbyteriaan waren, maar tegelijkertijd ook vrijmetselaar van Schotse of Ierse afkomst.

Bestaat er nu enig verband tussen de Jehovah's Getuigen en de vrijmetselarij? Was Russell zelf bij de vrijmetselarij betrokken? Volgens het Wachttorengenootschap nam Russel reeds in 1886 afstand van vele christelijke leerstellingen die hij lange tijd had geaccepteerd, voordat hij het christelijk geloof vaarwel zei.

2. Het Wachttorengenootschap en de vrijmetselarij

In *The Jamestown Evening Journal* van 6 augustus 1910 zei Russell het volgende: 'Nadat ik het christendom vaarwel had gezegd, vereerde ik een onbekende God. Ik zocht een goddelijke openbaring.'

In het boek *Die Zeugen Jehova's in Gottes Vorhaben* valt op bladzijde 18 te lezen dat Russell het verlangen had om alles te leren wat God onderwees, waar hij dat onderwijs dan ook te horen kreeg. In een van zijn preken gaf hij toe dat hij ook oosterse religies had bestudeerd. Bestudeerde hij ook de leerstellingen en geheimen van de vrijmetselarij?

Iedereen kan medische vaktermen gebruiken. Maar wanneer iemand een boek schrijft of een toespraak houdt en hij gebruikt voortdurend vaktermen, dan kunnen we ervan uitgaan dat die persoon een medicus is of in ieder geval iemand die iets te maken heeft met de medische wereld.

Bij Russell valt het op dat hij in zijn boeken en preken voortdurend uitdrukkingen gebruikt die kenmerkend zijn voor de vrijmetselarij – uitdrukkingen als 'Opperbouwmeester van het Heelal', 'orde', 'Oppermeester', 'Licht', 'priesterschap' enzovoort. Daaruit zouden we kunnen opmaken dat hij in ieder geval betrekkingen had met de vrijmetselarij.

Het is bovendien interessant dat bij Russells talloze redevoeringen steeds een embleem getoond werd met een kruis en een kroon erop. Ook linksboven op de voorkant van de *Wachttoren* en andere publicaties van de 'pastor' is dit embleem te zien. Bovendien hing het als wandversiering in zijn kantoor, was het bevestigd aan de voorkant van de locomotief tijdens de *Transcontinental Tour* in 1913, en is het zichtbaar op de piramide bij zijn graf. Wat heeft dit te betekenen?

Bij nadere bestudering hebben we kunnen vaststellen dat het hier gaat om een teken van de vrijmetselaarsorde der tempeliers.

Ook anderen hebben dit symbool gebruikt. Dat geldt bijvoorbeeld voor Joseph Smith junior (vrijmetselaar van de 33ste graad en stichter van de 'Kerk van de Heiligen der Laatste Dagen' ofwel

2. Het Wachttorengenootschap en de vrijmetselarij

de kerk der Mormonen) en meerdere belangrijke Mormonen. Ook Mary Baker Eddy, de oprichtster van de sekte *Christian Science*, gebruikte het.[45] In ieder geval is het zeker dat het embleem afkomstig is uit de vrijmetselarij. De orde gebruikt het voornamelijk voor propaganda en om de aandacht op de tempeliers te vestigen.

Wachttoren-embleem (links)

Opvallend is de kleur van het kruis: het is altijd rood. Het kan geen toeval zijn dat het kruis dat door Russell in het embleem is verwerkt eveneens rood is. Alle speciale uitgaven van de Wachttoren hebben deze rode kleur!

Een tweede bewijsstuk is te zien aan de rechterbovenkant van het omslag van de *Wachttoren*. Daar prijkt het symbool van de grootste obediëntie van de tempelorde in de Verenigde Staten, het *Grand Encampment*. Was Russell lid van de tempeliers?

We voegen hier nog aan toe dat de Bijbelonderzoekers, voordat ze over een eigen ruimte beschikten, hun Vergaderingen meestal hielden in ruimten van de vrijmetselarij. In de *Wachttoren* van 1 augustus 1994 wordt op pagina 22 bevestigd dat de Bijbelonderzoekers van het hoofdkantoor in New York, in ieder geval tot 1926, hun Vergaderingen regelmatig hielden in de tempel van de vrijmetselaars in Brooklyn. In het jaarboek van de Jehovah's Getuigen uit 1993 staat dat de Vergaderingen in Denemarken van 1912 tot 1943 plaatsvonden in *Odd Fellow Palæet*. De organisatie *Odd Fellows* staat bekend als een belangrijke tak van de vrijmetselarij.

Wachttoren-embleem (rechts)

Nog merkwaardiger is het dat de huidige ontmoetingsruimten 'Koninkrijkszalen' heten: in het Engels *Kingdom Hall*. De term *hall* is een uitdrukking die door de vrijmetselaars wordt gebruikt.

Prominent aanwezig in de geschiedenis van de vrijmetselarij is de figuur van Hiram-Abif. Zoals ik al eerder heb vermeld, is het in principe heel moeilijk om door te dringen tot de geheimen van de vrijmetselarij. Ook de persoon van Hiram is door geheimzinnigheden omgeven. De vrijmetselaars beschouwen Hiram-Abif als een goed mens, die te vergelijken is met de aartsvaders van het oude verbond. Koning Salomo benoemde hem als opziener van de arbeiders die betrokken waren bij de bouw van de tempel in Jeruzalem.[46]

2. Het Wachttorengenootschap en de vrijmetselarij

Aangezien de vrijmetselarij haar ware gezicht verbergt en haar leden ertoe verplicht de geheimen van de loge te bewaren en ze in geen geval prijs te geven, zijn we genoodzaakt terug te grijpen op literatuur van de vrijmetselarij (die voor buitenstaanders gewoonlijk ontoegankelijk is) om na te gaan welke betekenis Hiram voor de vrijmetselaars heeft.

Volgens authentieke vrijmetselaarsbronnen is Hiram-Abif de Messias van de vrijmetselaars.[47] Parallel daaraan onthult professor John Robison in zijn boek *Proofs of a Conspiracy against all Governments and Religions* (Boston, 1967) dat de oprichter van de illuminaten, Adam Weishaupt, heeft geprobeerd christenen aan te trekken, door te leren dat Hiram-Abif Jezus Christus was.

Merkwaardigerwijs vereenzelvigt Russell, op bladzijde 804 van *Pastor Russell's Sermons* (1917), Hiram met de Messias. Hoe komt hij aan die wijsheid? Wanneer het zo is dat de vrijmetselaars alleen met echte, toegewijde broeders over hun geheimen mogen spreken, en Russell misschien geen vrijmetselaar was, hoe kon hij dan weten dat Hiram de Messias van de vrijmetselaars is? Wanneer we de genoemde preek nader bestuderen, dan lijkt Russell aanvankelijk slechts te zeggen dat de vrijmetselaars geloofden dat Hiram de Messias was. Russell verklaart namelijk ook dat Jezus, de Messias van het christendom, vereenzelvigd kan worden met Hiram-Abif. In dezelfde preek beweert Russell dat de religie van de vrijmetselarij gebaseerd is op de Bijbel. Als Russell geen vrijmetselaar was, dan zal deze preek vrijmetselaars in ieder geval als muziek in de oren klinken. Ook valt niet te ontkennen dat Russell over een uitstekende kennis ten aanzien van de geheime leerstellingen van de vrijmetselarij beschikte.

Een andere opmerkelijke indicatie is de zonsopgang die te zien was op de voorkanten van Russells eerste publicaties en op die van de *Wachttoren*. Hier is sprake van onvervalste vrijmetselaarssymboliek.

Ook is het frappant dat het vrijmetselaarssymbool van de vleugel van Amon-Ra, de Egyptische zonnegod, een van de favoriete emblemen van Russell was. Welke vrijmetselaars maken gebruik van het symbool van de vleugel van Amon-Ra? Albert Churchward, vrijmetselaar van de 33ste graad, beweert in zijn boek *Signs and Symbols of Primordal Man. The Evolution of Religious Doctrines from the Eschatology of the Ancient Egyptians* (Londen 1913, pagina 86) dat het symbool van de vleugel van de zonnegod alleen maar door de vrijmetselaars van de 33ste en hoogste graad wordt gebruikt en begrepen. We moeten bedenken dat de vrijmetselaars alleen maar tekenen en symbolen mogen gebruiken die overeenkomen met hun graad. Het feit dat Russell dit embleem zo vaak in zijn teksten, verhandelingen en boeken gebruikt, zou ons dan ook te denken moeten geven.

Vleugels v.d. Zonnegod

Veelzeggend is Russells leer en beoefening van de piramidologie, waarvan het bekend is dat die onder de vrijmetselaars zeer populair is. Als Russell geen vrijmetselaar was, waarom komen we in zijn publicaties dan uitvoerige studies tegen over de symboliek van de piramide? Waarom had Russell bepaald dat op zijn graf een vrijmetselaarspiramide moest worden gebouwd?[48]

Onthullend is de ontdekking dat Russells lidmaatschapskaarten van de *Masonic Knight Templar* (Tempeliers) zich in de moederloge, de 'Blauwe Loge' in Dublin, bevinden.[49] In het register van het boek *Occult Theocracy* wordt Charles Taze Russell genoemd als een belangrijk logelid onder de prominente vrijmetselaars.[50]

In 1913 zei Russell in een toespraak van vijftien pagina's onder meer het volgende: 'Het doet me genoegen te mogen spreken voor afgevaardigden uit de kuststeden en vijfendertig staten. We bevinden ons hier in een gebouw dat aan de vrijmetselarij is opgedragen. Enkele van mijn beste vrienden zijn vrijmetselaar, en ook ik ben

2. Het Wachttorengenootschap en de vrijmetselarij 63

een erkend vrijmetselaar.' In een verdere uiteenzetting werd bekend gemaakt dat Russell toegang had tot de hoogste loges.[51]

Het voorgaande kan slechts tot de conclusie leiden dat Russell een bijzonder vooraanstaande vrijmetselaar was. Hij behoorde tot de Schotse Ritus. Bovendien was hij lid van de Rozenkruizers in Quakertown. Om die reden verliepen de ceremoniën tijdens zijn crematie en teraardebestelling volgens de rituelen van de Rozenkruizers.[52]

Zoals we hebben gezien, werkte Joseph Franklin Rutherford zich na Russells dood op tot machthebber. Bijzondere aandacht verdient het feit dat Rutherford advocaat was voor de firma *Draffen & Wright*, voordat hij president werd bij het Wachttorengenootschap. De firma waar hij werkte, kreeg voornamelijk opdrachten van grote ondernemingen en 'trusts', waarvan de meerderheid van het leidinggevend personeel behoorde tot de hogere graden van de vrijmetselarij. Later klom Rutherford op tot bijzonder gevolmachtigde en fungeerde hij als zodanig tijdens rechtszaken bij het Hooggerechtshof van de Verenigde Staten in New York.

In het jaar 1909 werd Rutherford als gevolmachtigde naar New York geroepen. In datzelfde jaar werd hij lid van het Openbaar Ministerie in New York. Als hooggeplaatst lid vervulde Rutherford hier zijn verplichtingen tot aan zijn dood. Door zijn lidmaatschap van het openbaar Ministerie konden zijn volgelingen hem verontschuldigen en rechtvaardigen voor zijn vriendschappelijke betrekkingen met bepaalde illustere vrijmetselaars.

Rutherford had contacten met hooggeplaatste militairen, met de zeevaartacademie, met de bankier, politicus en senator George Louis Wellington (een vrijmetselaar van de 33ste graad), met gouverneur George White (Ohio), met het congreslid Blackburn Barret Dovener, en met William Jennings Bryan, een vrijmetselaar van een hoge graad. Laatstgenoemde was drie keer genomineerd als presidentskandidaat. Is het verwonderlijk dat Rutherford een wervingscampagne voor deze hooggeplaatste vrijmetselaars voerde?

Een aanklacht die begin 1924 werd ingediend bij het kantongerecht van het Zwitserse St. Gallen, biedt ons een blik achter de schermen van het Wachttorengenootschap.

Op 21 januari hadden de protestanten uit St. Gallen een protestbijeenkomst gehouden tegen de sterk toegenomen activiteiten van de Bijbelonderzoekers in Zwitserland. Professor Köhler, van de theologische faculteit in Zürich, had in zijn voordracht gezegd dat het hem een raadsel was waar de Bijbelonderzoekers de omvangrijke financiële middelen vandaan haalden waarmee ze hun propaganda bekostigden. Dr. Feldmann, een bekend arts uit St. Gallen, stelde daarop dat de Bijbelonderzoekers heel veel geld kregen van de internationale vrijmetselarij, om verwarring te stichten in het West-Europese christendom.

De voorzitter van de Ernstige Bijbelonderzoekers, Konrad C. Binkele, eiste onmiddellijke herroeping van deze bewering. Dr. Feldmann bleef echter bij zijn uitspraken, waarop de Internationale Vereniging van Ernstige Bijbelonderzoekers hem aanklaagde.[53]

Voor de rechtbank voerde Dr. Feldmann als belangrijkste bewijsstuk een brief aan die gedateerd was op 27 december 1922 en die door een Amerikaanse vrijmetselaar van de 33ste graad uit Boston aan een Zwitserse broeder was geschreven. In deze brief stond onder meer het volgende:

'Uw tweede verzoek heeft betrekking op het *Internationale Genootschap van de Ernstige Bijbelonderzoekers*, dat zijn hoofdkantoor in Brooklyn, New York, heeft. Deze lieden bewijzen absoluut hun nut voor ons. Wij geven hun op de bekende indirecte manieren veel geld, dankzij enkele broeders die in de oorlog zeer veel geld hebben verdiend en die dat absoluut niet in hun goed gevulde portemonnee voelen!

In het komende voorjaar komt misschien een belangrijke jurist naar Europa. Hij is al verscheidene malen in Europa geweest. De heer Rutherford zal propaganda voeren door middel van lezingen.

Beste broeder, ik maak nu van de gelegenheid gebruik om u te vragen of u zich zou willen inspannen de Zwitserse kranten ertoe te bewegen geen artikelen te publiceren die tegen deze lezingen gericht zijn! Er bevinden zich onder de Zwitserse broeders toch veel krantenmensen. Ook wil ik u vragen ervoor te zorgen dat de bezigheden van de Ernstige Bijbelonderzoekers niet ongunstig in de kranten worden beschreven. Wij hebben deze mensen heel hard nodig – zij moeten pioniers voor ons zijn.

Wat moet ik nog meer zeggen! U weet alles zelf; een land wordt veroverd door de zwakheden ervan uit te buiten en zijn steunpilaren te ondergraven. Onze vijanden zijn de protestanten, en tevens de katholieken in Europa. Hun dogma's zijn hinderlijk voor onze plannen, en daarom moeten we alles in het werk stellen om hun aantal volgelingen te verkleinen en hen belachelijk te maken.'

De brief spreekt voor zich!

De brief werd al op 18 mei 1923 in de krant *Der Morgen* uit het kanton Solothurn gepubliceerd.[54] Begin juni ontving de redactie van *Der Morgen* een aangetekende brief, waarin stond dat de schrijver van het artikel, onder dreiging van een aanklacht, het stuk diende te herroepen.

De schrijver reageerde in *Der Morgen* met de volgende stellingname:

'DE ERNSTIGE BIJBELONDERZOEKERS

In nummer 116 publiceerde ik een uittreksel van een brief afkomstig van een Amerikaanse vrijmetselaar, waaruit zonder twijfel blijkt dat de ambities van de Ernstige Bijbelonderzoekers financieel en moreel (in zoverre men met betrekking tot de

Wereldvrijmetselarij het woord "moreel" mag gebruiken!) worden ondersteund door de Wereldvrijmetselarij.

Het is nooit mijn bedoeling geweest de Ernstige Bijbelonderzoekers te beledigen of verdacht te maken. Het enige wat ik met de publicatie van deze brief voor ogen had, was een beeld te schetsen van de opruiende activiteiten van de Wereldvrijmetselarij. Ik heb niet beweerd dat de Ernstige Bijbelonderzoekers, in zoverre het het Zwitserse Genootschap betreft, een verbintenis met de vrijmetselarij hebben gesloten. '

De Ernstige Bijbelonderzoekers hebben het vervolgens niet meer gewaagd tegen *Der Morgen* op te treden. Zo nu en dan hebben ze echter wel beweerd dat de brief een vervalsing was. Maar nadat de ontvanger van de brief, Herbert von Bomsdorff-Bergen – die opperbevelhebber van de 33ste graad was en die de correspondentie tussen de broeders van alle vijf de continenten leidde – de loge officieel de rug had toegekeerd, trad hij zelf in de openbaarheid. Hij bevestigde onder meer: 'In januari 1923 kreeg ik een brief uit Amerika van een vrijmetselaar van een hoge graad, die mij "broederlijk" om inlichtingen verzocht met betrekking tot verschillende zaken waarvoor hij zich interesseerde. Ik heb de brief op 18 mei 1923 in het Zwitserse dagblad *Der Morgen* gepubliceerd.'

Later werd de brief ook openbaar gemaakt in de *Münchener Allgemeinen Rundschau* (1924, pagina 757) en in *Ecclesiastica* (Freiburg 1924, pagina 260).

De ontvanger van de brief toonde de echtheid ervan opnieuw aan in augustus 1925, in de *Ludwigshafener Abwehr* nummer 2.

Aangezien de rechtbank, na een beraadslaging die een dag duurde, in de uitlatingen geen beledigingen aan het adres van de Internationale Vereniging van Ernstige Bijbelonderzoekers kon ontdekken, werd Dr. Fehrmann vrijgesproken. Het Wachttorengenootschap werd veroordeeld tot betaling van een schadevergoeding aan Dr. Fehrmann, ter hoogte van 450 Zwitserse franken. Ook in hoger beroep verloren de Bijbelonderzoekers het proces; ditmaal moesten ze Dr. Fehrmann 1.313,55 frank betalen.

2. Het Wachttorengenootschap en de vrijmetselarij   67

Om aan de situatie te ontkomen, boden de Bijbelonderzoekers in het kader van een campagne iedereen geld aan die kon aantonen dat zij geld ontvingen van de vrijmetselarij. Een groep Jehovah's Getuigen uit Eutin deponeerde voor dit doel 10.000 mark op een bankrekening.[55] Overigens wist de gemiddelde Jehovah's Getuige absoluut niets van de financiële ondersteuning door de Loge.

Terug naar Rutherford. Het eerste wat hij deed na Russells dood, was stap voor stap de sporen van zijn voorganger uitwissen, inclusief de leer van de 'grote piramide' en alle emblemen die in dit hoofdstuk zijn genoemd. Op het eerste gezicht lijkt het erop dat Rutherford een einde maakte aan de betrekkingen die Russell met de vrijmetselarij onderhield. In *The Golden Age* van 3 september 1930 pakt hij de vrijmetselaars keihard aan. Hij beschuldigt ze er zelfs van verbonden te zijn met het satanisme. In *The Golden Age* van 5 augustus staat opnieuw een vergelijkbaar artikel.

Wordt daarmee bewezen dat Rutherford geen vrijmetselaar was? Nee! De vrijmetselarij wordt omgeven door raadselen en geheimen. Zo is men erachter gekomen dat de leider van de antivrijmetselarijpartij (1830-1840) in de Verenigde Staten zelf een hooggeplaatst lid van de Loge was.

Na zijn aanvallen tegen de orde draaide Rutherford 180 graden om. Vanaf 1935 liet hij zien dat hij de vrijmetselarij welgezind was. In dat jaar publiceerde hij twee artikelen, waarin hij de vervolging van de vrijmetselaars in Italië en Duitsland hekelde. Kennelijk belichaamden de vrijmetselaars sindsdien niet langer de duivel. Volgens Rutherford waren ze het slachtoffer van het fascisme en het Vaticaan. Het is uiterst merkwaardig dat het Wachttorengenootschap in al deze jaren alleen maar zijn beklag deed over de fascistische vervolging van de Logeleden, en nooit de nazi-vervolging van Joden, geesteszieken, zigeuners en anderen aan de orde stelde of veroordeelde.

Na Rutherfords dood ging het Wachttorengenootschap door met het publiceren van artikelen ten gunste van de vrijmetselarij.

In *The Golden Age* van 20 juni 1945 wordt melding gemaakt van de vervolging van de Spaanse vrijmetselaars door Franco. En in de Wachttoren van 13 maart 1946 wordt het verhaal verteld van de eerste Italiaanse vrijmetselaars die het slachtoffer van Mussolini waren geworden.

Over het algemeen weten de individuele Jehovah's Getuigen helemaal niets van de vrijmetselarij. Kennelijk acht de leiding in Brooklyn het niet nodig informatie over deze machtige organisatie te verstrekken. Ik heb in de latere publicaties van het genootschap slechts één enkel artikel over de vrijmetselarij gevonden. Wat mij aan dit artikel (in *Ontwaakt!* van 8 augustus 1958) het meest verraste, was de omvangrijke kennis die de leiders van de Jehovah's Getuigen over de vrijmetselarij bezitten. De schrijver van het artikel beschrijft gedetailleerd de inwijding in de eerste, tweede en derde graad. Eveneens is het verbazend dat in het artikel op een heel andere manier over de vrijmetselarij wordt gesproken dan over de katholieken, die in de publicaties van de sekte vaak scherp worden aangevallen. De schrijver, waarschijnlijk Nathan Homer Knorr, neemt pas helemaal aan het eind van het artikel stelling tegen de loges, door te bekrachtigen dat de getrouwen van het Wachttorengenootschap zich niet met de loges moeten inlaten.

In hetzelfde artikel wordt de reeds genoemde Albert Pike[56] als een van de grootste geleerden van de vrijmetselarij betiteld. Dat hij door het Wachttorengenootschap wordt genoemd, is niets bijzonders. De machthebbers in Brooklyn citeren vaak beroemde vrijmetselaars op een positieve manier.

Zoals reeds gezegd, laten de vrijmetselaars zo vaak als ze kunnen een aanwijzing achter van hun contacten – niet alleen door middel van symbolen, maar ook door middel van handdrukken, bepaalde woorden of vaste uitdrukkingen. In het geval van de vierde president van het Wachttorengenootschap, Frederick Franz, is één voorbeeld voldoende om zijn verbondenheid met de Vrijmetselarij aan te tonen. Terwijl in alle bijbelvertalingen van Hosea 12:14

2. Het Wachttorengenootschap en de vrijmetselarij 69

'Adonai' wordt vertaald met 'Heer' of 'Jahweh', heeft Franz het woord vervangen door een begrip dat heel vaak door vrijmetselaars wordt gebruikt, namelijk 'Grote Meester'.

Zijn er nog meer bewijzen dat de sekte met de vrijmetselarij verbonden is? Voorlopig laat ik het bij *Ontwaakt!* van 8 januari 1993. In dat nummer gebruikt de door het Wachttorengenootschap geestelijk gezalfde schrijver de vrijmetselaarsuitdrukking 'Grote Bouwmeester van het Universum'.

Ten slotte dien ik nog te vermelden dat veel schrijvers die als vrijmetselaar bekend staan, zelfs zo ver gaan dat ze hun lezers niet alleen de geloofsovertuigingen van de Jehovah's Getuigen aanbevelen, maar hen er zelfs toe aanzetten lid van het Wachttorengenootschap te worden. In 1997 verscheen onder andere het boek *Die Zeugen Jehovas, eine Herausforderung* van Helmut-Dieter Hartmann. De auteur is sinds 8 oktober 1988 commandant-ridder van de orde der tempeliers – 'Grosspriorat' van Duitsland – en sinds 4 november 1989 'Past Senior Grand Warden' van de *Grand Loge of British Freemasons in Germany*.

Het is verbluffend om te zien in welke mate de ideologie van de vrijmetselarij met die van de beweging van Charles Taze Russell overeenkomt, oftewel met de hedendaagse geloofsleer van het Wachttorengenootschap.

BEIDE organisaties loochenen de fundamentele waarheden van het christelijk geloof.

BEIDE organisaties beweren dat de redding van de ziel alleen bereikt kan worden door goede werken, en dat 'wedergeboorte' (uit het geloof) niet nodig is.

BEIDE organisaties houden hun samenkomsten in ruimten van de vrijmetselarij.

BEIDE organisaties vereenzelvigen Hiram-Abif met de Messias.

BEIDE organisaties hebben hun eigen bijbel en beweren dat de heilige teksten gecodeerd zijn opgesteld. Ze leren hun leden dat de geheimen van de heilige Schrift alleen geopenbaard worden aan bepaalde ingewijde leden. Russell schreef in *Bible Examiner* van oktober 1876 op pagina 27: 'De teksten van de Bijbel zijn als een tempel – een uitdrukking die door de Vrijmetselarij wordt gebruikt! – en om ze te onthullen heeft men een sleutel nodig.'

BEIDE organisaties baseren zich op getallensymboliek, de piramide en de oude Egyptenaren.

BEIDE organisaties geloven dat God de grote piramides heeft laten bouwen. Zij zijn van mening dat de piramide de kerk voorstelt.[57]

BEIDE organisaties ontkennen dat Christus God is. Volgens hen is Christus slechts een mens. Bovendien ontkennen ze dat Hij de Middelaar van de christenen is. Albert Pike verklaarde in zijn standaardwerk *Morals and Dogma of the Ancient and Accepted Rite of Scottish Freemasonry* (Richmond 1921, herdruk 1966), dat met toestemming van de Opperste Raad van de vrijmetselaars werd gepubliceerd dat Jezus een mens was, net als iedereen, en dat zijn geschiedenis slechts de denkbeeldige herleving is van een oudere legende (pagina 34). Andere auteurs van de Loge vergelijken Christus met Isis.[58]

BEIDE organisaties verwachten een nieuwe wereldorde en een wereldregering.

BEIDE organisaties maken gebruik van de uitdrukking 'Grote Bouwmeester'. Russell gebruikte die uitdrukking vaak in zijn teksten. De vrijmetselarij identificeert de Grote Bouwmeester met de Schepper van het universum. De naam 'God' wordt door de vrijmetselaars zelden in de mond genomen, en die van Christus al helemaal niet.

BEIDE organisaties gebruiken de Joodse kalender. In plaats van te zeggen 'voor of na Christus', zeggen ze: 'voor of na de algemene tijdrekening'.

BEIDE organisaties leren dat men een valse eed mag afleggen om de 'broeders' te beschermen. Ook beweren ze dat het niet nodig is de waarheid te vertellen aan personen die het niet verdienen haar te horen. Liegen wordt door beide organisaties als een 'oorlogsstrategie' beschouwd.[59]

BEIDE organisaties blijken ervan overtuigd te zijn dat het blanke

2. Het Wachttorengenootschap en de vrijmetselarij

ras superieur is aan de gekleurde rassen. Russell droeg de Bijbelonderzoekers op geen tijdschriften of boeken aan kleurlingen te 'verspillen', omdat zij weinig opleiding hadden en geen profijt van de teksten zouden kunnen hebben. De Loges in de meeste Amerikaanse staten laten geen kleurlingen toe.

BEIDE organisaties verklaren met nadruk dat zij de openbaringen altijd beter begrijpen dan anderen. Ze kennen veel waarde toe aan het woord 'licht'.

Uit het voorgaande blijkt wel dat de bijzondere betrekkingen van het Wachttorengenootschap met de vrijmetselarij niet genegeerd kunnen worden.

3

De geheime macht achter de schermen

Handlangers van het kapitalisme

In 1861 brak de verwoestende Amerikaanse Burgeroorlog uit. In de daaropvolgende vier jaar richtte deze bijzonder kostbare en met grote verbittering gevoerde oorlog grote verwoestingen aan in het zuidoosten van de Verenigde Staten. Aan beide kanten kwamen meer dan 620.000 mensen om, en er vielen 375.000 gewonden.

Na deze oorlog werd het land door de voortschrijdende industrialisering volkomen veranderd. Merkwaardig genoeg had de economie van de Verenigde Staten door de oorlog in het geheel geen schade opgelopen. Doorslaggevend daarvoor was de buitengewone groei van de zware industrie. Geen enkel Europees land heeft ooit een dergelijke ontwikkeling doorgemaakt!

Vanaf 1865 werden kapitaalfusies aangegaan die daarvoor nooit hadden bestaan: 'trusts', ofwel groepen die monopolies opbouwden om hele industrietakken te beheersen. Zo werd tweederde van alle spoorlijnen beheerst door groepen onder leiding van bankier en vrijmetselaar John Pierpont Morgan. Carnegie gaf de aanzet tot een kartel dat in de staalsector tot de machtigste ter wereld zou uitgroeien. En Rockefeller was heer en meester over de olievelden.

In de loop der tijd werden twee financiële imperiums gevormd. Het ene imperium bestond uit Morgans *First National Bank*, de *Rubber Trust, General Electrics, U.S. Steel* en de spoorwegmaatschappij *Vanderbilt*. Het andere imperium bestond uit Rockefellers *National City Bank, Standard Oil, Tobacco*, de *Ice Trust* en de Gould-spoorwegmaatschappij.

3. De geheime macht achter de schermen

Terwijl het kapitalisme zich ontplooide, kwam het tot een meedogenloze confrontatie tussen de rijkdom van de gegoede burgerij (de Bourgeoisie) en de ellende van de arbeidersklasse. Toentertijd werden de arbeiders tot een leefwijze gedwongen die nauwelijks van slavernij te onderscheiden was. De gezinnen woonden in krotten die door hun bedrijf beschikbaar werden gesteld en waar men zelfs nog geen varkens in zou onderbrengen. De lonen waren uiterst laag, en de wekelijkse werktijd bedroeg 65 tot 67 uur. Een van de problemen waar de arbeiders mee te maken hadden, was de ongebreidelde immigratie. De ondernemers konden hun werknemers om belachelijke redenen ontslaan, omdat ze voortdurend de beschikking hadden over nieuwkomers die bereid waren het werk uit te voeren tegen de voorwaarden die door de werkgevers werden gesteld.

De arbeidersklasse in de Verenigde Staten groeide getalsmatig uit tot een van de grootste ter wereld. Door de armoede, het analfabetisme en het ontbreken van enig politiek concept moesten deze mensen werken voor zeer lage lonen. De arbeiders hadden geen enkele mogelijkheid om zich tegen de hoge heren te verzetten. Aangezien de regering aan de kant van de Morgans en de Rockefellers stond, kwam de gedachte aan een staking niet eens bij de arbeiders op. Wanneer er toch werd gestaakt, grepen de politie en het leger keihard in, soms zelfs uitgesproken grof.

In 1877 werd de onrust chronisch en kwam het tot meerdere stakingen, waarvan de meest opzienbarende die van de spoorwegwerkers in Baltimore en Pittsburgh waren.

De spoorwegmaatschappij van Baltimore had bekendgemaakt dat de lonen met tien procent verlaagd zouden worden. Daarop gingen de arbeiders in staking, maar deze staking werd door het leger neergeslagen. De staking eiste tien doden en dertig zwaargewonden.

In Pittsburgh werden honderden locomotieven, die door de stakers waren tegengehouden, verwoest door een brand die door provocateurs was aangestoken. Deze staking zou uitgroeien tot de ergste in haar soort; er vielen vijfentwintig doden (waaronder tien kinderen) en vijftig zwaargewonden. Zoals altijd kwamen de werkgevers als winnaars uit de strijd.

Na deze stakingen ging de strijd van de arbeiders door. In 1886 werden meer dan 1600 stakingen uitgeroepen, waarvan de ene nog verder reikte en nog langer duurde dan de andere. Deze stakingen kostten veel mensen het leven.

De arbeiders hadden, naast dit alles, een onophoudelijke lastercampagne te verduren van de kant van journalisten die door de werkgevers waren omgekocht.

Het is opmerkelijk dat ook Charles Taze Russell partij koos voor de grote 'trusts'. Het schijnt dat het Wachttorengenootschap, ondanks al zijn zieltjeswinnerij (in het bijzonder onder de arbeiders), hetzelfde doel nastreefde als de omgekochte journalisten. In het vierde boek uit de serie *Studies in the Scriptures – The Battle of Armageddon* – ging Russell zelfs zo ver dat hij zich tot de arbeidersklasse richtte en weliswaar toegaf dat de situatie ernstig was, maar hij voegde eraan toe dat elke georganiseerde strijd zou leiden tot een verdere verslechtering van de toestand. Volgens hem bleef er voor de arbeiders geen andere mogelijkheid over dan hun lot te dragen. In hetzelfde artikel rechtvaardigde hij het standpunt van de grote 'trusts' (pagina 178 e.v. en pagina 191).

Werd Russell, net als de journalisten, door de grote trusts betaald om de arbeiders tot bedaren te brengen? Met onvoorstelbare onverschilligheid geeft hij de tragedie van de arme arbeiders weer, die als slaven behandeld werden. Uit een hele reeks verklaringen van Russell die we hebben kunnen lezen, blijkt dat het genoemde artikel niet op zichzelf stond. Vanaf zijn verschijnen (reeds in de derde uitgave!) heeft de *Wachttoren* partij gekozen voor de grote trusts. Zo prees Russell in de *Watch Tower* van 1 januari 1911, op bladzijde 1 tot 4, het werk van de magnaat en vrijmetselaar J.P. Morgan. Russell beweerde onder meer dat diens werk een vervulling van de Bijbel was.

In dienst van het zionisme

In de *Spectrum Encyclopedie* wordt het zionisme gedefinieerd als een 'politieke beweging gericht op het vestigen van een Joodse staat in Palestina'. Elders wordt het zionisme gedefinieerd als een internationale Joodse organisatie die tot doel heeft dit streven uit te voeren.

Vele Joden, en ook christenen, zien het zionisme als een vervulling van het Oude Testament. Voor hen werden op 14 mei 1948, de dag waarop David Ben Goerion in Tel Aviv de nieuwe staat Israël uitriep, de beloften werkelijkheid die God in de Bijbel met betrekking tot Israël had gedaan: 'Zo zegt de Here HERE: zie, Ik haal de Israëlieten weg uit de volken naar wier gebied zij gegaan zijn; Ik zal hen van alle kanten bijeenverzamelen en hen naar hun land brengen. En Ik zal hen tot één volk maken in het land, op de bergen Israëls, en één koning zal over hen allen koning zijn (Ezechiël 37:21).

Ook het feit dat vele duizenden Joden in die tijd naar Israël zijn geëmigreerd, dat de militaire en economische macht van het land begon toe te nemen, dat de soevereiniteit van Israël door de grootmachten werd erkend... dat alles wordt door vele Joden en christenen uitgelegd als iets wat in overeenstemming met de bijbelse profetie heeft plaatsgevonden.

In het kader van dit boek is het belangrijk te vermelden dat de grote banken *Rotschild, Kuhn, Loeb & Co., Schiff, Morgan, Warburg* en *Rockefeller* niet alleen een belangrijke rol voor het zionisme hebben gespeeld, maar dat ze ook het streven van de zionistische beweging financieel hebben gesteund.

Volgens geschiedkundigen werd het zionisme in 1860 op de conferentie van Thorn (Pruisen) in het leven geroepen. Tijdens deze samenkomst erkende men dat het noodzakelijk was dat er een thuisstaat zou worden gevormd voor de Joden in Palestina.

De man die de eigenlijke aanzet gaf tot de politieke beweging van het zionisme zoals we die vandaag de dag kennen, was Theodor Herzl, een Jood van Hongaarse afkomst. Hij promoveerde als jurist aan de Universiteit van Salzburg en werd vervolgens journalist, schrijver en correspondent in Frankrijk, voor de Weense *Neue Freie Presse*. Zijn zionistische ideeën en voorstellen (zowel politiek als economisch) om de problemen op te lossen, vatte hij in 1895 samen in het boek *Der Judenstaat*. Twee jaar later riep hij de Zionistische Wereldorganisatie in het leven en organiseerde in Zwitserland het eerste Zionistencongres. Naar Herzls eigen zeggen was het voornaamste doel van zijn zionistische beweging om land terug te winnen in Palestina en zo een onafhankelijke staat te stichten, een nieuw vaderland voor de bedreigde Joden in Oost-Europa.

De familie Rothschild maakte in 1875 de Britse aankoop van het Suez-Kanaal mogelijk. Hierdoor kreeg Engeland het overwicht in Egypte. Zodra de Britten verklaard hadden dat Palestina de strategische flank voor de verdediging van het Suez-Kanaal vormde, beëindigden ze – door middel van een veldtocht onder leiding van generaal Allenby – de Turkse heerschappij over Palestina. Het is duidelijk dat deze Britse maatregel het streven van de zionistische beweging in de kaart speelde. Na de overwinning op de Turken, in november 1917, ging Lord Balfour naar de Verenigde Staten, waar hij in de vorm van een brief aan Lord Rothschild de zogenaamde 'Balfour-verklaring' publiceerde. In deze verklaring werd aan de Joden namens de Engelse regering de stichting van een vaderland in Palestina beloofd.[60]

In San Remo werd aan Engeland het mandaat over Palestina toegekend, en twee jaar later droeg de Volkerenbond het mandaat over Palestina officieel over aan Groot-Brittannië.

In het mandaat van de Volkerenbond, waarmee Engeland de heerschappij over Palestina had verkregen, zou het *Jewish Agency for Palestine* de vertegenwoordiging van het Joodse volk op zich nemen. Het was de bedoeling dat deze organisatie met de mandaatmacht zou samenwerken en haar van advies zou dienen over de stichting van een nationale Joodse thuisstaat. Voor deze taak werd toen de Zionistische Organisatie (later Zionistische Wereld-

3. De geheime macht achter de schermen 77

organisatie) aangewezen, een internationale federatie van zionistische groepen die door Theodor Herzl was opgericht. In de jaren dertig functioneerde deze organisatie praktisch als de regering van de toekomstige Joodse staat.

Een van de belangrijkste problemen waarmee de Rothschilds, hun bondgenoten en de zionistische beweging te maken kregen, was dat het grootste deel van de Joden helemaal niet geïnteresseerd was in emigratie naar Palestina. Tot aan de stichting van de staat Israël waren de Verenigde Staten het immigratieland waaraan de meeste Joden de voorkeur gaven. Veel Joden verzetten zich openlijk tegen het zionisme. Alle inspanningen die werden gedaan om hen te overtuigen, waren vergeefs.

Daarop werkten de financiële machten achter het zionisme een psychologisch plan uit om de aandacht van het verstrooide Joodse volk op Palestina te vestigen.[61] De bekende historicus Severin Reinard verklaart, in zijn boek *Spanischer Sommer,* dat Warburg & Co. een van de drijvende krachten was achter het 'psychologisch voorbereidend werk' om de interesse van de Joden te wekken voor de noodzakelijke terugkeer naar Palestina.[62]

De tweede president van het Wachttorengenootschap, Joseph Rutherford, schreef in 1929: 'Voordat de Zionistische organisatie krachtig kon werken, moest de Zionistische organisatie energieke mannen en geld hebben. De Zionisten weten zelf beter dan iemand anders, welk een strijd er geleverd moest worden om meerdere menschen ertoe te bewegen, met hen mede te werken en om andere menschen er toe te krijgen, geld er voor bij te dragen, en weer andere mensen er toe te brengen de beweging van den opbouw van Palestina op geschikte wijze bekend te maken en voor het Joodse volk aantrekkelijk te doen voorkomen.'[63]

Was het Wachttorengenootschap betrokken bij de psychologische campagne die was opgezet door de genoemde mensen die achter het zionisme stonden? Hadden de leiders van het Wachttorengenootschap de opdracht de zionistische plannen te steunen?

Door de hele geschiedenis van de Jehovah's Getuigen heen is

geen enkele profetie uitgekomen die ooit door de leiders van de organisatie is uitgesproken. Maar de voorspellingen van haar stichter met betrekking tot de terugkeer van de Joden naar hun voormalige vaderland, die zijn in 1948 op een verbluffende manier uitgekomen. Het klinkt misschien ongelooflijk, maar de eerste en belangrijkste wegbereider van het zionisme in de Verenigde Staten was niemand anders dan Charles Taze Russell.

In zijn boek *Pastor Charles Taze Russell – An Early American Christian Zionist* (New York 1990) stelt de Joodse schrijver David Horowitz vast dat de pastor er in al zijn geschriften op wijst dat het hoofdthema van de Bijbel is: de terugkeer van de zonen van Israël naar hun land. Horowitz beweert dat Russell een van de eerste Amerikaanse christenen was die de terugkeer van de Israëlieten naar Palestina aankondigde; volgens hem was Russell al een zionist voordat het begrip zelfs maar bestond! Over Horowitz' boek zijn de volgende uitspraken gedaan.

Benjamin Netanyahu, voormalig ambassadeur bij de Verenigde Naties en voormalig premier van Israël, heeft gezegd: 'David Horowitz heeft aangetoond waar Charles Taze Russell in geloofde en waaraan hij werkte. Sindsdien kan men niet anders dan waardering uitspreken voor de belangrijke rol die pastor Russell als voorvechter van het zionisme heeft gespeeld.'

Op vergelijkbare wijze verklaarde ook de ambassadrice van de Verenigde Staten bij de Verenigde Naties, Jeane Kirkpatrick: 'Dit is een fascinerend verhaal over een vergeten man en een veronachtzaamd hoofdstuk in de geschiedenis van het zionisme.'

De afgevaardigde van de *B'nai B'rith* bij de Verenigde Naties, Harris Schoenberg, was van mening dat 'de buitengewone inspanningen van Charles Taze Russell met betrekking tot het judaïsme en zionisme nieuw licht hebben geworpen op de steun voor de zionistische beweging in de Verenigde Staten.'

Russell was een groot voorvechter van het zionisme en hij was de Joden goed gezind. Reeds in 1880 preekte hij dat de Joden naar Israël zouden terugkeren. Een jaar later richtte hij de *Zion's Watchtower Tract Society* op.

3. De geheime macht achter de schermen

Behalve zijn standpunten over vele andere zaken publiceerde hij een artikel van 32 bladzijden met als titel *Comfort to the Jews* (Troost voor de Joden).

Het gehele achtste hoofdstuk van het derde boek in de serie *Millenium Dawn – Thy Kingdom Come* – (1891) is gewijd aan het zionisme.

Om de emigratie naar Palestina aantrekkelijk te maken, gaf Russell een Hebreeuwse krant uit met de Joodse naam *Die Shtimme*. Deze krant ging met behulp van de zionisten de hele wereld over. Het is het vermelden waard dat miljoenen exemplaren gratis werden verspreid.

Andere Wachttorenpublicaties plaatsten steeds de laatste nieuwtjes over het zionisme. Daarnaast publiceerde Russell vele artikelen over zeer belangrijke onderwerpen die betrekking hadden op het zionisme, onder de titel *God's Chosen People* in de *Overland Monthly*, een krant met een oplage van 75.000 exemplaren.

Waaruit bestond Russells boodschap ten gunste van de Joden?

- Dat de Joden de wereld zullen regeren.
- Dat alle landen zich tot het Jodendom zullen moeten bekeren.
- Dat God de wereld door het Joodse volk zal verheerlijken.
- Dat de Joden zich tot hun rabbijnen moeten wenden, ter bescherming tegen christelijke leerstellingen.
- Dat christenen het evangelie niet meer onder de Joden moeten verkondigen, omdat dit niet de wil van God is.
- Dat de Joden, wat moraal en intelligentie betreft, superieur zijn aan de christenen.[64]

Had Russell contacten met de zionisten? Werd hij ondersteund door de zionistische financiers op de achtergrond? Een duidelijk bewijs daarvoor is geleverd op een conferentie die in 1891 in Chicago werd gehouden – de stad waar het Wachttorengenootschap indertijd de meeste volgelingen had.

Nadat Russell en andere religieuze leiders tijdens de conferentie hun steun aan het zionisme hadden betuigd, ondernam pastor Russell, ter ondersteuning van de zionistische plannen, een informatie- en propagandareis naar Europa en Palestina. Volgens het Wachttorengenootschap was het doel van deze reis dat Russell zou bekijken wat daar voor de verspreiding van de 'waarheid' kon worden gedaan.[65]

Wanneer we in aanmerking nemen dat Russell precies die landen bezocht, waarvan tijdens de conferentie in Chicago naar voren was gekomen dat ze belangrijk waren voor het zionisme, wordt duidelijk dat de officiële verklaring voor de reis slechts diende om het werkelijke doel ervan te verhullen. En wanneer we weten dat Russell, tijdens zijn verblijf in Palestina in augustus 1891, een gedetailleerd verslag over de situatie in het land naar Baron Rothschild stuurde,[66] dan wordt duidelijk dat zijn reis enkel en alleen in opdracht van de geheime heren plaatsvond.

Tijdens deze reis ontmoette Russell veel vooraanstaande zionistische leiders. Een van de belangrijkste ontmoetingen was die met Asher Ginzberg, in Odessa. Deze prominente zionist, die ook 'koning van de Joden' werd genoemd, had vijf jaar daarvoor een geheim genootschap opgericht met de naam *B'nei Moische* ('Zonen van Mozes'). Ook is bekend dat Ginzberg later, samen met de Rothschilds, van Lord Balfour de belofte kreeg dat er in Palestina een nationale thuisstaat voor de Joden zou worden verwezenlijkt.

In *Zion's Watchtower* van september 1891 staat, op pagina 125 en 126, een brief van Russell die hij vanuit Odessa had geschreven. Daarin brengt hij gedetailleerd verslag uit van een andere belangrijke ontmoeting, en wel die met Joseph Rabinowitsch, in de Russische (tegenwoordig Moldavische) stad Kischinjov. Russell en zijn gezelschap werden tijdens hun bezoek ondergebracht in het luxueuze huis van de familie Rabinowitsch. Volgens Russell waren Rabinowitsch en zijn familieleden trouwe volgelingen van Christus, maar zij waren ervoor teruggeschrokken om aan de Joden in Kischinjov de komst en het offer van Christus te verkondigen.

3. De geheime macht achter de schermen 81

De *Wachttoren* van 15 juli 1991 bevestigt dat Russell Rabinowitsch tijdens zijn Europese reis had leren kennen. Er wordt ook vermeld dat Rabinowitsch in Christus geloofde en dat hij had geprobeerd tot de Joodse families in de buurt te preken. Tegen de achtergrond van Russells boodschap aan het Joodse volk lijkt het erop dat dit alles niet overeenkomt met de feiten. Het hoofdthema van Russells gesprekken met Rabinowitsch vormde zonder twijfel de zaak van het zionisme.

Wie was deze Rabinowitsch werkelijk? Na de moord op de Russische tsaar Alexander II had Joseph Rabinowitsch zich in 1882 in het zuiden van het land tot zionistisch leider opgewerkt. Deze wegbereider van het zionisme was een bekend zakenman en advocaat. Het hoofdkantoor van zijn zionistische beweging bevond zich in Kischinjov, waar meer dan 50.000 Joden woonden.

Russell bezocht niet alleen de belangrijkste centra van het Russische zionisme in Odessa en Kischinjov, hij ontmoette ook verschillende Joodse en zionistische leiders in Palestina. Russell moet op internationaal niveau over voldoende contacten hebben beschikt om deze reis te kunnen organiseren. Het staat vast dat de eerste reis van Russell, werd voorbereid door personen die internationale contacten met de zionisten hadden. Russells organisatie was tot op dat moment nog tamelijk klein en speelde in de Verenigde Staten een onbelangrijke rol. Ze had slechts betrekkingen met Canada en Engeland kunnen aangaan. Russell kon daarom onmogelijk zelf over zoveel internationale contacten beschikken, toen hij zijn eerste reis naar Europa en Palestina maakte.

Een van de eerste ministers van Religieuze Aangelegenheden van de staat Israël, Yona Malachy, beschrijft zeer gedetailleerd de historische rol die pastor Russell heeft gespeeld, als voorvechter van het zionisme. Hij bevestigt ook dat Russell, tijdens zijn verblijf in Palestina, een ontmoeting heeft gehad met Dr. Levy van de *Executive Zionist* en met andere Joodse leiders.[67] Bovendien was Russell bevriend met de bekende rabbi Stephen Wise, die tevens de leider van de *B'nai B'rith* was. De *American Jewish Press* stelt vast dat Russell vriendschappelijke betrekkingen met de Joodse leiders onderhield.[68] Bovendien is gebleken dat een groot aantal belangrijke Joden en zionistische leiders vaak een bezoek bracht aan de kantoren van de sekte in Brooklyn.

In 1910 bracht pastor Russell opnieuw een bezoek aan Palestina en Rusland. Hier predikte hij voor duizenden orthodoxe Joden over het samenbrengen van de Joden in Palestina.

En op 9 oktober 1910 stroomden meer dan vierduizend Joden het bekende *Hippodrome Theater* in New York binnen om te luisteren naar Charles Taze Russell, die een speciale presentatie van twee uur verzorgde. Volgens de *Watch Tower* van 15 oktober 1910 zorgden Joodse burgers ervoor dat de samenkomst in *Hippodrome* een van de grootste werd die New York ooit had gekend.

De gehele Joodse pers was aanwezig. Een van de prominente Joden die Russell in zijn limousine naar het *Hippodrome* begeleidden, was Frank Goldstein, lid en later president van de B'nai B'rith-orde. De pastor werd door zijn Joodse publiek geëerd als schrijver en als wereldberoemd geleerde op het gebied van onder meer het judaïsme en het zionisme. De pastor betrad het podium zonder dat hij was voorgesteld, hief zijn hand op, en het dubbelkwartet *Tabernacle* uit Brooklyn zette het gezang *Zion's Glad Day* in.

In zijn toespraak bracht Russell de bijbelse profetieën in verband met het zionisme en stelde uitdrukkelijk dat ze betrekking hadden op de Joden die op dat moment leefden. Hij bevestigde dat God ervoor zou zorgen dat alle Joden naar Palestina zouden terugkeren. Russell's stelling dat God zelf de reeds overleden Theodor Herzl had ingezet om de zionistische zaak op gang te brengen, maakte diepe indruk.

Vanaf dat moment lag het publiek aan zijn voeten. Russell voorspelde dat de Joden erin zouden slagen de grootste natie op aarde te worden. Hij beweerde dat het moderne zionisme door God in het leven was geroepen. Wat de emigratie naar Palestina betrof, daar bevond zich volgens Russell genoeg land voor iedereen. Vervolgens verklaarde hij dat het de wens van Theodor Herzl was geweest dat de ware zonen Israëls zich zouden inzetten voor de stich-

3. De geheime macht achter de schermen 83

ting van een vaderland voor de vervolgde Joden uit Rusland en Oost-Europa. Iedereen die niet overwoog om naar Palestina te emigreren, was in ieder geval verplicht steun te verlenen aan degenen die wel bereid waren te vertrekken. Iedereen was volgens Russell geroepen om een financiële bijdrage te leveren aan de vestiging van een Joodse staat in het land Palestina. Aan het einde van zijn redevoering gaf Russell een teken, en het koor hief het gezang *Zion our Hope* aan.

De Hebreeuwse toehoorders konden nauwelijks bevatten wat ze hoorden. Voor hen was het een enorme verrassing om christelijke stemmen een Joods lied te horen zingen. Eerst juichten en applaudisseerden ze, om vervolgens bij het tweede couplet met honderden tegelijk mee te zingen.[69]

Tijdens zijn redevoering wierf Russell geld voor het Joods Nationaal Fonds, dat door de Rothschilds was opgericht om in Palestina land te kopen, en ook voor de door Felix Warburg opgezette *Caritas-federatie*. Deze instellingen verlangden van alle Joden ter wereld dat zij de traditionele 'tienden' over hun inkomsten betaalden om de zionistische zaak te financieren.

In de dagen na de bijeenkomst in het *Hippodrome* berichtte de pers dat Russell's pro-zionistische redevoering door de Joodse bevolking met heel veel sympathie was ontvangen. Zijn lezing werd in de Hebreeuwse kranten in heel Amerika en Europa gepubliceerd.

Het is ook het vermelden waard dat de samenkomst in het *Hippodrome* was georganiseerd door enkele vooraanstaande Joden van het *Jewish Mass Meeting Committee* uit New York. Ook de directeur van de Associatie van Roemeense Joden, Leo Wolfsohn, was betrokken bij de initiatieven.

De bijeenkomst in het *Hippodrome* was niet de enige waar Russell sprak; in alle grote steden ter wereld waren belangrijke congressen met vele duizenden Joodse bezoekers.

Russell had een boodschap die voor zijn tijd heel radicaal was: het zionisme.

Aankondiging van een van Russell's toespraken

3. De geheime macht achter de schermen

Uit het voorgaande blijkt dat Russell heel goed wist waar de zionistische beweging voor stond. Het heeft er alle schijn van dat hij niet alleen contacten had met zionistische leiders, maar ook met de mannen achter de schermen. Begin 1897 kon hij bijvoorbeeld gedetailleerde informatie geven over een aanstaand zionistisch congres dat op 25 augustus in München zou plaatsvinden. Hij wist niet alleen dat over de hele wereld Joodse delegaties zouden worden gevormd, maar ook dat de bekende Joden Dr. Herzl, Jakob Haas, Max Nordau en Sir Moses Montefiore aan het congres zouden deelnemen. Het is interessant dat hij niet alleen de bemoeienissen van baron Hirsch met het zionisme goedkeurde, maar ook verklaarde dat Mozes Montefiore en Baron Rothschild, in het belang van de zionistische zaak, door God uit alle Joden (financieel en maatschappelijk) naar voren waren gehaald.[70]

Russell had banden met het *Jewish Colonization Committee* van Moses Montefiore en het *Jewish Colonization Fund* van Baron Hirsch. Na zijn tweede bezoek aan Palestina informeerde Russell de genoemde organisaties over de actuele omstandigheden in het land.

In de *Watch Tower* van februari 1917 staat: 'In 1911 maakte Russell deel uit van een commissie die bestond uit zeven mannen die de hele wereld afreisden. Tijdens deze reis bezocht hij ook weer de Joden in Palestina en verklaarde tegenover hen dat de profetieën zeiden dat de Joden binnen korte tijd weer in Palestina zouden wonen.'

De zionistische preken waren niet altijd een succes. De Joodse weerstand die Russell in maart 1911 in Wenen ondervond, is verrassend. Toen de pastor het podium betrad, belette een derde deel van het publiek hem het spreken. Van zionistische zijde werd later medegedeeld dat de oppositie hoofdzakelijk gericht was geweest tegen de vroegere handelwijze van Russell. Hij werd er onder meer van beschuldigd de 'herzlmarken' van het Joods Nationaal Fonds te hebben nagemaakt.[71]

Kwam er met Russells dood een einde aan de pro-zionistische campagne van het Wachttorengenootschap, of trad Rutherford in de voetsporen van zijn voorganger? Stond hij ook ten dienste van de drijvende krachten achter het zionisme? Ondanks het feit dat Rutherford al het mogelijke deed om de sporen van Russell uit te wissen, ondersteunde hij tot in de jaren dertig het zionisme.

Verbluffend genoeg was Rutherford in wezen anti-Joods. Toen hij op een bijeenkomst in het Canadese Winnipeg over de terugkeer van de Joden naar Palestina sprak, merkte hij op: 'Ik heb het over Palestijnse Joden, niet over de hinderlijke individuen met hun haviksneuzen die proberen je het laatste dubbeltje uit de zak te kloppen.'[72]

Na Russells dood intensiveerde het Wachttorengenootschap zijn propagandacampagne ten gunste van het zionisme in ongekende mate. Uit de context van Rutherford's boek *Millioenen nu levende menschen zullen nimmer sterven* (1920) wordt meteen duidelijk dat Rutherford erop uit was het samenbrengen van de Joden in Palestina te kwalificeren als een vervulling van de Bijbel. In hetzelfde boek werd tevens aangekondigd dat het einde der wereld in het jaar 1925 zou plaatsvinden.

In de jaren '20 kon Rutherford met zionistische hulp ook de radio inzetten voor het zionistische doel. Bovendien hield hij in grote steden overal ter wereld, in grote openbare collegezalen, lezingen over 'de terugkeer van de Joden naar Palestina'.

De voortekenen van nieuwe Jodenvervolgingen in het midden van de jaren twintig (vooral in Polen) en de daardoor opgewekte vierde emigratiegolf naar Palestina, leidden in 1925 tot een hoogtepunt in de inzet van het Wachttorengenootschap voor het zionisme.

In oktober 1925 vatte Rutherford zijn zionistische radiotoespraken samen in het boek *Comfort for the Jews*. In het voorwoord van de uitgever staat:

'Rechter Rutherford, die in de gehele wereld als vriend van het

3. De geheime macht achter de schermen

Joodse volk bekend staat, ondersteunt de aanspraak der Joden op het heilige land op daadkrachtige wijze. Hij is tegen de zogenaamde bekering van de Joden en is van mening dat een dergelijke bekering niet alleen verkeerd, maar zelfs onbijbels is. De redevoeringen met het thema "Terugkeer der Joden naar Palestina", die hij tijdens grote bijeenkomsten hield en die tevens over de gehele wereld via de radio werden uitgezonden, hebben grote interesse gewekt. Een voortdurende vraag naar de redevoeringen heeft de heer Rutherford ertoe gebracht ze in uitgebreide vorm in een boek te publiceren.'

Enkele voorbeelden van Rutherfords psychologische campagne staan in het boek *Consolation for the Jews*:

'Het was de geweldige God Jehovah die sprak door mannen die in Hem geloofden en die dingen voorspelden die wij vandaag de dag in Palestina zien gebeuren' (pagina 13).

'Er zijn reeds 89 nederzettingen in Palestina gesticht. De Joden planten wijngaarden en genieten van de vruchten ervan. Dat is het begin van de vervulling van de profetie: "Zij zullen huizen bouwen en die bewonen, enzovoort (Jesaja 65:21-23)" (pagina 83).

'Iedere Jood die deze realisaties (die uitsluitend zijn gebaseerd op de Heilige Schrift) oplettend heeft gevolgd, moet het duidelijk zijn geworden dat het Gods wil is dat de Joden Palestina zullen bezitten. Ter vervulling van de profetieën worden de Joden momenteel in Palestina opnieuw bij elkaar gebracht' (pagina 155).

In 1929 publiceerde Rutherford een ander boek, met de titel *Leven*. In de *Wachttorm* van 1 april 1966 wordt op pagina 214 bevestigd dat dit boek zonder meer geschreven is om de Joden ten gunste van het zionisme te beïnvloeden.

'DE BELOFTEN: Dat God aan Abraham beloofde dat Hij het land Palestina tot een eeuwige erfenis aan hem en aan zijn nageslacht zou geven, is op zichzelf reeds een voldoend bewijs, dat Israël te eeniger tijd daar verzameld zal worden en voor eeuwig in het bezit van het land gesteld zal worden. (Genesis 17:8) Maar de Heer gaf door zijn profeten nog andere beloften, waarop de Jood zijn geloof kan bouwen en met zekerheid kan weten, dat de strijd van Israël in den door God bepaalde tijd moet eindigen en dat Israël in zijn land hersteld zal worden om daar voor eeuwig te blijven (...) De feiten toonen aan, dat deze profetieën nu in vervulling gaan; ruim 165.000 Joden zijn uit de verschillende deelen der aarde, waarheen zij gedreven werden, teruggebracht...'[73]

Zulke uitspraken in de literatuur van het Wachttorengenootschap maken niet alleen duidelijk dat de Jehovah's Getuigen de organisatie van het zionisme als een vervulling van Gods beloften hebben beschouwd, maar ook dat God volgens hen deze terugkeer naar Palestina persoonlijk leidde.

De talrijke artikelen die Rutherford in de jaren twintig in de Wachttoren publiceerde, en ook verscheidene boeken van zijn hand, geven blijk van een verheerlijking van het zionisme en daardoor van zijn verbondenheid met de Rothschilds, de Warburgs en aanverwanten.

Rutherford had niet alleen goede contacten binnen het zionisme, maar speelde ook een belangrijke rol in de psychologische campagne van de zionisten. Alleen daarom was het de bedoeling dat Rutherford een van de 350 prominente passagiers zou zijn die het voorrecht hadden mee te varen met de openingsvaart van de eerste stoomvaartlijn tussen New York en Palestina, aan boord van het stoomschip *President Arthur*. (Om onbekende redenen voer A.H. Macmillan, een andere Wachttoren-leider, mee als plaatsvervanger van Rutherford.)

In het nieuwste geschiedenisboek van het Wachttorengenootschap, *Jehovah's Getuigen, verkondigers van Gods Koninkrijk*

3. De geheime macht achter de schermen 89

(1993), staat op pagina 142: 'A.H. Macmillan werd in 1925 per schip naar Palestina gezonden vanwege de speciale belangstelling die men had voor de rol van de Joden in verband met bijbelse profetieën.'
Hier is geen sprake van een juiste voorstelling van zaken! A.H. Macmillan nam niet alleen deel aan de openingsvaart naar Palestina, hij was ook uitgenodigd om op 1 april 1925 bij de opening van de eerste universiteit in Palestina aanwezig te zijn en een bezoek te brengen aan *Rischon Le Zion*, dat eigendom van de Rothschilds was.[74] Onder de overige gasten bevonden zich uitsluitend personen als Lord Balfour, Herbert Samuel, Baron Hirsch, Dr. Levy en Chaim Weizmann, allemaal mensen die zich onderscheidden door de bijzondere rol die ze binnen het zionisme speelden.

Ontving het Wachttorengenootschap ook financiële ondersteuning van de machtige mannen achter het zionisme?
Om te beginnen, moet geconcludeerd worden dat Russell het grootste deel van zijn vermogen verkreeg na de oprichting van het Wachttorengenootschap. Het is moeilijk om precies te zeggen hoe hij aan zoveel macht en geld kwam. Het lijkt in ieder geval niet realistisch dat hij door middel van het verkopen van boeken zo rijk is geworden. Vooral moet in aanmerking worden genomen dat de organisatie indertijd niet dezelfde was als nu; ze was nog klein.
We moeten ook bedenken dat Russell gedurende al deze jaren miljoenen boeken, tijdschriften en traktaten gratis verspreidde en dat hij in het hoofdkantoor in Brooklyn 76 werknemers in dienst had; hij betaalde meer dan tweeduizend verschillende kranten om zijn preken te publiceren; hij dekte de schulden van de filialen in andere landen; hij huurde theaters en gebouwen af om er zijn toespraken te houden...[75] Hoe kon hij dat allemaal financieren? Het is bekend dat Russell vaak op reis was, in alle delen van de wereld. Wie betaalde de kosten van deze reizen? Hoe kon hij in zilvermijnen investeren en aandelen van de machtigste bedrijven van het land kopen? Ontving Russell een blanco cheque van de geheime mannen achter de schermen?

Velen zijn van mening dat de *B'nai B'rith*-orde een belangrijke rol speelt in de geschiedenis van het Wachttorengenootschap. Vanwege de frappante overeenkomsten in rituelen, symbolen, hogere graden, ideologie en structuur is het moeilijk de orde te onderscheiden van de vrijmetselarij. Bovendien worden ontmoetingsruimten van de orde 'loges' genoemd.

De organisatie *B'nai B'rith* ('Verbondszonen') werd in 1843 in New York opgericht. De Joodse leider Rabbi Meir Kahane beweert dat de Warburgs achter de geheime orde van *B'nai B'rith* stonden.[76] Volgens de drie Joodse schrijvers van *Dope, Inc.* (*Executive Intelligence Review* 1975) werd de *B'nai B'rith* als een particuliere geheime organisatie door de familie Rothschild opgericht.

Edith Starr Miller, een onderzoekster op het gebied van politieke achtergronden, verklaart in haar boek *Occult Theocracy* dat de *B'nai B'rith* verantwoordelijk zijn voor de groei van Russells organisatie. Dat herinnert ons aan de vriendschap die bestond tussen Russell en de grote leiders van de *B'nai B'rith*-orde.

Verder bestaan er aanwijzingen dat de leider van het Wachttorengenootschap in Duitsland, Otto Albert Koetitz, betrekkingen met de Warburgs onderhield.[77] De voormalige Jehovah's Getuige Gunther Pape heeft gedurende vele jaren een belangrijke functie binnen het Wachttorengenootschap bekleed. In een persoonlijke brief liet hij mij weten dat alle transacties en andere geldzaken via de banken van de Warburgs werden geregeld.

In het begin van de jaren dertig deed zich onder Rutherford een schrikbarende koerswijziging ten opzichte van de Joden voor. Vanaf 1932 stelde het Wachttorengenootschap zich op het standpunt dat de zionistische profetieën in de Bijbel geen betrekking op de Joden hadden. Het zionisme werd vanaf dat moment benaderd als een werk van de duivel. De Joden waren volgens het Wachttorengenootschap uit zelfzuchtige en sentimentele motieven, zonder Gods hulp, naar Palestina teruggekeerd.[78]

Vermeldenswaard is dat er tot 1939 steeds meer antisemitische uitingen werden gedaan in de publicaties van het Wachttorengenootschap. De uitspraken van Rutherford in de Wachttoren-

3. De geheime macht achter de schermen

literatuur vormden niet alleen een van de oorzaken van de verbreiding van het anti-semitisme, maar vormden ook een wezenlijke ondersteuning van de antisemitische politiek van Adolf Hitler. De publicaties uit deze jaren bevatten vaak antisemitische artikelen, en Rutherford maakte hierin gebruik van woorden als 'naïevelingen' en 'onnozele halzen', wanneer hij het over de Joden had. In zijn boek *Vijanden* zei Rutherford onder meer:

> 'Heden werkt de Joodse geestelijkheid openlijk met de Roomsch-Katholieke Hiërarchie samen en speelt haar in haar kaarten als dwaze sullen. De Hiërarchie neemt de leiding en de sullen volgen. Onder haar werktuigen, van welke zij zich bedient, bevinden zich ook bovenmatig zelfzuchtige menschen, die zich 'Joden' noemen, die slechts naar persoonlijk gewin uitzien'.[79]

Kort voor de beruchte Kristallnacht publiceerde het Wachttorengenootschap in het tijdschrift *Trost* (Duitse editie) van 15 juli 1938 een artikel dat tegen de Joden was gericht en in heel Duitsland werd verspreid.[80] Nadat eerst het Hebreeuwse volk werd belasterd, doordat onder meer werd beweerd dat het een verbond had gesloten met de organisatie van de duivel, eindigde het artikel met de woorden:

> 'Aan de Joden kunnen we zien hoe verschrikkelijk het is om niet te beschikken over de zegen van Jehovah. Zij zijn afgesneden van de gunst van God en kennen ook hier [in Duitsland] geen rust. Zij hebben wind gezaaid en oogsten storm! Hoe lang nog?'

Het Wachttorengenootschap bediende zich, net als de nazi's, niet alleen van anti-Joodse uitdrukkingen in zijn publicaties, maar de Jehovah's Getuigen ontpopten zich opeens als antisemieten.[81]

Rudolf Höss, de commandant van het concentratiekamp Auschwitz, zei daarover: 'Merkwaardig genoeg waren alle Jehovah's Getuigen ervan overtuigd dat het niet meer dan billijk was dat Joden moesten lijden en sterven, omdat hun voorvaderen eens Jehovah hadden verraden.' [82]

Daaraan kan nog worden toegevoegd dat het Wachttorengenootschap in deze periode nooit officieel tegen de Jodenvervolging heeft geprotesteerd.

Was Rutherfords ommezwaai met betrekking tot de Joden vrijwillig? Tot op de dag van vandaag heeft men geen bevredigende verklaring kunnen vinden voor deze omslag. Er bestaan vermoedens dat hij vanwege de politieke situatie in Duitsland alle punten van overeenkomst met de Joden uit de weg heeft willen ruimen, opdat de prediking zou kunnen worden voortgezet. Dat is echter onlogisch, omdat de omslag over de hele wereld verstrekkende gevolgen had: miljoenen gedrukte publicaties verloren hun waarde, en er ontstonden ernstige interne meningsverschillen.

Dat de Jehovah's Getuigen hun visie op de Joden na de Tweede Wereldoorlog niet hebben herzien, blijkt uit het boek *God zij waarachtig*, dat een jaar na de oorlog werd gepubliceerd. Op pagina 224 staat: 'Een groot deel van hun lijden hebben de Joden, door hun zakelijke activiteiten en hun rebelse gedrag, aan zichzelf te wijten.' (Dit citaat verscheen alleen in de eerste editie van het boek en werd in latere uitgaven zonder enige toelichting verwijderd!)

In het boek *Wereldomvattende zekerheid onder de Vredevorst,* dat in 1986 door het Wachttorengenootschap is uitgebracht, wordt op bladzijde 86 gezegd dat de Republiek Israël zal worden vernietigd en weggevaagd. De natuurlijke afstammelingen van Abraham voldoen, volgens de gezalfde schrijver van het Wachttorengenootschap, niet aan de vereisten. Op bladzijde 158 wordt vervolgens uitvoerig ingegaan op de wijze waarop God zijn vijanden zal doden. Het vlees van Gods vijanden zal samen met hun tongen en ogen wegrotten!

Zelfs als we in aanmerking nemen dat deze uitspraken verband houden met de verwerping van alle aardse heerschappij en met de geprofeteerde ondergang daarvan in de Slag van Armageddon, dan nog is het ontstellend wat in dit boek over Israël wordt gezegd.

3. De geheime macht achter de schermen

Pacifisten en spionnen

Niemand had gedacht dat de moord op de Oostenrijks-Hongaarse troonopvolger, op 28 juni 1914 in Sarajevo, tot een oorlog zou kunnen leiden. Maar omdat er in de aanklacht stond dat de moordenaar op die dag in het belang van Servië had gehandeld, verklaarde Oostenrijk-Hongarije de kleine Balkanstaat de oorlog.

Het duurde niet lang of alle Europese mogendheden waren bij de Grote Oorlog betrokken. Toen België in augustus 1914 door Duitse troepen werd bezet, zei de Amerikaanse president Wilson daarover: 'Het is noodzakelijk dat de Verenigde Staten neutraal blijven.'

In een boodschap aan het Amerikaanse congres van december 1914 bevestigde president Wilson dit: 'We hebben vrede met de gehele wereld; wij zijn de oprechte vrienden van alle naties op aarde; wij zijn de voorvechters van eensgezindheid en vrede.'

In de tussentijd zond het Amerikaanse ministerie van Financiën maandelijks 500 miljoen dollar, tegen een rente van 3 procent, naar Europa. Morgans *U.S. Steel Corporation* leverde de geallieerden zes miljoen ton staal voor hun wapen- en munitiefabrieken. Berlijn diende bij het Witte Huis een klacht in en beschuldigde de Verenigde Staten ervan dat ze de Engelsen munitie verkochten.

De officiële geschiedschrijving vermeldt dat Duitsland overging tot het vernietigen van alle schepen van alle nationaliteiten. Nadat het Amerikaanse passagiersschip *Lusitania* tot zinken was gebracht, stemde het Amerikaanse Huis van Afgevaardigden op 6 april 1917 met 373 tegen 50 stemmen in met een oorlogsverklaring aan Duitsland. De rekruteringswet werd op 15 juni 1917 door het Congres goedgekeurd.

Het lijdt echter geen twijfel dat de ondergang van de *Lusitania* in scène werd gezet. De lading bestond uit militaire goederen die voor Groot-Brittannië waren bestemd. Het betrof dan ook niet een schip dat alleen maar passagiers vervoerde, zoals de Amerikanen beweerden. President Wilson had de vrachtbrief (Bill of Lading) van de tot ondergang gedoemde *Lusitania* naar de archieven van het Amerikaanse ministerie van Financiën laten overbrengen. Uit deze vrachtbrief blijkt zonneklaar dat de *Lusitania* militaire goederen vervoerde. Men manoeuvreerde het schip opzettelijk naar een gebied waar zich vijandelijke duikboten bevonden. Bovendien werd het escorte van het schip teruggetrokken. Het tot zinken brengen van het schip was slechts de reden die president Wilson nodig had om eindelijk in de Europese oorlog te kunnen ingrijpen.

Nadat J.P. Morgan president Wilson had gevraagd Engeland en Frankrijk hulp te bieden in hun strijd tegen Duitsland – in de vorm van een lening van 500 miljoen dollar en de levering van munitie – bleek Paul Warburg, die toentertijd directeur was van de *Federal Reserve Board*, het niet eens te zijn met dit verzoek.[83] Maar toen Morgan de contacten blootlegde die de Warburgs met de Duitse geheime dienst onderhielden, zag Warburg zich genoodzaakt van zijn post terug te treden.[84]

Een maand na het uitbreken van de oorlog presenteerde Rutherford zijn boek *The Finished Mystery*. In dit boek werd er niet alleen toe aangespoord verre te blijven van militaire dienst, er stonden zelfs citaten in van bepaalde prominente personen die tegen de oorlog waren. Het is opmerkelijk dat dit boek, waarin de opvattingen van de pacifistische partij van Warburg worden ondersteund, verscheen *voordat* de Verenigde Staten zich in de oorlog mengden. Het boek, dat deelname van de Verenigde Staten aan de oorlog probeerde te verhinderen, werd onmiddellijk door de regering verboden. Een memorandum van het ministerie van Justitie luidde: 'Het enige effect van het boek *The Finished Mystery* – een boek dat geheel in religieuze stijl geschreven is en op grote schaal wordt verspreid – is dat de soldaten onze belangen verwerpen en anderen aanzetten tot verzet wanneer zij onder de wapenen worden geroepen.'

Op 7 mei 1918 werd tegen Rutherford en zeven leden van de directie een aanhoudingsbevel uitgevaardigd. In de aanklacht werden de president van het Wachttorengenootschap en zijn metgezellen beschuldigd van samenzwering tegen de spionagewetten

3. De geheime macht achter de schermen 95

van 17 juni 1917. In het bijzonder de publicatie en verspreiding van het boek *The Finished Mystery* speelde daarbij een grote rol. Verder werd hun ten laste gelegd dat zij hun onwettige voornemens uitvoerden of probeerden die uit te voeren. Bovendien werd verklaard dat zij in een samenzwering hadden aangezet tot dienstweigering en tot ongehoorzaamheid binnen de strijdkrachten van de Verenigde Staten, en dat ze de rekrutering en werving van mannen voor militaire dienst belemmerden.

Tegen Rutherford en drie andere leiders werd nog een andere aanklacht ingebracht, en wel die van zakelijke samenwerking met de vijand.

Op 20 juni 1918 werden alle aangeklaagden door de jury op alle punten schuldig bevonden. Zeven van hen werden tot vier maal twintig jaar gevangenisstraf veroordeeld, en de achtste tot vier maal tien jaar gevangenisstraf.

De rechter lichtte toe vanuit welk motief de Bijbelonderzoekers tot zulke zware vrijheidsstraffen veroordeeld werden:

> 'Naar het oordeel van de rechtbank vormt deze religieuze propaganda – die de beschuldigden op krachtige wijze hebben gevoerd en in de hele natie alsook onder onze bondgenoten hebben verbreid – een groter gevaar dan een divisie van het Duitse leger.'

Verder is bekend dat de hoofdkantoren van het Wachttorengenootschap vaak werden bezocht door Duitse agenten. In een memorandum van het ministerie van Justitie werd deze beschuldiging bevestigd. Dit memorandum werd op 4 mei 1918 in het *Congressional Record* (pagina 6053) opgenomen.

Eveneens werden de contacten blootgelegd die in Mexico bestonden tussen het Wachttorengenootschap en Duitse agenten.[85] Hierover valt te lezen in het rapport *The Case of the International Bible Students (reprint of the trial transcript)*, dat door *Witness Inc.* werd gepubliceerd. In dit rapport zijn gerechtelijke afschriften weergegeven.

Toentertijd waren er in de Verenigde Staten maar twee installaties van *Telefunken* waarmee contact met Duitsland kon worden opgenomen. Ze stonden in Tuckerton en Sayville. Deze installaties boden de enige directe communicatiemogelijkheden met Duitsland – er waren gewoon geen andere. Het lijdt geen twijfel dat beide installaties voor spionagedoeleinden werden gebruikt. De Amerikaanse regering liet beide installaties dan ook sluiten. De Warburgs en anderen verloren daardoor de mogelijkheid om contact op te nemen met Duitsland. In zijn boek *The Warburgs* bevestigt David Farrer op bladzijde 80 dat de verbinding tussen de Duitse en Amerikaanse Warburgs werd onderbroken, toen de Verenigde Staten zich in de oorlog mengden.

Op 8 maart 1918 maakte de *Electrical Review* bekend dat de federale autoriteiten van New York een inval hadden gedaan in het *Tower*-gebouw en daar zendapparatuur hadden ontdekt die sterk genoeg was om contact met Duitsland te leggen. Deze radiozender was het eigendom van een zekere Richard Pfund, voormalig medewerker van de installaties van *Telefunken* in Tuckerton en Sayville. Hoewel het apparaat was uitgeschakeld, verklaarden deskundigen dat het binnen een half uur gebruiksklaar kon worden gemaakt. Dit apparaat was destijds een technologische nieuwigheid op het gebied van spionage. Dankzij deze uitvinding kon men op strategische afstand gecodeerde berichten verzenden en ontvangen.

Het is opmerkelijk dat in het hoofdkantoor van het Wachttorengenootschap in Brooklyn op hetzelfde moment ook zo'n draadloze ontvanger aanwezig was. Begin 1918 begon de inlichtingendienst van het Amerikaanse leger in New York met het doorzoeken van de hoofdkantoren van het Wachttorengenootschap. De verdenking bestond dat de organisatie in verbinding had gestaan met de Duitse vijand.[86] Bij die doorzoeking ontdekten enkele medewerkers van de inlichtingendienst de radio-ontvanger (uitgeschakeld, net als het apparaat van Richard Pfund), en ze vonden ook een antenne die op het dak van het gebouw was bevestigd.[87]

Wat deed het Wachttorengenootschap in zijn kantoren met de

3. De geheime macht achter de schermen   97

laatste nieuwigheden op het gebied van de spionagetechnologie? Wat voor nut had dit apparaat voor een religieuze organisatie? Waarom bezochten Duitse agenten de hoofdkantoren in Brooklyn en Mexico?

4

Jehovah's Getuigen in Duitsland

Militaire dienst

Het Wachttorengenootschap en zijn aanhangers verklaren telkens weer dat zij altijd buiten situaties blijven die twijfels zouden kunnen oproepen over hun 'neutrale' houding. In *Erwachet!* (de Duitse editie van *Ontwaakt!*) van 8 januari 1995 staat op pagina 25:

'"Zij zijn niet uit de wereld, gelijk Ik niet uit de wereld ben" (Johannes 17:16). Met deze woorden beschreef Jezus de absolute neutraliteit van zijn volgelingen in politieke aangelegenheden. Terwijl de kerken van het christendom zich aanhoudend in de politiek mengen, houden ware christenen (Jehovah's Getuigen) zich aan Jezus' uitdrukkelijke gebod geen deel uit te maken van de wereld.'

De Jehovah's Getuigen wijzen de militaire dienst af en vervulden tot 1 mei 1996 ook geen vervangende dienstplicht (ook niet bij de geneeskundige dienst van het leger).[88] Bij de volgelingen van het Wachttorengenootschap wordt het erin gehamerd dat iedereen die ooit militaire dienst vervult of aan vaderlandslievende bijeenkomsten deelneemt, in strijd handelt met zijn religieuze grondbeginselen en met zijn geweten. Iedere Jehovah's Getuige die geen gewetensbezwaren heeft en bijvoorbeeld militaire dienst vervult, wordt buitengesloten![89]

Talloze jonge mannen zijn, in trouwe gehoorzaamheid aan 'de organisatie van Jehovah', door deze leerstellingen in de gevangenis beland of hebben hoge geldstraffen moeten betalen.

4. Jehovah's Getuigen in Duitsland

Het Genootschap laat telkens weer weten dat het, niet alleen op het gebied van de politiek, maar ook gedurende de beide wereldoorlogen en bij de militaire confrontaties tijdens de Koude Oorlog, altijd zijn 'neutrale' christelijke positie behouden heeft.

In de publicaties van het Wachttorengenootschap valt veelvuldig te lezen dat de Jehovah's Getuigen tijdens de Eerste Wereldoorlog geen militaire dienst vervulden, en dat nog steeds niet doen.

In het boek *Zeugen Jehovas in Gottes Vorhaben* (Wachttorengenootschap 1960, pagina 55) wordt de volgende vraag gesteld over militaire dienst tijdens de Eerste Wereldoorlog: 'Welk standpunt hadden de Jehovah's Getuigen ten opzichte van de oorlog?' Het antwoord is duidelijk: 'Zij weigerden eraan deel te nemen.'

In de Wachttoren van 1 juni 1979 staat op pagina 19 de volgende uitspraak: 'Sinds de eeuwwisseling hebben de Jehovah's Getuigen gedurende twee wereldoorlogen en tijdens de militaire conflicten ten tijde van de Koude Oorlog vastgehouden aan hun standpunt van geweldloze "christelijke neutraliteit".'

In *Ontwaakt!* van 22 oktober 1994 op pagina 7: 'Het is waar dat Jehovah's Getuigen strikt neutraal zijn en in geval van politieke twisten voor niemand partij kiezen. Ze hebben in de Tweede Wereldoorlog noch in enige andere oorlog bloed vergoten.'

In de Wachttoren van 1 januari 1998 wordt op de achterkant nogmaals bevestigd: 'De twee wereldoorlogen van de twintigste eeuw hebben tussen de vijftig en zestig miljoen levens geëist. Er kan echter naar *waarheid* worden gezegd dat Jehovah's Getuigen niet aan die oorlogen hebben deelgenomen.'

Wanneer we deze uitspraken lezen, lijkt het erop dat de houding van de Bijbelonderzoekers toentertijd dezelfde was als vandaag de dag, en dat zij eensgezind weigerden in dienst te gaan. Helaas zijn deze beweringen niet met de historische feiten te verenigen.

Jarenlang leerde Russell dat de Heilige Schrift militaire dienst niet verbood.[90] In 1903 verklaarde hij in *Zion's Watchtower*: 'Er is geen reden om de militaire dienst niet te vervullen.' In deel 6 van de *Scripture Studies*, met de titel *The New Creation* (1904), schrijft

Russell dat er op basis van de Bijbel geen reden bestaat waarom christenen niet aan het front zouden mogen vechten. Waar hij zich op beriep was niet alleen dat Jezus' volgelingen wapens bij zich droegen, maar hij voerde ook aan dat de Romeinse militair Cornelius na zijn doop opnieuw dienst deed bij het leger. Destijds zagen de Bijbelonderzoekers geen problemen rondom de kwestie van de dienstplicht.

Overigens was Rutherford in Europa toen de Eerste Wereldoorlog uitbrak. Een paar dagen voor het uitbreken van de oorlog hield hij conferenties in Duitsland en Denemarken, zonder te spreken over het vraagstuk van de neutraliteit of van de dienstplicht.[91]

Sommigen hebben beweerd dat Rutherford zich niet realiseerde dat de oorlog zo snel zou uitbreken, maar dat klopt niet. In verschillende Europese landen werden reeds militaire manoeuvres uitgevoerd. Iedereen, inclusief Rutherford, was op de hoogte van de ontwikkelingen in Europa. In het *Jaarboek 1993 van de Jehovah's Getuigen* staat op pagina 77 het volgende: 'Rutherford zelf begon zich met het oog op de dichterbij komende oorlogsdreiging onbehaaglijk te voelen. Hij wilde Engeland bereiken, maar de reguliere scheepvaartverbindingen tussen de Deense haven Esbjerg en de Engelse havens waren stilgelegd, zodat niemand kon weten wat de volgende dag zou brengen.'[92]

Na het uitbreken van de oorlog vervulde een aanzienlijk aantal aanhangers van het Wachttorengenootschap de militaire dienst en streed aan het front. *Watchtower* nummer 9 uit 1915 bevat de overlijdensadvertentie van broeder Max Nitzsche, die op 15 juli 1915 tijdens een aanval op de Russen was gesneuveld. Ook Hero von Ahlften, een van de Duitse leiders van het Wachttorengenootschap, was bij het leger gegaan. Volgens *Watchtower* nummer 11 uit 1915 streden er 350 Duitsers aan het front die deel uitmaakten van de Bijbelonderzoekers. Tegelijkertijd publiceerde het Wachttorengenootschap brieven van Jehovah's Getuigen die als soldaat aan het front lagen, onder de titel 'Vriendelijke groeten van onze broeders aan het front.'

De historicus Detlef Garbe schrijft in zijn buitengewone proef-

4. Jehovah's Getuigen in Duitsland

schrift *Zwischen Widerstand und Martyrium. Die Zeugen Jehova's im Dritten Reich* het volgende over de deelname aan de krijgsdienst: 'In een publicatie van de Bijbelonderzoekers die in de Tweede Wereldoorlog illegaal werd uitgegeven en waarin tot dienstweigering werd opgeroepen, werd betreurd dat vele geloofsgenoten zich in de Eerste Wereldoorlog 'uit onbekendheid met de Wet van God, zonder opzet tot moordenaars ontwikkelden' (beantwoording van enkele vragen door het Duitse distributiecentrum van de *Wachtturm*, juli 1942).[93]

Dat de leiders van het Wachttorengenootschap geen bedenkingen hadden tegen volgelingen die zich voor militaire dienst hadden gemeld, blijkt uit het boek *Dan is Gods mysterie voleindigd*. In dit boek kan men lezen dat tijdens een samenkomst van Bijbelonderzoekers, die in september 1918 in Milwaukee in de Verenigde Staten werd gehouden, de autoriteiten de deuren vergrendelden en alle jongemannen opdroegen hun militaire paspoort te tonen. Na deze ernstige verstoring kon de spreker zijn bijbelstudie voortzetten.[94] De onderbreking was slechts van korte duur. Kennelijk bezaten de jongemannen een militair paspoort!

Ook in het geschiedenisboek van het Wachttorengenootschap – *Jehovah's Getuigen – Verkondigers van Gods Koninkrijk* – uit 1993 werd uiteindelijk toegegeven dat de Bijbelonderzoekers met geweren en bajonetten naar het front en de loopgraven waren gegaan. In aansluiting daarop wordt gezegd: 'Maar met de schriftplaats "Gij zult niet doden" in gedachten, schoten zij met hun wapen in de lucht of probeerden gewoon een tegenstander het wapen uit handen te slaan' (pagina 191 e.v.).

Toch bevonden zich, net als bij allerlei christelijke bewegingen, onder de Jehovah's Getuigen enkele personen die iedere vorm van militaire dienst weigerden. Maar volgens een onderzoek dat in 1932 door Johannes Orthmann werd uitgevoerd, waren er slechts vijftig Bijbelonderzoekers die tijdens de Eerste Wereldoorlog dienst weigerden. Twintig van hen werden tot vijf jaar gevangenisstraf veroordeeld.[95]

Schijnbaar liet het Wachttorengenootschap zijn volgelingen tijdens deze oorlog de vrije keuze om naar eer en geweten te beslissen of ze wel of geen dienstplicht wilden vervullen.

Nadat in Duitsland, tijdens de dictatuur van Hitler, de Jehovah's Getuigen de duimschroeven waren aangedraaid, werd de Zwitserse vestiging van de organisatie de strategische basis van haar activiteiten in Europa. Om zich ervan te verzekeren dat het hoofdkantoor van de Wachttoren in Bern gevestigd kon blijven, ging de leiding in Brooklyn er zelfs mee akkoord dat de Jehovah's Getuigen in Zwitserland hun militaire verplichtingen nakwamen, terwijl hun geloofsbroeders in Duitsland terechtgesteld werden omdat ze geen militaire dienst wilden (of beter gezegd: 'mochten') vervullen!

In een verklaring die de Zwitserse afdeling van het Genootschap op 15 september 1943 aflegde, werd het volgende meegedeeld: 'Honderden van onze leden en geloofsvrienden hebben hun militaire plichten vervuld en vervullen die nog steeds.'[96]

In 1993 zorgde een brief van de Tsjechische afdeling van de *Watchtower Bible and Tract Society* aan de regering van de Tsjechische Republiek voor enige onenigheid onder de Tsjechische Getuigen, omdat de uitspraken van het Wachttorengenootschap in deze brief duidelijk afweken van wat in de publicaties van het Genootschap werd geleerd.

'Excellentie,
Hierbij beantwoorden wij uw brief van 23 juni 1993, waarin U enkele bedenkingen uit tegen de grondbeginselen van de Jehovah's Getuigen en waarin u informeert naar onze stellingname ten aanzien van drie kwesties (...)

1. Leert de geloofsgemeenschap van de Jehovah's Getuigen dat een lid van de gemeenschap geen militaire dienst of vervangende dienstplicht kan vervullen en dat hij niet kan deelnemen aan militaire oefeningen volgens militaire wet nummer 49/1949?

4. Jehovah's Getuigen in Duitsland

Antwoord: Nee, de geloofsgemeenschap leert iets dergelijks niet.

2. Leert de geloofsgemeenschap van de Jehovah's Getuigen dat een lid van de gemeenschap geen militaire dienst mag vervullen volgens wet nummer 18/1992 met betrekking tot de dienstplicht en volgens wet nummer 135/1993?

Antwoord: Nee, de geloofsgemeenschap leert iets dergelijks niet.'

Het Wachttorengenootschap heeft er niets op tegen dat haar leden de dienstplicht vervullen!? Dat dit ronduit gelogen is, behoeft geen nadere uitleg.[97]

Op zoek naar confrontaties met de christelijke kerken

In de jaren na de Eerste Wereldoorlog kwam het Wachttorengenootschap in Duitsland tot bloei. Aan het eind van de oorlog telde het Genootschap 3.868 leden, die in vijf groepen waren onderverdeeld. In 1919 bedroeg hun aantal reeds 5.545.[98] Op 7 december 1921 werd het Wachttorengenootschap als wettig genootschap erkend.

Tussen 1919 en 1933 verspreidden de Jehovah's Getuigen in Duitsland minstens 125 miljoen boeken, brochures en tijdschriften, en miljoenen traktaten. Duitsland werd het centrum van de activiteiten van de Jehovah's Getuigen. Van de 115 landen waarin de Jehovah's Getuigen indertijd actief waren, waren er alleen al in Duitsland en Amerika meer dan 10.000 volgelingen.

Veel Duitsers waren door de naoorlogse situatie ontvankelijk voor de boodschap van het Wachttorengenootschap. Deze boodschap draaide hoofdzakelijk om het thema 'Miljoenen nu levende mensen zullen nimmer sterven'. In de miljoenencampagne werd beloofd dat de aartsvaders Abraham, Isaak en anderen in 1925 zouden verrijzen en dat het paradijs op aarde zou worden gevestigd dat vanuit Jeruzalem door een wereldregering zou worden geleid.

Rutherford en zijn metgezellen werden, nadat ze wegens het overtreden van anti-spionagewetten tot gevangenisstraffen van 20 jaar waren veroordeeld, op initiatief van de Amerikaanse regering zeer snel weer op vrije voeten gesteld. Vanaf dat moment raakte Rutherford niet alleen opnieuw betrokken bij het zionisme, maar riep hij ook op tot ongehoorzaamheid aan de regeringen, de politieke leiders, de rechters, enzovoort.

Om ervoor te zorgen dat zijn bevelen zonder enige kritiek werden uitgevoerd, riep Rutherford zichzelf uit tot de spreekbuis van God. Hij leerde dat christenen niet gehoorzaam mochten zijn aan de huidige wereldse regeringen, maar alleen aan God. Vanaf dat moment waren de Bijbelonderzoekers krachtens een 'bevel van God' verplicht alle wereldse overheden als plaatsvervangers van Satan op aarde te beschouwen. Rutherfords volgelingen gingen zelfs zo ver dat ze iedere regeringsvorm verwierpen.[99]

Er kwam tegen de Bijbelonderzoekers een tegenpropaganda op gang, met verscheidene brochures en boeken. Hoofdzakelijk werd in deze tegenpropaganda gewezen op het gevaar van het Genootschap, dat banden had met de vrijmetselarij.

Rutherford hitste zijn volgelingen niet alleen op tot een grenzeloze haat ten opzichte van de regeringen, maar ook ten opzichte van de christelijke kerken. Hij droeg de Getuigen regelmatig op om pal voor kerkgebouwen en zelfs op begraafplaatsen, tijdens begrafenissen, brochures en tijdschriften uit te delen, onder belediging van de geestelijkheid. Ook in het tijdschrift *Das Goldene Zeitalter*, dat één keer in de twee maanden verscheen, werd de geestelijkheid door middel van opruiende artikelen en karikaturen beledigd.[100]

Het is niet verwonderlijk dat de leden van het Wachttorengenootschap zich, als gevolg van dergelijke ongefundeerde kritiek, spotternijen en beledigingen, en de verachting van de christelijke religieuze gemeenschappen op de hals haalden.

4. Jehovah's Getuigen in Duitsland

Indertijd bood het Duitse strafrecht slechts twee mogelijkheden om de praktijken van het Genootschap wettelijk te bestrijden. Volgens de artikelen 166 en 167 was het verboden de officiële kerken te beledigen of zonder vergunning huis aan huis te gaan. Het is daarom niet verwonderlijk dat in het midden van de jaren twintig het ene na het andere proces-verbaal tegen de Bijbelonderzoekers werd opgemaakt wegens colportage. In 1926 vonden er 897 rechtszittingen plaats tegen leden van het Wachttorengenootschap. Het resultaat was dat sommige Bijbelonderzoekers geldstraffen moesten betalen, maar dat de meerderheid vrijuit ging.

Sinds 1930 werd de roep om staatsrechtelijk ingrijpen tegen het Wachttorengenootschap steeds luider. De minister van Binnenlandse Zaken diende op 28 maart 1931 een verordening in ter bestrijding van politieke ordeverstoringen. De politie had vanaf dat moment meer handelingsvrijheid om tegen bepaalde extreme politieke groeperingen op te treden. De verordening creëerde ook een mogelijkheid om in te grijpen, wanneer een wettelijk erkende religieuze gemeenschap, haar instellingen, haar gebruiken, of de objecten van haar religieuze verering werden beledigd of moedwillig verachtelijk werden gemaakt.[101]

Op 14 november 1931 maakte Beieren, als eerste bondsstaat, gebruik van deze verordening. De publicaties van het Wachttorengenootschap werden beoordeeld en in beslag genomen. Volgens een politiebericht van het ministerie van Binnenlandse Zaken deden zich tussen december 1931 en mei 1932 minstens 27 gevallen voor waarbij de politie literatuur van de Getuigen in beslag nam.[102]

In Beieren, dat in deze kwestie een voortrekkersrol speelde, werden ook vele mensen in hechtenis genomen. Vele andere bondsstaten volgden nog in 1932 het Beierse voorbeeld.[103] Vooruitlopend op het volgende gedeelte, moet in gedachten worden gehouden dat dit alles gebeurde vóór de machtsovername door Adolf Hitler.

In de jaren na de Eerste Wereldoorlog slaagde Hitler erin zijn partij op een effectieve manier te organiseren. Bij de verkiezingen van juli 1932 behaalde zijn partij 37% van de stemmen. Op 29 januari 1933 werd Schleicher door Paul von Hindenburg afgezet en werd Hitler tot Duits rijkskanselier benoemd. De volgende dag vormde Hitler zijn kabinet, met Franz von Papen als vice-kanselier. Op 28 februari hief Hindenburg de constitutionele wetgeving op en machtigde hij Hitler om in noodgevallen elke volmacht naar zich toe te trekken.

Twee weken voor Hitlers machtsovername publiceerde het Wachttorengenootschap in het tijdschrift *Das Goldene Zeitalter* een provocerende resolutie aan de regering, waarin werd verzekerd dat de Bijbelonderzoekers nooit zouden ophouden hun boodschap te verkondigen.

Tijdens de verkiezingen van 5 maart 1933 kwam het voor het eerst tot een conflict tussen de nazi's en het Genootschap. Om genoeg stemmen voor de NSDAP (Nationalsozialistische Arbeiter Partei) te verkrijgen, hadden de nazi's alle Duitsers verplicht aan de verkiezingen deel te nemen. Iedereen die weigerde te stemmen, was in de ogen van de SA (Sturmabteilung der NSDAP) verdacht. Daarom werden vele Jehovah's Getuigen geregistreerd als personen die zich tegen Hitler verzetten. Troepen van de SA gingen van huis tot huis om mensen te dwingen naar de stembus te gaan – ze begeleidden hen zelfs tot in het stemlokaal. Om toch onder de verkiezingen uit te komen verlieten vele Jehovah's Getuigen zolang hun huis.

Meer dan vijftig jaar lang heeft het Wachttorengenootschap gewezen op de grote verbondenheid tussen de leiders van het Genootschap en zijn volgelingen tijdens het nazi-regime. Volgens publicaties van het Genootschap hebben de Jehovah's Getuigen vrijwel allemaal gehoorzaamheid aan de nazistaat geweigerd. Volgens het Wachttorengenootschap waren de volgelingen in Duitsland de enigen die tegen de gruweldaden van Hitler protesteerden; zij weken niet voor hem en vestigden hun hoop en vertrouwen niet op het nationaal-socialisme. In *Ontwaakt!* van 8 juli 1985 staan op pagina 10 de volgende uitspraken: 'In Duitsland bevond zich echter één groep die moedig de christelijke grondbeginselen hoog hield: de Jehovah's Getuigen. In tegenstelling tot de geestelijkheid en haar aanhangers weigerden zij compromissen te sluiten met Hitler en het nationaal-socialisme (...) Zij waren niet bereid hun christelijke neutraliteit in politieke aangelegenheden te schenden (...) Zij wensten Hitler geen heil toe, zoals de overwegende meerderheid van de geestelijken en hun beschermelingen deed.'

Volgens een verklaring die de Duitse districtsdienaar[104] Konrad Franke tijdens een openbare dialezing in september 1976 aflegde, werden meer recente beschrijvingen van de handelwijze van de Jehovah's Getuigen gedurende het Derde Rijk bewust verdraaid. Veel volgelingen van de Wachttoren brachten indertijd namelijk beslist wel de Hitlergroet en rechtvaardigden deze houding met de overtuiging dat de groet op zich niets met hun geloof te maken had. Velen waren van mening dat het een onschuldige groet was. Een deel van de volgelingen bracht de groet, een ander deel deed dat niet. Vele Jehovah's Getuigen namen deel aan vieringen en plechtigheden van het Derde Rijk en groetten met de Hitlergroet, en sommigen hingen zelfs de vlag met het hakenkruis uit.[105]

De Tweede Wereldoorlog

Na de dood van Hindenburg op 2 augustus 1934 nam Hitler de leiding over en verenigde hij in zijn eigen persoon zowel het hoogste staatsambt als het hoogste regeringsambt. Na zijn machtsgreep begon Hitler de beperkende voorwaarden in het Verdrag van Versailles te doorbreken. In 1935 voerde hij de dienstplicht opnieuw in, die door dit verdrag was afgeschaft.

Tot 1935 werden de Jehovah's Getuigen onder het nazi-regime meestal slechts gearresteerd wegens het boycotten van de verkiezingen, hun weigering de vlag te groeten en de nationaal-socialistische groet te brengen, of het stichten van onrust. Wanneer ze eenmaal waren aangehouden, verschenen ze voor de rechter, die hen gewoonlijk tot een geldboete of een korte gevangenisstraf veroordeelde. Overeenkomstig het Verdrag van Versailles deden zich voor hen geen problemen voor met betrekking tot de dienstplicht, maar vanaf 1935 veranderde dat.

Reeds enkele weken na de invoering van de algemene dienstplicht gaf de regering de politie opdracht om na te gaan of er onder de Bijbelonderzoekers leden waren die zich aan de dienstplicht onttrokken. Maar omdat alleen mannen werden opgeroepen die voor 1914 geboren waren, werden er in 1935 slechts weinig Jehovah's Getuigen gearresteerd en voor korte tijd gevangen gezet.

Er zijn aanwijzingen dat vele Jehovah's Getuigen voor het uitbreken van de Tweede Wereldoorlog aan de dienstplicht ontkwamen, dankzij een wet die verbood dat iemand tot het leger toetrad, als hij wegens staatsvijandelijke activiteiten gerechtelijk was bestraft.[106] Vele Jehovah's Getuigen zouden van deze wet hebben geprofiteerd, door min of meer openlijk verboden publicaties te verspreiden en daardoor een gerechtelijke veroordeling te krijgen. Na het uitzitten van een korte vrijheidsstraf mochten (lees: hoefden) ze dan geen dienstplicht meer (te) vervullen.[107]

De Gestapo deelde op 22 april 1937 aan alle politiebureaus mee dat volgelingen van Rutherfords Genootschap, na het uitzitten van hun gevangenisstraf, 'ter bescherming van de staatsveiligheid' naar een concentratiekamp moesten worden overgebracht.[108] Om uit deze kampen ontslagen te worden, hoefden ze alleen maar de volgende verklaring te ondertekenen, waarin ze het geloof in de leer van het Wachttorengenootschap afzwoeren:

> **VERKLARING**
>
> Ik heb ingezien dat de Internationale Vereniging van Bijbelonderzoekers een dwaalleer verbreidt en onder de dekmantel van religieuze activiteiten louter staatsvijandige doeleinden nastreeft.
>
> Ik heb deze organisatie daarom volledig de rug toegekeerd en mij ook innerlijk van de leer van deze sekte losgemaakt.

4. Jehovah's Getuigen in Duitsland

> Ik geef hierbij de verzekering dat ik nooit meer zal deelnemen aan de activiteiten van de Internationale Vereniging van Bijbelonderzoekers. Personen die mij benaderen met propaganda voor de dwaalleer van de Bijbelonderzoekers, of die hun instelling als Bijbelonderzoekers anderszins kenbaar maken, zal ik onverwijld aanbrengen. Mochten mij geschriften van de Bijbelonderzoekers toegestuurd worden, dan zal ik die zo spoedig mogelijk bij de dichtstbijzijnde politiepost afgeven.
>
> Ik zal voortaan de staatswetten naleven, en vooral in geval van oorlog zal ik gewapenderhand het vaderland verdedigen, en volledig deel uitmaken van de volksgemeenschap.
>
> Verder is mij te verstaan gegeven dat ik erop moet rekenen onmiddellijk opnieuw in verzekerde bewaring gesteld te worden, als ik in strijd zou handelen met de thans door mij afgelegde verklaring.

Toen de Tweede Wereldoorlog uitbrak, werd de situatie voor de Jehovah's Getuigen nog ongunstiger. In paragraaf 5 [abs 1 zif 3] van het oorlogsrecht stond dat alle dienstweigeraars ten tijde van oorlog ter dood moesten worden veroordeeld. Duizenden, waaronder katholieken, lutheranen, Duitse mennonieten, zevendedagsadventisten en anderen die uit gewetensbezwaar dienst weigerden, werden terechtgesteld.

Wat de Jehovah's Getuigen betreft, tussen 26 augustus 1939 en 30 september 1940, eindigden 112 van de 152 processen tegen Bijbelonderzoekers (73,7%) in een doodvonnis, terwijl in 40 gevallen (26,3%) geen doodvonnis werd uitgesproken. Volgens de historicus Garbe werden tijdens de beide wereldoorlogen 250 tot 300 Jehovah's Getuigen ter dood veroordeeld en terechtgesteld.[109] Deze Getuigen waren er zozeer van overtuigd dat het Wachttorengenootschap door God gezonden was, dat ze hun leven ervoor gaven.[110]

Tenslotte dient nog te worden vermeld dat veel van de dienstweigeraars onder de Jehovah's Getuigen indertijd het concentratiekamp als de meest veilige plek ervaarden. Zolang ze in een concentratiekamp in hechtenis zaten en de eerder genoemde verklaring, waarmee ze hun geloof zouden moeten verloochenen, niet ondertekenden, waren ze veilig. Ze gaven daarom, ondanks alle kwellingen en ontberingen, de voorkeur aan het onzekere lot in de kampen boven het voorspelbare lot buíten de kampen.[111]

Het Amerikaanse State Department

In verband met wat we zojuist hebben besproken, moeten we het ook hebben over de Verenigde Staten. In de jaren dertig en veertig ging het de Jehovah's getuigen in de Verenigde Staten niet bepaald voor de wind. Ieder jaar werden er meer Bijbelonderzoekers gevangengenomen. Volgens het Wachttorengenootschap maakten rechters en officieren van justitie alleen maar gebruik van wettelijke bepalingen – zoals de verplichte groet van de nationale vlag of de strafbaarheid van vergrijpen tegen kinderen – om het werk van de Jehovah's Getuigen te verhinderen. In het boek *Zeugen Jehovas in Gottes Vorhaben*, dat in 1960 verscheen, wordt op pagina 177 gezegd dat deze en vele andere wetten de Jehovah's Getuigen als criminelen van het ergste soort doen voorkomen.

Gezien deze problemen die het Genootschap in Amerika met justitie had, is het zeer verwonderlijk dat de Amerikaanse regering tegelijkertijd meer dan eens ingreep en via het *State Department* (het ministerie van Buitenlandse Zaken) met het regime van Hitler onderhandelde om het Wachttorengenootschap in Duitsland te beschermen.[112]

De in 1949 openbaar gemaakte correspondentie geeft niet alleen

4. Jehovah's Getuigen in Duitsland   111

een duidelijk beeld van de vele interventies die door het *State Department*, de Amerikaanse ambassade in Berlijn en het Amerikaanse consulaat-generaal in Duitsland werden uitgevoerd, ten gunste van het Genootschap – deze correspondentie maakt ook duidelijk dat de top van de Jehovah's Getuigen opzettelijk vermijdt de waarheid te vertellen over de gebeurtenissen die zich in de jaren dertig in Duitsland voordeden.[113]

Na zijn machtsgreep vaardigde Hitler een decreet uit dat de politie toestemming gaf om 'literatuur' in beslag te nemen die een gevaar vormde voor de openbare orde en veiligheid. Kort daarop brachten de Jehovah's Getuigen een brochure in omloop met als titel *Die Krise*, waarin zij zichzelf onder meer tot anti-militaristen verklaarden. Deze brochure werd vanwege het omslag verboden: er waren soldaten op te zien met een zwaard dat door bloed bevlekt was. Het duurde niet lang voordat de Gestapo de Wachttorenfabriek en het *BetelHaus* in Magdeburg binnenviel. Vanwege de genoemde oproep van het Genootschap zocht men bewijzen voor verbindingen met buitenlandse mogendheden, bijvoorbeeld met het bolsjewisme. Als er een duidelijk bewijs boven water zou komen, dan zou de nieuwe wet kunnen worden toegepast en zou het volledige bezit van de organisatie kunnen worden geconfisqueerd.

Toen het in de Verenigde Staten bekend werd dat de bezittingen van het Genootschap daadwerkelijk door de nazi's in beslag waren genomen, gaf het *State Department* zijn ambassade in Berlijn telegrafisch opdracht zich met de zaak te bemoeien. Consul-generaal George S. Messerschmith kon al kort daarop melden dat de Duitse regering aan de diplomatieke druk had toegegeven en dat het Wachttorengenootschap zijn bezittingen weer had teruggekregen.[114]

Ook al was het eigendom teruggeven, de publicaties werden nog steeds in beslag genomen. De Duitse regering achtte het noodzakelijk alle publicaties van het Genootschap aan een nauwkeurig onderzoek te onderwerpen, om na te gaan of er teksten in stonden die de staatsveiligheid in gevaar brachten. Een controleonderzoek, dat werd uitgevoerd door de politie van Kiel en de geheime politie, bevestigde dat de leer van het Wachttorengenootschap gevaarlijk was.

Volgens meerdere rapporten van de Gestapo verspreidde het Wachttorengenootschap zelfs vlugschriften waarin alle dienstplichtigen tot dienstweigering werden opgeroepen. De legerleiding beoordeelde het Genootschap als bijzonder gevaarlijk, waarschuwde voor de propaganda van de Getuigen en riep de autoriteiten op tot verhoogde waakzaamheid ten opzichte van hun activiteiten.

Vanaf mei 1933 werden de werkzaamheden van de Jehovah's Getuigen in de rijksdistricten Lippe en Thüringen verboden. Al snel volgden andere districten dat voorbeeld. Hierop voerde het *State Department*, dat werd vertegenwoordigd door consul Raymond H. Geist, opnieuw overleg met de Duitse regering.[115]

Anders dan bij de eerdere interventie, werden de maatregelen tegen het Genootschap ditmaal niet ongedaan gemaakt. Vanaf midden juni waren de activiteiten van de Jehovah's Getuigen in het gehele Duitse Rijk verboden. Op 24 juni 1933 ondertekenden de rijksminister van Binnenlandse Zaken en staatssecretaris Grauert daartoe een document.

Zoals we hebben gezien, laat het Wachttorengenootschap niet na om erop te wijzen dat zijn volgelingen en leiders nooit met de nazi-autoriteiten hebben samengewerkt. Om die bewering kracht bij te zetten, citeert het Genootschap veelvuldig bekende historici die over het omstreden onderwerp hebben geschreven. Maar zodra we de moeite nemen om de publicaties van de opgevoerde historici te controleren, kunnen we vaststellen dat de leiders van de Jehovah's Getuigen eenzijdige informatie geven, door alleen maar teksten aan te voeren die in hun voordeel zijn. De uitspraken van deze historici komen weliswaar zo nu en dan overeen met wat het Wachttorengenootschap schrijft, maar het is inmiddels ook bekend dat sommige van deze auteurs het slachtoffer zijn geweest van foutieve informatie. In ieder geval zien de feiten, volgens vaak

4. Jehovah's Getuigen in Duitsland

overeenkomende verklaringen van de historici, er in werkelijkheid heel anders uit dan het Wachttorengenootschap doet voorkomen.

Zo stond in de *Wachtturm* van 1 oktober 1984 een artikel onder de kop *Beeindruckt von der Integrität der Zeugen Jehovas*, waarin de mening van de historicus Christine Elizabeth King werd weergegeven. Volgens de Wachttoren schrijft de auteur in haar boek *The Nazi State and the New Religions: Five Case Studies in Nonconformity* het volgende: 'Zij bleven hun theologische principes trouw; de Jehovah's Getuigen stonden pal voor hun neutraliteit.' Na lezing van het boek van King kan worden vastgesteld dat het citaat juist is; alleen zegt de schrijfster nog veel meer! Wat het Wachttorengenootschap verzwijgt, is dat Rutherford en andere hoge leiders op pagina 152 en 153 ervan worden beschuldigd hun neutraliteit te hebben geschonden. King vertelt onder meer over de inspanningen van Rutherford om, door middel van een verklaring, vriendschap met Hitler te sluiten.

Enkele dagen voordat het Genootschap in juni 1933 verboden werd, bracht Rutherford in gezelschap van Nathan Knorr een bezoek aan Duitsland, om te zien wat hij kon doen. Eerst had hij een ontmoeting met Raymond Geist, de consul van de Verenigde Staten in Berlijn, om met hem over de problemen te spreken.[116] De volgende dag werd de verklaring opgesteld waar King het over had. Die verklaring was een poging om tot een schikking te komen met Hitler en het nationaal-socialisme, en deze werd op 25 juni 1933 op een speciale bijeenkomst in Berlijn aan de Jehovah's Getuigen gepresenteerd. De verklaring was niet alleen een poging om de nauwe betrekkingen tussen het Genootschap en de Joden te ontkennen (zulke contacten waren vanwege de politieke situatie in Duitsland 'nadelig'), maar onderschreef ook nadrukkelijk Hitlers politieke standpunt tegenover de onderdrukking van de mensheid door het grootkapitaal, tegenover de Volkerenbond, en tegenover de zware herstelbetalingen van 33 miljard dollar die door de geallieerden aan Duitsland waren opgelegd. Vervolgens wees Rutherford erop dat zelfs Jehovah en Jezus Christus aan de kant van de nazi's stonden. Verder werd beweerd dat niet Hitler, maar Satan de vijand van het Wachttorengenootschap in Duitsland was. Ten slotte werd meegedeeld dat de katholieken, samen met de Joden, een boycot tegen Duitsland probeerden te organiseren in Amerika. Bovendien is het opvallend dat Rutherford doelbewust nationaal-socialistische uitdrukkingen in de verklaring gebruikte. Hier volgen enkele passages uit de verklaring:

EEN VERKLARING VAN DE FEITEN

'Wij zijn ten onrechte bij de besturende machten van deze regering beschuldigd (...) Wij vragen de regeerders van de natie en het volk respectvol de hier afgelegde feitenverklaring aan een eerlijk en onpartijdig onderzoek te onderwerpen.

Door onze vijanden is de valse beschuldiging geuit dat wij, ten behoeve van ons werk, door de Joden financieel ondersteund worden. Dit is absoluut niet waar. Tot op dit uur is er door de Joden geen enkele geldelijke bijdrage aan ons werk geleverd.

Wij zijn trouwe volgelingen van Jezus Christus en geloven dat Hij de Heiland der wereld is. De Joden daarentegen verwerpen Jezus Christus volledig en ontkennen absoluut dat Hij de Heiland der wereld is die door God ten bate van de mensheid gezonden is. Alleen al dit feit zou voldoende bewijs moeten zijn dat wij niet door de Joden ondersteund worden.

Het Brits-Amerikaanse wereldrijk is de grootste en meest onderdrukkende macht op aarde.

Het zijn de commerciële Joden van het Brits-Amerikaanse wereldrijk die de Grote Zakenwereld opgebouwd en in stand gehouden hebben, als een middel om de mensen uit vele landen uit te buiten en te onderdrukken.

Dit geldt in het bijzonder voor Londen en New York, de belangrijkste pijlers van de Grote Zakenwereld. Dit is in

4. Jehovah's Getuigen in Duitsland

Amerika zo duidelijk, dat er een spreekwoord over New York bestaat dat luidt: "De Joden bezitten de stad, de Ierse katholieken hebben het er voor het zeggen, en de Amerikanen moeten betalen."

Men dient te bedenken dat het gewone volk in het Britse Wereldrijk en in Amerika geleden heeft, en nog steeds zwaar lijdt, onder het wanbeheer van de Grote Zakenwereld en gewetenloze politici; dit wanbeheer werd en wordt door politieke afgevaardigden van religies ondersteund.

De nationale regering heeft zich thans uitdrukkelijk uitgesproken tegen de onderdrukking door de Grote Zakenwereld en tegen verkeerde religieuze invloeden in de politieke aangelegenheden van de staat. Dit is ook de positie die wij innemen, en wij verklaren bovendien in onze literatuur waarom de onderdrukkende Grote Zakenwereld en waarom de verkeerde politiek-religieuze invloed zich voordoet. Het is daarom onmogelijk dat onze literatuur of onze activiteiten op enigerlei wijze de openbare orde en staatsveiligheid kunnen bedreigen.

Een zorgvuldige bestudering van onze boeken en teksten zal duidelijk aantonen dat de hoge idealen die de nationale regering zich ten doel heeft gesteld en die zij propageert, ook in onze publicaties worden uiteengezet, onderschreven en beklemtoond.

In plaats van de grondbeginselen van de nationale regering in gevaar te brengen, worden deze hoge idealen in onze publicaties en onze activiteiten juist krachtig ondersteund.

Wij zouden de regering en het Duitse volk eraan willen herinneren dat het de Volkerenbond was die het Duitse volk zware, onrechtvaardige en ondraaglijke lasten heeft opgelegd. Die Volkerenbond is niet door de vrienden van Duitsland opgericht.

Nu het erop lijkt dat Duitsland spoedig van de onderdruk-

> king zal zijn bevrijd en het volk in een betere situatie terecht zal komen, probeert de satan, de grote vijand, de gunstige ontwikkelingen die in dit land plaatsvinden volkomen teniet te doen.
> Staat u ons toe erop te wijzen dat in Amerika katholieken en Joden eensgezind zijn in het beledigen van Duitslands nationale regering en in hun poging Duitsland te boycotten, vanwege de door de nationaal-socialistische partij verkondigde grondbeginselen.'[117]

Het is volkomen duidelijk dat Rutherford met deze tekst zijn hooggeroemde 'neutraliteit' ver achter zich heeft gelaten.

Detlef Garbe beschrijft in zijn boek *Zwischen Widerstand und Martyrium: Die Zeugen Jehovas im Dritten Reich (Studien zur Zeitgeschichte*, deel 42, Oldenburg 1993, pag. 98 e.v.) de omstandigheden waaronder de samenkomst van de Bijbelonderzoekers op 25 juni 1933 in Berlijn plaatsvond:

> 'Wachttoren-president Rutherford is persoonlijk betrokken geweest bij de voorbereidingen van het congres. Rutherford werd enige dagen eerder, samen met zijn latere opvolger Nathan H. Knorr, in Berlijn gesignaleerd om onderhandelingen te voeren over de mogelijkheden van een voortzetting van het verkondigingswerk. De ingeslagen weg van loyaliteitsbetuigingen werd vanaf nu ook op een fanatieke manier aan de eigen achterban verkondigd – die achterban merkte tot haar schrik dat de plaats van bijeenkomst van hakenkruisen was voorzien en dat het congres werd geopend met het Duitslandlied.'

Vermeldenswaard is ook het getuigenis van de toenmalige Duitse districtsdienaar van de Bijbelonderzoekers, Konrad Franke. Tijdens een openbare dialezing in Bad Hersfeld in september 1976 zei hij:

4. Jehovah's Getuigen in Duitsland

'Wij werden op het laatste moment uitgenodigd voor een speciale bijeenkomst in Berlijn op 25 juni 1933, in de Tennishallen. Er zou een verklaring worden aangenomen. Wij waren geschokt toen we in de Tennishallen aankwamen en niet de stemming aantroffen die we van andere congressen kenden. Toen we binnenkwamen, waren de hallen met hakenkruisen versierd. Maar dat was nog niet alles. Toen de bijeenkomst werd geopend, werd dat gedaan met een lied dat we al jarenlang niet meer gezongen hadden en al helemaal nooit in Duitsland, vanwege de melodie. De tekst was wel goed, maar de melodie... Musici die hier aanwezig zijn, zullen direct aan de noten zien dat het de melodie was van "Deutschland, Deutschland, über alles". Kunt u zich voorstellen hoe we ons voelden? Velen konden niet meezingen. Het was alsof onze kelen werden dichtgesnoerd. Wat was dat voor een leiding, die ons met deze gevaren opzadelde en ons nu het gevaar liet lopen dat we onder deze omstandigheden zouden struikelen, in plaats van ons te helpen een onverschrokken standpunt in te nemen. Nu werd deze verklaring aangenomen, die nog door broeder Rutherford was voorbereid. Ons werd opgedragen 250 exemplaren ervan mee naar huis te nemen en ze, voor zover mogelijk en voor zover we er de moed voor konden opbrengen, per aangetekende brief aan rechters, officieren van justitie, burgemeesters en anderen te sturen. We hebben ook zo'n verklaring naar de politiebureaus gestuurd, met een begeleidend schrijven dat broeder Rutherford aan Hitler had gezonden.'[118]

Op 8 maart 1984 schreef de *Stern* over hetzelfde onderwerp:

'In tegenstelling tot het algemene beeld dat hierover bestaat, waren de Jehovah's Getuigen geenszins onbuigzame tegenstanders van de nazi's. Nog in 1933 trachtte het Wachttorengenootschap door middel van een brief bij Adolf Hitler in het gevlij te komen. In deze brief wordt bijvoorbeeld gesproken over 'gruwelpropaganda' van Amerikaanse 'commerciële Joden', die de regering van Duitsland belasterden – een regering waarmee men 'met betrekking tot de puur religieuze en niet-politieke doelen volledig in overeenstemming was.

In de brief van Rutherford aan Hitler, die na ruggespraak met de Amerikaanse consul Raymond Geist was opgesteld, werd de katholieke geestelijkheid verantwoordelijk gesteld voor de laster en onderdrukking door het nazi-regime. En niet alleen dat: de brief was ook een loyaliteitsverklaring van de Internationale Vereniging van Ernstige Bijbelonderzoekers aan het nazi-regime. Blijkbaar was Rutherfords strategie, die enerzijds bestond uit een polemiek tegen de Joden en de grote christelijke kerken en anderzijds uit een toenaderingspoging tot het nazi-regime, niets anders dan een poging om het functioneren van de organisatie in Duitsland ook in de toekomst mogelijk te maken. In de brief staat onder meer:

'Op 25 juni 1933 vond in Berlijn, in Sporthalle Wilmersdorf, een conferentie plaats van aanhangers van de Duitse Bijbelonderzoekers (Jehovah's Getuigen). Meer dan 5.000 personen namen hieraan deel en vertegenwoordigden vele Duitsers die al jarenlang vrienden en aanhangers van deze beweging zijn.
Tegen een vereniging van ernstige, christelijke mannen en vrouwen, die op het fundament van positief christendom gegrondvest is, zijn en worden in enkele delen van het land maatregelen getroffen. Deze maatregelen kunnen slechts worden bestempeld als de vervolging van christenen door mede-christenen. De beschuldigingen die tegen ons worden ingebracht (waardoor deze maatregelen worden uitgelokt) komen meestal vanuit de geestelijkheid, en met name van katholieke zijde, en zijn bovendien onjuist.
Het presidium van het Wachttorengenootschap in Brooklyn is Duitsland van oudsher bijzonder goed gezind. Om die reden werden in 1918 in Amerika de president van het Genootschap en de zeven directieleden tot 80 jaar gevangenisstraf veroordeeld, omdat de president weigerde twee door hem in Amerika uitge-

4. Jehovah's Getuigen in Duitsland 119

brachte tijdschriften voor oorlogspropaganda tegen Duitsland te gebruiken.

Op een vergelijkbare manier heeft het presidium van ons Genootschap de laatste maanden niet alleen geweigerd deel te nemen aan de gruwelpropaganda tegen Duitsland, maar heeft het er zelfs stelling tegen genomen. Dit wordt ook in de bijgevoegde verklaring onderstreept, door de aanwijzing dat de kringen die de gruwelpropaganda in Amerika leiden (joodse zakenlui en katholieken) daar ook de meest rigoureuze vervolgers zijn van het werk en de publicaties van ons Genootschap en zijn president.'

Bijzonder interessant is het slot van de brief. Rutherford beriep zich op punt 24 van het partijprogramma van de NSDAP. Hierin bestempelde hij het Wachttorengenootschap als de vertegenwoordiger van het christendom en verklaarde de oorlog aan mensen van het Joodse geloof en van Joodse afkomst. Programmapunt 24 van de NSDAP werd door de nazi's gebruikt tegen mensen van Joodse afkomst en van het Joodse geloof, en dient als een oorlogsverklaring te worden gezien. Programmapunt 24 luidt:

'Wij streven naar de vrijheid van alle religieuze belijdenissen in de staat, voor zover zij niet het bestaan ervan bedreigen of indruisen tegen de zeden en de moraal van het Germaanse ras.'

Hoe kon Rutherford, na al de inspanningen van de kant van de Amerikaanse ambassade en van het *State Department*, zulke dingen schrijven? Waarover had hij in werkelijkheid met de consul van de Verenigde Staten gesproken? Wat waren ze, gezien de situatie in Duitsland, van plan? Waar had het *State Department* het Genootschap voor nodig? Had Rudolf Höss gelijk toen hij zei: 'Over de organisatie van hun vereniging wisten de Jehovah's Getuigen werkelijk niets. Zij kenden alleen de functionarissen die de publicaties aan hen verstrekten en die de samenkomsten en bijbelstudies organiseerden. Ze hadden er geen benul van tot welke politieke doeleinden hun fanatieke geloof werd gebruikt. Wanneer dit hun werd voorgehouden, lachten ze en zeiden dat ze die dingen niet konden begrijpen. Het enige wat zij hoefden te doen, was de roep van Jehovah volgen en trouw zijn.'[119]

De vriendschap van het Wachttorengenootschap met Duitsland, die in de brief aan Hitler aan de orde kwam, was duidelijk een zinspeling op de reeds beschreven activiteiten van het Genootschap in de Verenigde Staten tijdens de Eerste Wereldoorlog. Zoals we hebben gezien, werden Rutherford en zijn metgezellen destijds beschuldigd van samenzwering, ofwel overtreding van de spionagewetgeving van 17 juni 1917. Natuurlijk kon Rutherford in zijn brief aan Hitler, die ook door de Bijbelonderzoekers in Duitsland werd gelezen, niet toegeven dat het Wachttorengenootschap destijds het standpunt van *Warburg en Co.* ondersteunde en dat het contacten had onderhouden met Duitse agenten.

Veel aanhangers van het Wachttorengenootschap waren, vanwege het huichelachtige karakter van de brief en van de verklaring, in ieder geval niet bereid deel te nemen aan de actie van 25 juni 1933. Enkele Bijbelonderzoekers verbrandden zelfs exemplaren van deze teksten en het kwam tot een definitieve afsplitsing van verscheidene groepen Bijbelonderzoekers.

In de recente geschiedschrijving van het Genootschap wordt daarentegen niet alleen beweerd dat de 'Verklaring van de feiten' indertijd eenstemmig door de volgelingen werd aangenomen, maar wordt de inhoud ervan zelfs, in strijd met de waarheid, omgezet in een protest tegen het regime van Hitler!

In het boek *Jehovas Zeugen in Gottes Vorhaben* uit 1960 staat daarover op pagina 130: 'Op 25 juni [1933] werd een congres in Berlijn gehouden. Daar werd de 7000 aanwezigen een Verklaring van de Feiten voorgelegd, als protest tegen Hitlers regering – tegen de aanmatigende overheidsbemoeienis met het getuigeniswerk van het Genootschap.'

Erich Frost, die in de tijd van het nationaal-socialisme de leiding over de Duitse tak van de organisatie had, schreef op 15 september 1961 in de *Wachttoren*: 'In de "Resolutie" werd krachtig tegen het aanmatigende optreden van de Hitlerregering geprotesteerd.'

In de *Wachttoren* van 1 juni 1963 vertelde Konrad Franke het tegendeel van wat hij later (1976) in het kader van zijn openbare dialezing in Bad Hersfeld had beweerd. Hij zei namelijk: 'In hetzelfde jaar [1933] was het mij een voorrecht aan het congres in Berlijn deel te mogen nemen, waar eenstemmig een verklaring werd aangenomen en waar werd besloten dat die naar alle hooggeplaatste regeringsbeambten zou worden verzonden.'

In het laatste geschiedenisboek van het Genootschap (*Jehovah's Getuigen – Verkondigers van Gods Koninkrijk* – Wachttorengenootschap 1993, pagina 693) wordt heel kort en in opvallend algemene bewoordingen ingegaan op het congres in Berlijn:

'EENSGEZINDE ACTIE ONDANKS
NAZI-ONDERDRUKKING

Toen de regering van nazi-Duitsland een campagne begon om de activiteiten van de Jehovah's Getuigen in Duitsland stil te leggen, werden herhaalde pogingen in het werk gesteld om een onderhoud te krijgen met de Duitse autoriteiten. Tegen de zomer van 1933 was het werk van de Jehovah's Getuigen in de meeste Duitse deelstaten verboden. Daarom werd op 25 juni 1933 door Jehovah's Getuigen op een congres in Berlijn een verklaring aangenomen met betrekking tot hun bediening en de doeleinden ervan.'

Dat is alles! Het is overigens niet verwonderlijk dat Hitler zich verder niet druk maakte om de brief en de verklaring. Zoals reeds is opgemerkt, had het Genootschap in de voorgaande jaren, door zijn contacten met de vrijmetselarij en het zionisme, in de ogen van Hitler en zijn trawanten een zeer slechte naam opgebouwd.

Reeds op 27 juni 1933 ontvingen ook de politieautoriteiten door middel van een radiotelegram de mededeling dat het Wachttorengenootschap verboden was, en de volgende dag bezetten dertig SA-ers het bureau van de organisatie in Magdeburg. Op 29 juni 1933 werd de pers daarover geïnformeerd.

Volgens de officiële persverklaring was het verbod uitgevaardigd, omdat het Wachttorengenootschap – onder de dekmantel van zogenaamd wetenschappelijk bijbelonderzoek – een onmiskenbare hetze tegen de christelijke kerken en de staat had gevoerd.

Het is het vermelden waard dat het Amerikaanse *State Department* onmiddellijk in actie kwam. Consul Geist had een lang onderhoud met de Duitse staatssecretaris Grauert. Tijdens dat onderhoud werd de consul ervan verzekerd dat men geen enkele interesse had in de eigendommen of het geïnvesteerde Amerikaanse kapitaal van de Jehovah's Getuigen, maar dat men puur uit was op opheffing van het Genootschap. Grauert stelde daarom ook de spoedige teruggave van het geconfisqueerde eigendom en investeringskapitaal van het Wachttorengenootschap in het vooruitzicht.[120]

Op 12 juli informeerde consul-generaal Messersmith zijn superieuren in Washington over alle inspanningen die de Amerikaanse ambassade bij de Duitse regering had gedaan om het Wachttorengenootschap te redden. Ook deelde hij mee dat hij, na de publicaties van de Jehovah's Getuigen te hebben bestudeerd, 'verdere moeilijkheden van de kant van de Duitse regering' verwachtte. Hij bevestigde dat het eigendom van het Genootschap, ondanks de in beslag genomen lectuur, spoedig zou worden teruggegeven.[121] Maar de Duitse regering deelde de Amerikaanse ambassade eind juli mee dat de eigendommen niet zouden worden teruggegeven, om te verhinderen dat het Wachttorengenootschap opnieuw propaganda tegen Duitsland zou voeren.

Nu kwam de Amerikaanse minister van Buitenlandse Zaken, Cordell Hull,[122] persoonlijk in actie. Terwijl Hull aangaf niets voor de Joodse bevolking in Duitsland te kunnen doen, omdat hij zich niet met de Duitse binnenlandse aangelegenheden kon bemoeien, beschuldigde hij de Duitse regering er tegelijkertijd van de Duits-

4. Jehovah's Getuigen in Duitsland

Amerikaanse staatsverdragen, die merkwaardig genoeg ook op het Wachttorengenootschap van toepassing bleken te zijn, met voeten te hebben getreden.[123] Een brief van het Wachttorengenootschap van 19 december 1934 aan het bondsministerie van Binnenlandse Zaken en aan dat van de deelstaat Pruisen bevestigt dat het verdrag tussen Duitsland en de Verenigde Staten ook betrekking had op de organisatie van Rutherford. (Zie ook *Reichsgesetzblatt II* nummer 38, 1925, 795.) Manfred Gebhard zegt hierover:

> 'Doordat het Duitse Wachttorengenootschap na 1918 werd betrokken bij het staatsverdrag tussen Duitsland en de Verenigde Staten, werden de activiteiten van het Wachttorengenootschap in Duitsland feitelijk een onderdeel van de Amerikaanse buitenlandse politiek. Zelfs Hitlers Gestapo kon aanvankelijk niet anders dan dat respecteren.'[124]

Voordat we verder gaan, mag niet onvermeld blijven dat het Wachttorengenootschap, volgens eigen zeggen, over een contactpersoon beschikt bij het *State Department* in Washington.[125] In een schrijven aan het ministerie van Binnenlandse Zaken van 19 december 1934 wordt daarover gezegd:

> 'De Watch Tower Society in Brooklyn heeft in Washington een vaste vertegenwoordiger, die de betrekkingen tussen het State Department en het Genootschap in Brooklyn onderhoudt.'[126]

Op 28 augustus 1933 werden de Jehovah's Getuigen in Duitsland voor een dilemma geplaatst. Vanwege de voortdurende diplomatieke inspanningen van de Amerikaanse regering, droeg de bijzonder gevolmachtigde van president Rutherford – de toenmalige leider van de Jehovah's Getuigen in Zwitserland, C. Harbeck – de Duitse Getuigen in een circulaire op zich te onderwerpen aan de huidige voorschriften en maatregelen van de regering en de politie. Verder schreef hij: 'Boven alles verzoek ik u geen verboden teksten te verspreiden en zonder toestemming van de politie absoluut geen samenkomsten of lezingen te houden.'

Het hield in dat het verkondigingswerk, waarvan de leiding van de Wachttoren tot dan toe altijd had gezegd dat het zonder enige uitzondering diende te gebeuren, in feite werd beëindigd. Als gevolg van deze opdracht laaiden zulke meningsverschillen op, dat nog maar de helft van de Jehovah's Getuigen het Wachttorengenootschap trouw bleef.

Op 9 september 1933 gaf Cordell Hull zijn ambassadeur in Duitsland, William E. Dodd, de opdracht om direct alle mogelijke middelen aan te wenden om ervoor te zorgen dat de bezittingen van het Genootschap zouden worden vrijgegeven.[127] Reeds enkele dagen later meldde ambassadeur Dodd dat de vrijgave van de eigendommen was toegezegd.

Op 7 oktober 1933 kon het Wachttorengenootschap zijn kantoor in Magdeburg weer in bezit nemen. Maar het bleef de Bijbelonderzoekers verboden openbare activiteiten te ontplooien. Er mochten geen publicaties worden gedrukt, en het was ook verboden samenkomsten te houden in de gebouwen van het Genootschap. Hetzelfde gold voor huisbijbelkringen.

Op 9 februari 1934 schreef Rutherford aan Adolf Hitler een persoonlijke brief,[128] waarin hij onder meer opnieuw het standpunt innam dat tijdens de conferentie van de Bijbelonderzoekers in Berlijn, in *Sporthalle Wilmersdorf,* naar voren was gebracht. Bovendien verzocht hij Hitler opnieuw het verbod op het verkondigingswerk op te heffen en stelde hij hem tegelijkertijd een ultimatum: 'Indien voor 24 maart 1934 geen antwoord volgt op dit zeer dringende verzoek en er van de zijde van uw regering niets wordt ondernomen om de situatie voor de eerder genoemde Jehovah's Getuigen in Duitsland te verlichten, dan zal Gods volk in andere landen, onder alle volkeren op aarde, beginnen met de openbaarmaking van de feiten over Duitslands onrechtmatige behandeling van Jehovah's Getuigen.'[129]

Met deze brief leek Rutherford zijn aanpassingskoers, die hij tot dan toe had gevaren, te hebben verlaten. Hij beschouwde de on-

4. Jehovah's Getuigen in Duitsland

derhandelingspogingen in Duitsland waarschijnlijk als mislukt. Vanaf dat moment werden de gewone volgelingen van het Wachttorengenootschap gebruikt om het martelaarschap uit te lokken.

Op 9 september 1934, tijdens een internationaal congres in Basel, werd de Jehovah's Getuigen gevraagd de georganiseerde verkondigingsactiviteiten in Duitsland weer volledig op zich te nemen, ongeacht het staatsrechtelijk verbod. Om deze nieuwe start kracht bij te zetten, schreef Rutherford een boodschap aan de Duitse Bijbelonderzoekers. Daarin droeg hij op tot bewuste ongehoorzaamheid aan de wetten en verordeningen van het nationaalsocialistische regime. Verder had Rutherford een brief opgesteld met de titel *An die Reichsregierung*, waarin hij niet alleen openlijk tegen de maatregelen van de regering protesteerde, maar hij ook passief verzet aankondigde. Voordat elke Vergadering van de Jehovah's Getuigen een kopie van deze brief aan de Duitse regering zond, werden op zondag 7 oktober 1934, op aanwijzing van Rutherford, in alle Vergaderingen de woorden van Christus over de te verwachten vervolging (Matteus 10:16-14) besproken. Daarmee wees Rutherford niet alleen indirect op het risico van het illegale zendingswerk, maar verklaarde hij tegelijkertijd de Bijbelonderzoekers bij voorbaat tot martelaren voor hun geloof.[130]

De onderzoeker César Vidal Manzanares zegt hierover: 'Met uitzondering van de problemen rondom de militaire dienst, werd de botsing met het nationaal-socialisme door Rutherford zelf veroorzaakt. Toen de leiders van de Jehovah's Getuigen in Duitsland, uit angst voor een oorlog, zich tot hem wendden om advies en hem vroegen of ze eventueel naar bijvoorbeeld Zwitserland mochten emigreren, kregen ze de opdracht om het in Duitsland vol te houden en tegelijkertijd het regime te provoceren, om op die manier een klimaat van vervolging te scheppen dat voor propagandadoeleinden kon worden gebruikt.'[131]

Was dat de reden dat alleen de gewone volgelingen van het Genootschap hun leven gaven? Vele prominente leden die ten dode waren opgeschreven, smeekten om genade.

Ook vonden er soms massale arrestaties plaats, louter en alleen doordat verschillende leiders van het Genootschap hun eigen leden aan de Gestapo hadden uitgeleverd. Tijdens de nazitijd werden meer dan eens Duitse Getuigen aangegeven. Volgens Josy Doyon was de vervolging door de nazi's verschrikkelijk, maar de tweedracht onder de Getuigen nog erger. Het kwam maar al te vaak voor dat Duitse Jehovah's Getuigen elkaar verraadden. Voor degenen die, ondanks de vele slagen van de SS, bleven zwijgen (zelfs totdat ze het bewustzijn verloren), was het verschrikkelijk wanneer tijdens het verhoor plotseling een geloofsgenoot binnen werd gebracht die lachend alle informatie prijsgaf die zij zelf hadden verzwegen. Vaak waren zulke verraders leden die een zeer verantwoordelijke positie binnen de organisatie innamen.[132]

Zo verraadde de eerder genoemde Erich Frost, voordat hij op 29 oktober 1937 door een speciale rechtbank tot drieënhalf jaar gevangenisstraf werd veroordeeld, niet alleen verscheidene ontmoetingsplaatsen aan de Gestapo, maar ook de namen van veel van zijn geloofsgenoten *(Politieverslag AD IIB 261/37 9, Berlijn 16 april 1937, Nummer 1034)*. Hoewel het Wachttorengenootschap Erich Frost met uitsluiting had moeten bestraffen, deed de leiding in Brooklyn of ze blind was en bleef Frost tot zijn dood in 1987 een vooraanstaand lid. Hierover valt in de Wachttoren van 15 maart 1988 (pagina 21) het volgende te lezen: 'Erich Frost eindigde zijn loopbaan op 30 oktober 1987, op de leeftijd van 86 jaar. Sinds 1923 heeft hij Jehovah altijd trouw gediend. God zal het werk van deze gezalfde christen en de liefde die hij voor Zijn naam heeft getoond, niet vergeten.'

Ook in de Wachttoren van 15 september 1961 worden de feiten verdraaid. In deze Wachttoren beweerde Erich Frost onder meer:

'Rond twee uur in de ochtend werd er hard op de deur van de woning geslagen en getrapt! Er kwamen tien mannen van de geheime politie binnen: "Goed, Frost, sta maar op en kleed je aan. Het is met je gedaan." Meer dan eens sloegen zij mij bewusteloos en gooiden ze vervolgens water over me heen om me weer bij te laten komen. Al gauw kon ik niet meer liggen of zitten. Ik bleef Jehovah bidden of Hij mij wilde helpen om, ter wille van de broeders en zusters, het zwijgen te bewaren. Toen ik weer voor het Gestapogespuis werd gebracht, dacht ik aan Daniël in de leeuwenkuil. Hun woedende woordenvloed onthulde wat ik graag wilde horen: het net van de politie had mijn broeders en zusters niet kunnen vangen! Mijn vreugde was onbeschrijflijk.'

Nadat zij hun eigendommen weer hadden teruggekregen, bleven de kantoren van het Wachttorengenootschap in Magdeburg nog draaien tot 27 mei 1935, de dag waarop het verdrag tussen de Verenigde Staten en Duitsland afliep. Vanaf dat moment voerde het Genootschap zijn werk ondergronds verder uit. Na een reeks arrestaties in 1937 werden ook die activiteiten beëindigd. Hoewel er nog een paar kleine groepen Getuigen waren, kwamen de georganiseerde activiteiten, in tegenstelling tot wat het Wachttorengenootschap beweert, in Duitsland grotendeels tot stilstand.

Net als bij haar pogingen haar in beslag genomen Duitse vermogen terug te krijgen, werkte de leiding van het Genootschap ook later nog samen met de Amerikaanse regering. Het Wachttorengenootschap had niet alleen een vaste vertegenwoordiger bij het *State Department* in Washington, ook de berichten van het Genootschap, dat in Duitsland illegaal verder werkte, werden via kanalen van de Amerikaanse diplomatie naar de Verenigde Staten verzonden. Fritz Winkler, de hoogste leider van het Wachttorengenootschap in Duitsland, stuurde regelmatig gevoelige informatie naar het Amerikaanse consulaat in Berlijn, dat deze informatie via Bern naar de Verenigde Staten stuurde.[133]

Toen de Jehovah's Getuigen in Duitsland eenmaal werden vervolgd, werd de zetel van het Genootschap in Zwitserland de strategische basis van zijn activiteiten in Europa.

Manfred Gebhard zegt daarover: 'Het is duidelijk dat het hoofdkantoor van de Wachttoren in Bern verder door het *State Department* in Washington als Europese informatiebron werd gebruikt.

Het mocht daarom onder geen beding worden opgegeven. Het was immers het laatste steunpunt in West-Europa, dat niet door het fascisme werd beheerst.'[134]

Om het hoofdkantoor van de Wachttoren in Bern veilig te stellen, stond de leiding in Brooklyn, zoals reeds vermeld, zelfs toe dat de Jehovah's Getuigen in Zwitserland hun militaire dienstplicht vervulden, terwijl hun geloofsbroeders in Duitsland werden geexecuteerd omdat ze geen militaire dienst wilden (lees: mochten) vervullen!

Foute houding moeilijk te ontkennen

Op 8 juli 1998 deden de vertegenwoordigers van het Wachttorengenootschap in *Ontwaakt!* hun beklag over enkele kritische stemmen en voormalige medegelovigen die de organisatie er onder meer van beschuldigen de nationaal-socialistische regering en haar Jodenhaat te hebben ondersteund, door compromissen te sluiten met het Hitler-regime, in het bijzonder door tijdens het congres in Berlijn in 1933 de *Wilmersdorfer Tennishalle* met hakenkruisen te decoreren en het congres te openen met het Duitse volkslied. Dit was een reactie op de Duitse editie van mijn oorspronkelijk in het Spaans geschreven boek (*Die geheime Macht hinter den Zeugen Jehovas*). Het is niet verbazend dat het Wachttorengenootschap – zonder de titel van het boek of de naam van de auteur te noemen – op het boek reageerde. In zijn Duitstalige versie heeft mijn boek onder de leden van het Genootschap in de Duitstalige landen voor grote onrust gezorgd.

Dat in het artikel in *Ontwaakt!* – zoals altijd – veel wordt gesproken maar niets wordt gezegd, is eigenlijk een kunst op zich. Maar de pogingen om de uitspraken in de 'Verklaring van de feiten' te verdraaien, zijn zinloos. De tekst van de verklaring spreekt namelijk voor zichzelf. Desondanks wil ik kort op een paar punten reageren.

In het artikel staat dat de Jehovah's Getuigen los stonden van het Duitse racistisch-nationalisme, en dat hun voorkomendheid te-

4. Jehovah's Getuigen in Duitsland 129

genover hun Joodse lotgenoten in de concentratiekampen absoluut een krachtig argument tegen de valse aantijgingen vormt. Er zijn vele tegenbewijzen, waarvan ik slechts het anti-Joodse artikel in het tijdschrift *Trost* van 15 juli 1938 en de toespraken van Rudolph Höss wil noemen. Hierin worden bovengenoemde beweringen van het Genootschap duidelijk weerlegd. Ook tegenwoordig is er geen sprake van een verandering in de geloofsleer van de Jehovah's Getuigen. In de Wachttorenpublicatie *Wereldomvattende zekerheid onder de Vredevorst* uit 1986 bespreekt de auteur het hedendaagse Jodendom en de staat Israël. Op bladzijde 86 staat onder andere dat 'de republiek Israël zal worden weggevaagd'.

In het artikel wordt er in een verwarde stijl omheen gedraaid dat aan het begin van het bewuste congres in Berlijn het volkslied is gezongen. Daarop hoeft slechts gezegd te worden dat de aanwezigen bij de samenkomst in 1976 in Bad Hersfeld bevestigen dat Konrad Franke tijdens zijn voordracht daadwerkelijk heeft gezegd dat men het lied 'al jarenlang niet meer gezongen had en al helemaal nooit in Duitsland, vanwege de melodie'. Het is belangrijk te vermelden dat Konrad Franke niet een gewone medegelovige was, maar een prominent leider en gezalfde. Na zijn dood in 1983 werd hij in een speciaal artikel in de Wachttoren als gezalfde opgehemeld! Uit dit alles kan alleen maar worden opgemaakt dat het zingen van een lied op de melodie van het volkslied, een poging was om de nationaal-socialisten gunstig te stemmen.

Bij het thema 'Vlaggen met hakenkruisen' worden in *Ontwaakt!* van 8 juli 1998 verscheidene foto's afgedrukt waarop geen vlaggen met hakenkruisen te zien zijn. De foto's in *Ontwaakt!* zijn vervalsingen, want ik heb tijdens mijn eerste reis door Zuid-Amerika met een voormalig lid van het Genootschap gesproken dat in 1933 op het congres in Berlijn aanwezig was. Deze persoon heeft niet alleen bevestigd dat er hakenkruisvlaggen hingen, maar heeft mij zelfs een foto laten zien waarop de vlaggen te zien zijn.[135] Verder heb ik mij op de voordracht van de gezalfde Konrad Franke gebaseerd en op uitspraken van aanwezigen bij zijn voordracht in Bad

Hersfeld. Aan het eind van het artikel in *Ontwaakt!* wordt ook door de vertegenwoordigers van de Getuigen toegegeven dat er misschien toch vlaggen met hakenkruisen aanwezig zijn geweest. Alleen wordt nu gezegd dat ze niet door de Jehovah's Getuigen zijn opgehangen!

Opvallend is het feit dat de vertegenwoordigers van het Genootschap in *Ontwaakt!* van 8 juli 1998 voor het eerst toegeven dat er betrekkingen bestonden met het Amerikaanse *State Department*; dat de 'Verklaring van de feiten' geen fel protest tegen Hitlers regering was; dat de verklaring niet de aanleiding vormde tot het verbod op de praktijken van de Jehovah's Getuigen in geheel Duitsland, maar dat er een dag voor het congres al een verbod was afgekondigd. Bovendien werd nu zelfs de bewering herroepen, die in het jaarboek van de Jehovah's Getuigen van 1974 was gedaan over Paul Balzereit, de plaatselijke leider. Die bewering luidde dat hij de tekst van de verklaring destijds had afgezwakt, waarmee hem achteraf de aanpassingskoers uit 1933 werd aangewreven (de tekst was in werkelijkheid afkomstig van Rutherford). Het Wachttorengenootschap raakt verstrikt in zijn eigen leugens!

De erfenis van Heinrich Himmler

Na de Tweede Wereldoorlog ontstond in de Verenigde Staten de 'Truman-doctrine', waarvan het ontwerp op de Warburgs is terug te voeren. Doelstelling van deze doctrine was het bestrijden van het communisme met alle mogelijke middelen, waaronder het binnenloodsen van bepaalde religieuze groeperingen in communistische landen. Die groeperingen kregen vervolgens de opdracht om verwarring te stichten, anticommunistische propaganda te voeren en invloed uit te oefenen op het moreel van de bevolking in die landen.[136] De aangewezen groeperingen moesten tegelijkertijd informatie uit de verschillende delen van het Oostblok doorgeven.

4. Jehovah's Getuigen in Duitsland

Speelde ook het Wachttorengenootschap een rol in het grote politieke 'wereldtheater'?

Om ervoor te zorgen dat de Truman-doctrine zou worden doorgevoerd, nam het *State Department* het geheime project van SS-bevelhebber Heinrich Himmler als voorbeeld.[137] Indertijd beraamde Himmler een plan om Rusland te besturen, als dat land in handen van de Duitsers zou vallen. Hij wilde in het reusachtige land de rust herstellen door middel van de religie van de Jehovah's Getuigen.[138]

In een brief aan Kaltenbrunner schreef Himmler onder meer:

Enkele inlichtingen en waarnemingen van recente datum hebben mij ertoe gebracht plannen te beramen die ik graag onder uw aandacht zou brengen. Het gaat hierbij om Jehovah's Getuigen. Hoe gaan wij Rusland besturen en pacificeren, wanneer wij eenmaal uitgestrekte delen van dat grondgebied veroverd hebben? Elke gedachte om enige vorm van nationaal-socialisme in te voeren is waanzin. De mensen moeten een religie of een wereldbeschouwing hebben. Het zou verkeerd zijn de orthodoxe kerk te ondersteunen en opnieuw te laten opbloeien, aangezien die kerk altijd een instrument zou blijven tot een nationale eenwording. Het zou eveneens een vergissing zijn de katholieke kerk het land binnen te halen.

Deze stellingname behoeft geen verdere uitleg. Iedere religie en iedere sekte die pacificerend werkt, moet door ons worden ondersteund. Bij de Turkse volkeren komt de boeddhistische geloofsleer in aanmerking, maar bij alle andere volkeren de leer van de Bijbelonderzoekers. De Bijbelonderzoekers hebben, zoals u wel bekend zal zijn, de volgende eigenschappen die voor ons uitermate gunstig zijn: afgezien van het feit dat ze de militaire dienst en alle oorlogsinspanningen weigeren uit te voeren (met andere woorden, de inzet voor welke afbrekende inspanning dan ook, zoals zij dat noemen), zijn zij scherp gekant tegen de Joden, de katholieke kerk en de paus. Verder zijn ze ongekend saai, drinken en roken ze niet, werken ze hard en zijn ze bijzonder eerlijk. Ze houden zich aan hun woord. Ze zijn niet uit op rijkdom en welgesteldheid, omdat die zaken schadelijk zijn voor het eeuwige leven. Dat zijn alles bij elkaar ideale eigenschappen, en we kunnen dan ook vaststellen dat de werkelijk overtuigde, idealistische Bijbelonderzoekers, net als de mennonieten, benijdenswaardig goede eigenschappen bezitten.[139] Dit is de basis voor de toekomstige inzet van deze Duitse Bijbelonderzoekers in Rusland. Met hen hebben we de beschikking over zendelingen waarmee we het Russische volk, door de verbreiding van de leer der Bijbelonderzoekers, kunnen pacificeren.

Het heeft er alle schijn van dat Himmler reeds vanaf ongeveer eind 1942 opdracht heeft gegeven de Jehovah's Getuigen in de concentratiekampen bijzonder goed te behandelen. De Jehovah's Getuigen in Auschwitz en Ravensbrück kregen speciale legitimatiebewijzen, die het hun mogelijk maakten zich overdag en in het algemeen tijdens de werkuren vrij buiten het kampterrein op te houden. Ook de Jehovah's Getuigen die bij de landbouwbedrijven werden ingezet, kregen steeds meer bewegingsvrijheid. Er werden zelfs Jehovah's Getuigen vrijgelaten! Zo liet Himmler uit het concentratiekamp Ravensbrück de moeder van een Luftwaffe-kolonel vrij, die weigerde haar geloof als Jehovah's Getuige op te geven.[140]

Toen kwam uit Berlijn het bevel dat de Jehovah's Getuigen onder de andere gevangenen moesten worden verspreid. Hierdoor werden de volgelingen van het Wachttorengenootschap plotseling in staat gesteld om met meer mensen, en in het bijzonder met Russen, te spreken. Zij deden hun best alle gevangenen te bereiken. Duizenden gevangenen kregen op deze manier de boodschap van Jehovah's Getuigen te horen.

Er bestaat geen twijfel over dat de nazi's, als gevolg van Himmlers plan, vooral een oogje toeknepen als de Bijbelonderzoekers probeerden Russen te bekeren die in de verschillende concentratiekampen waren ondergebracht. Het Wachttorengenootschap zelf bevestigt dit meerdere malen. In de Wachttoren van 15 september 1961 staat op pagina 571:

4. Jehovah's Getuigen in Duitsland 133

'Het is opmerkelijk dat vanaf 1943 in bepaalde concentratiekampen niet alleen lectuur, traktaten in verschillende talen, en het nieuwsblad "Nieuws over Gods Koninkrijk" konden worden gepubliceerd, maar dat in deze kampen ook boekstudies en lezingen werden gehouden en dat de boodschap van het Wachttorengenootschap aan andere gevangenen werd verkondigd. In het concentratiekamp Ravensbrück werden 300 jonge Russinnen getuige van Jehovah.'

De Wachttoren van 1 november 1945, pagina 204:

'In het concentratiekamp Neuengamme bij Hamburg werd in 1943 een doordacht geheim offensief op touw gezet. Er werd lectuur geproduceerd, en speciale stoottroepen deden de eerste aanvallen in den getuigenis-veldtocht in het kamp. In een ander kamp namen 300 personen de waarheid aan, waaronder 227 jonge Russische jongelingen!'

De Wachttoren van 1 november 1945, pagina 205:

'Het wonderbaarlijkst van alles was het rapport van een Poolschen broeder, kort te voren bevrijd uit Buchenwald, die nummers van de Wachttoren toonde die in het kamp, ondanks het strenge toezicht, gemaakt waren.'

Het zal voor iedereen duidelijk zijn dat de Jehovah's Getuigen in de concentratiekampen alleen maar konden samenkomen, prediken en ook nog lectuur konden produceren, omdat van hogerhand (Heinrich Himmler) medewerking werd verleend!

Deze Russen namen, na hun bevrijding, de boodschap van het Wachttorengenootschap mee naar de Sovjet-Unie. In de *Wachttoren* van 15 juli 1991 werd erkend dat het aantal gelovigen, als gevolg van de Tweede Wereldoorlog, binnen het Sovjetgebied sterk was toegenomen. In 1957 bleek veertig procent van alle Getuigen de 'waarheid' van het Genootschap te hebben aangenomen, terwijl ze gevangen zaten of in een concentratiekamp waren ondergebracht. In Siberië kan men hele dorpen en kleine steden vinden die de geloofsleer van het Wachttorengenootschap aanhangen.[141]

De psychologische campagne tegen het communisme

Om te kunnen begrijpen waarom de Getuigen een belangrijke rol speelden bij de strijd tegen het communisme (Truman-doctrine), moet erop gewezen worden dat het Wachttorengenootschap in West-Duitsland, meteen na het einde van de Tweede Wereldoorlog, als gevolg van zijn opvallende samenwerking met het *State Department,* zo snel mogelijk gereorganiseerd werd. Het is merkwaardig dat de organisatie in 1945 meteen weer op het toneel verscheen. Het is buiten kijf dat het *State Department* daadkrachtig met het Amerikaanse militaire bestuur samenwerkte bij de reorganisatie van het Wachttorengenootschap. De Amerikaanse autoriteiten zochten en vonden niet alleen een drukkerij voor de Getuigen, ze zorgden er bovendien voor dat het Wachttorengenootschap bij het verwerven van onroerend goed met voorrang werd behandeld.[142] Tegelijkertijd werd voor het Genootschap de toegang tot verschillende radiozenders vergemakkelijkt, zodat het zijn boodschap effectiever kon uitdragen. Verder kregen de Jehovah's Getuigen van de inlichtingendienst van het Amerikaanse leger in Frankfurt en Wiesbaden toestemming hun correspondentie met Brooklyn via de militaire posterijen te versturen. Ze mochten zelfs gebruik maken van de kabelverbindingen van de militaire autoriteiten.[143]

Ook is het vreemd dat de reeds genoemde hoogste Wachttorenfunctionaris in Duitsland, Erich Frost, als gevolmachtigde van het Wachttorengenootschap voor Duitsland een unieke volmacht bezat die door de Amerikaanse regering in Washington was gewaarmerkt.[144] Bovendien dient vermeld te worden dat Erich Frost, in een brief van 24 december 1947 aan een broeder in het door de Sovjets bezette gebied, schreef dat de president van het Wachttorengenootschap, Nathan Knorr, regelmatig berichten van hem

4. Jehovah's Getuigen in Duitsland   135

verwachtte over onder andere politieke oproeren, stakingen, verkiezingen, revoluties, vliegtuigen en vliegbewegingen.[145] Deze berichten werden dus via de Amerikaanse militaire posterijen en de kabelverbindingen van de Amerikaanse autoriteiten (en dus via de geheime dienst!) aan het hoofdkantoor van het Wachttorengenootschap in Brooklyn doorgegeven.

In 1947 liet het Wachttorengenootschap voor de zoveelste keer zijn politiek neutrale houding varen. Jarenlang werden in de publicaties van het Genootschap niet alleen provocaties geuit aan het adres van de communisten, er werd ook een enorme psychologische oorlog tegen het communistische systeem gevoerd. Het is ongelooflijk, maar tussen het einde van de oorlog en het begin van de jaren zestig is er nauwelijks een *Wachttoren* of een exemplaar van *Ontwaakt!* verschenen waarin het communistische systeem niet werd aangevallen. Hierdoor was het de Getuigen in Oost-Duitsland onder meer verboden om aan de bijeenkomsten van het Wachttorengenootschap deel te nemen.

Tijdens de districtsvergadering van 1949 kwamen ongeveer 18.000 Jehovah's Getuigen, uit alle steden van het bezette oostelijke deel van Duitsland, in het openluchttheater *Die Waldbühne* in de Britse sector van Berlijn bij elkaar. Wegens de nabijheid van de Russische autoriteiten was het nodig geweest deze bijeenkomst zo onopvallend mogelijk voor te bereiden. Het was de Getuigen met grote omzichtigheid gelukt acht extra treinen af te huren, die uit verschillenden delen van de oostelijke bezettingszone naar Berlijn zouden komen. Maar de politie had toch ontdekt wat de Getuigen van plan waren. Slechts een paar uur voordat ze zouden vertrekken, besloot de heer Kreikemeyer, directeur van de Oost-Duitse Spoorwegen, dat deze treinen niet weg mochten. De Russen en de Duitse politie zetten tevens alle hoofdwegen naar Berlijn af en doorzochten alle auto's, bussen en vrachtwagens, op zoek naar mensen die naar het congres gingen. Alle namen van de Getuigen en van de eigenaars van de wagens werden genoteerd. Er heerste grote ongerustheid onder al deze Getuigen. Wat zou er met hen gebeuren na afloop van het congres, wanneer zij weer naar de oostelijke bezettingszone terugkeerden?

Volgens de *Wachttoren* van 15 januari 1950 nam Erich Frost tijdens de districtsvergadering in de *Waldbühne* de uitdaging van de 'Rode marionetten' uit de oostelijke bezettingszone aan, door op luide toon de volgende, duidelijke woorden te spreken: 'Is het Bolsjewisme beter dan andere stelsels? Geloven de Communisten dat datgene waarmee Hitler is begonnen door hen moet worden voltooid? Wij vrezen de Communisten even weinig als wij de Nazi's hebben gevreesd! Hitler stelde zich ten doel de Jehovah's Getuigen uit te roeien, maar in plaats daarvan werden Hitler en zijn gezelschap uitgeroeid. Hoe erbarmelijk is Hitler, de Katholieke dictator, tekortgeschoten! Trachten de Rode totalitairen nu te voleindigen wat de Bruinhemden niet konden voltooien? Indien dit zo is, dan is hun thans ronduit gezegd, dat de moedige Getuigen van Jehovah in Duitsland hen even weinig vrezen als zij de Nazi's hebben gevreesd.'

Op zaterdagavond las Erich Frost een resolutie voor waarin hij onder andere zei:

'DE RESOLUTIE

Achttienduizend Getuigen van Jehovah, uit alle streken van de oostelijke bezettingszone van Duitsland, zijn in de Waldbühne van Berlijn bijeengekomen om de naam van Jehovah hun God, te verheerlijken en om Hem te loven.
Zij protesteren tegen de verbodsbepalingen en beperkingen die hun in Saksen in verband met hun dienst der aanbidding van God zijn opgelegd en tegen de inbeslagname van zalen die daarvoor werden gebruikt, welke maatregelen ondemocratisch en tegen de grondwet zijn.
Zij protesteren tegen de ongemanierde, gewelddadige ontbindingen van hun diensten door middel van onwettige acties van de politie.

4. Jehovah's Getuigen in Duitsland

Zij protesteren tegen de religieuze en politieke ophitserij welke is ingezet door onverdraagzame, fanatieke tegenstanders die niet aarzelen het spoor te volgen van een vroegere, met modder spuitende pers, naar het voorbeeld van een 'Stormer' en een 'Zwart Korps' (vroegere ongematigde Nazi-geschriften).
Wij zijn hevig gekant tegen alle pogingen ons in onze aanbidding te dwarsbomen door middel van verbodsbepalingen, verordeningen en onwettige maatregelen, omdat wij God meer gehoorzaam moeten zijn dan de mensen!'

Een kopie van de Resolutie werd naar alle hoge regeringsambtenaren en andere autoriteiten van alle vier de bezette zones in Duitsland gestuurd. De Resolutie werd dezelfde avond door een Amerikaans radiostation in Berlijn *(RIAS)* uitgezonden, en later in Amerika. De volgende dag werd het congres door tientallen verslaggevers bezocht. Het is opmerkelijk dat er journalisten van *Funk und Bild* aanwezig waren. Hun opdracht om bij de openbare vergadering aanwezig te zijn, was via München uit de Verenigde Staten gekomen. In het licht van de Truman-doctrine werd gedurende de daaropvolgende dagen door alle West-Duitse kranten positief op de bijeenkomst gereageerd.

DIE NEUE ZEITUNG 2 augustus 1949:

'Het was een samenkomst van Jehovah's Getuigen uit de gehele oostelijke bezettingszone. "HET IS LATER DAN U DENKT!" was in grote witte letters op het grasperk geschreven. Moedig vroeg Erich Frost: "Is het Bolsjewisme beter dan andere stelsels? Gelooft de SED, dat datgene waarmede Hitler is begonnen, door hen moet worden voltooid? Wij vrezen de SED net zo min als wij de nazi's hebben gevreesd!"'

DER TAGESPIEGEL 2 augustus 1949:

'Meer dan 30.000 Getuigen van Jehovah kwamen zondag in de

Waldbühne in Berlijn bijeen, om tegen de onderdrukking van hun organisatie in de oostelijke bezettingszone te protesteren. "Wij vrezen de macht van de communisten even weinig als wij de nationaal-socialisten hebben gevreesd," zei Erich Frost, de leidende prediker der Jehovah's Getuigen. Frost waarschuwde de SED dat hun hetzelfde kon overkomen als de NSDAP.'

In de oostelijke bezettingszone zone werden andere berichten gepubliceerd.

BERLINER ZEITUNG 2 augustus 1949:

'Religieuze sekten verrijzen als paddestoelen uit de grond. Over het algemeen moet men ze de minachting schenken die ze verdienen. Wanneer ze zich echter, gelijk de Jehovah's Getuigen, onder de dekmantel van een stel oude religieuze frasen, voor de zaak der oorlogophitsers en vijanden van de eenheid van Duitsland inzetten, mag het niet bij minachting blijven.'

Dezelfde krant beschuldigde de organisatie van de Jehovah's Getuigen ervan dat ze het 'Tweejarenplan' saboteerdem, en zei dat de orders voor de leden niet uit de hemelse hoogten kwamen, maar afkomstig waren van enkele mensen uit een zeker land aan de overzijde van de Atlantische Oceaan, waarvan de hoogste God niet Jehovah, maar Mammon heet. Volgens de Jehovah's Getuigen zelf werden zij door het Oostblok gebrandmerkt als imperialisten en oorlogsophitsers, die door de Verenigde Staten werden ondersteund.

Het ligt voor de hand dat – na de uitlatingen van Erich Frost – de radiouitzending en de berichtgeving in de westerse nieuwsbladen, veel Getuigen uit de oostelijke bezettingszone werden gearresteerd toen ze naar huis terugkeerden.

De *Wachttoren* van 15 januari 1950 berichtte dat pas na vier weken de rust in de oostelijke bezettingszone enigszins was weerge-

4. Jehovah's Getuigen in Duitsland 139

keerd. Gearresteerden werden vrijgelaten. Verder werden de Jehovah's Getuigen in deze *Wachttoren* op de komende vervolgingen voorbereid:

'Wat de Jehovah's Getuigen betreft, zij verwachten vervolging. Zij vrezen geen mens, noch een regering, noch de Duivel.'

Op 31 augustus 1950 schreef de Oost-Duitse minister van Binnenlandse Zaken, Steinhoff, aan het Wachttorengenootschap: 'De activiteiten van de Jehovah's Getuigen in de afgelopen tien maanden hebben duidelijk aangetoond dat zij de aanduiding van religieuze gemeenschap voortdurend misbruiken voor ongrondwettige doeleinden. De Jehovah's Getuigen hebben op het grondgebied van de Duitse Democratische Republiek en in Groot-Berlijn een systematische hetze gevoerd, onder de dekmantel van religieuze bijeenkomsten.'

In 1950 werd het Wachttorengenootschap in Oost-Duitsland verboden. Het hoofdkantoor in Magdeburg werd voor de zoveelste maal geconfisqueerd. Veel leden van het Genootschap die eerder lange tijd in de nazi-kampen hadden doorgebracht, zaten nu in communistische werkkampen en gevangenissen. Aan het einde van 1950 werd hun aantal op achthonderd geschat.

Ook tijdens de jaren vijftig zorgde het Wachttorengenootschap ervoor dat het de organisatie niet aan 'martelaren' ontbrak. Uit het boek *Herders zonder erbarmen,* van Josy Doyon, valt te vernemen dat, tijdens een van de grote congressen die in 1955 in Nürnberg werden gehouden, een groot aantal Getuigen uit Oost-Duitsland illegaal de grens had weten te passeren. Dit nieuws werd niet alleen via de luidsprekers bekendgemaakt, ook tijdens de openbare redevoeringen werd hierop gewezen. Na het congres stond in de kranten met vette koppen te lezen: 'Grote klopjacht op Jehovah's Getuigen in Oost-Duitsland.'[146]

De *Daily Star* uit Toronto schreef op 2 juli 1960:

'De activiteiten van de Jehovah's Getuigen om nieuwe volgelingen te werven, worden door Moskou afgeschilderd als een valstrik van de duivel en een poging van Allen Dulles (de directeur van de CIA) tot omverwerping van de regering. Wie zijn de Jehovah's Getuigen? Dit is het antwoord van de Pravda: "Vanaf de eerste dag van haar bestaan trad de sekte in dienst van de reactionaire kringen binnen het Noord-Amerikaanse kapitalisme. De rijke eigenaars openden voor de nieuwe sekte de toegang tot de koloniën, om daar de geest van stomme onderwerping te planten, en om de Getuigen in oppositie te brengen tegen de jonge socialistische beweging in Europa."'

Op 21 maart 1959 plaatste de *Washington Post* een artikel onder de kop 'Een wolk van getuigen':

'Het lijkt erop dat de Getuigen in de gehele Sovjet-Unie volgelingen hebben gevonden, zelfs in de afgelegen gebieden Siberië en Kurgan, en dat ze nu een indrukwekkende ondergrondse beweging aan het opbouwen zijn die weerstand biedt tegen de regering. De redacteuren van de Pravda geloven te moeten aannemen dat het aannemelijk is dat de gehele beweging door de meest reactionaire elementen binnen het Amerikaanse kapitalisme wordt ondersteund en tot doel heeft een aanzienlijk gedeelte van de Sovjet-bevolking met een houding van zachtaardigheid en berusting te besmetten, waardoor de wereldwijde triomf van het revolutionaire proletariaat wordt verijdeld of tot staan wordt gebracht.
De organisatoren van de beweging worden als vroegere oorlogsmisdadigers, fascistische collaborateurs en Gestapo-gespuis aangeduid, die in de Duitse concentratiekampen op hun werk werden voorbereid en er werden geschoold. De bewering dat ze in de concentratiekampen zijn voorbereid, zou wel eens meer dan een grammetje waarheid kunnen bevatten.'

4. Jehovah's Getuigen in Duitsland

De anti-communistische campagnes waren niet alleen gericht op landen achter het ijzeren gordijn, maar strekten zich uit over de hele wereld. De campagnes zijn onder andere gevoerd in Brazilië, Vietnam en Chili.[147] Met betrekking tot de staatsgreep in Chili wekt het jaarboek van de Jehovah's Getuigen van 1982 de indruk dat Pinochet door Gods genade aan de macht kwam, om het Genootschap uit handen van de socialisten en communisten te redden. Nadat de militairen de macht van de regering hadden overgenomen, kwamen vele Jehovah's Getuigen zelfs op belangrijke posities terecht, aangezien in de industrie, door de aanhouding van communistische activisten, vele gaten waren gevallen. De regering van Pinochet had het volste vertrouwen in de Chileense Jehovah's Getuigen.[148]

5

Neutraliteit

Jehovah's Getuigen als politieke vluchtelingen

De religieus-politieke doelstelling van het Wachttorengenootschap vereiste dat zoveel mogelijk Jehovah's Getuigen in de socialistische landen en vooral in de DDR actief waren, ongeacht de zenuwslopende situaties die de illegaliteit met zich meebracht.

Daarom had het Wachttorengenootschap er helemaal niet zoveel belang bij om ondergrondse medewerkers die acuut gevaar liepen onmiddellijk in veiligheid te brengen door ze naar het Westen over te brengen. De volgelingen van de Wachttoren zijn er in de eerste plaats voor om de 'theocratische' instructies, dat wil zeggen: de bevelen van hun organisatie, uit te voeren en daarvoor onder bepaalde omstandigheden te lijden. Ze mogen die omstandigheden niet uit de weg gaan.

In de praktijk gaat het meestal om de gewone volgelingen. Anders is het met de functionarissen die voor het Wachttorengenootschap belangrijk zijn. Alle medewerkers die sleutelposities in de ondergrondse organisatie in de DDR innamen of anderszins een belangrijke functie vervulden, werden bij hun vlucht naar West-Berlijn of naar West-Duitsland geholpen. De kantoren van de Wachttoren in West-Berlijn en Wiesbaden hadden hiervoor, op grond van overeenkomsten met de politie in West-Berlijn en West-Duitsland, de bevoegdheid gekregen op eigen verantwoordelijkheid attesten uit te reiken op grond waarvan gevluchte Wachttoren-medewerkers uit de DDR als 'politiek vluchteling' werden erkend en daardoor recht hadden op alle materiële voordelen die de Bondsrepubliek vanuit politieke overwegingen verschafte. Door de officiële toestemming om zulke attesten voor politieke vluchtelingen uit te reiken, werd van overheidswege (in dit geval de West-Duitse overheid) bevestigd dat het Wachttorengenootschap en zijn volgelingen onbetwistbaar ook politiek actief waren. Door de toekenning van het predikaat 'politiek vluchteling' aan hen die vanuit de ondergrondse beweging van de Wachttoren uit de DDR naar het Westen waren gevlucht, gaf de West-Duitse overheid bij wijze van spreken officieel toe wat de gehele geschiedenis van het Wachttorengenootschap tot nu toe bewijst, namelijk dat elke plechtige verzekering over de neutraliteit van het Wachttorengenootschap oneerlijk en onwaar is.[149]

Afrika

We zouden een lange lijst kunnen opstellen van landen waar het Wachttorengenootschap zijn politiek neutrale houding vaarwel heeft gezegd. Volgens enkele bronnen heeft het Genootschap, bijvoorbeeld in de jaren twintig en dertig, zijn neutrale status ook in verscheidene Afrikaanse landen opgegeven. Het schijnt dat de organisatie een belangrijke rol heeft gespeeld in het voormalige Rhodesië (tegenwoordig Zimbabwe), Zambia en Malawi.

In het boek *Historia General del Socialismo 1918 a 1945* (Barcelona 1982) wordt op pagina 619 verklaard: '[De] onteigeningen van de Afrikanen waren in Zimbabwe en Malawi zeldzaam en in andere regio's kwamen ze nauwelijks voor, zodat daar gemakkelijk een Afrikaanse middenklasse kon ontstaan. Het daaropvolgende protest kreeg overwegend een nationaal karakter en was vaak verbonden met sekten als de Wachttorenbeweging (*Watchtower Movement*).'

In een ander geval werden de Jehovah's Getuigen ervan beschuldigd de eerste stakingen in Zambia op gang te hebben gebracht. In 1935 veroorzaakten ze in Copper Belt, in het noorden van Rhodesië, de eerste grote staking.[150]

De onderzoeker Sholto Cross schrijft dat de activiteiten van de verkondigers van het Wachttorengenootschap al snel de 'ineenstorting' van de koloniale autoriteiten veroorzaakten.[151] Onder leiding van een van de leiders van de Wachttorenbeweging werden in Rhodesië en Zaïre 174 mensen vermoord.[152]

Tony Hodges deelt in zijn rapport *Jehovah's Witnesses in Central Africa* mee dat de Wachttorenbeweging ook de opstand van Luba in Belgisch Kongo heeft gestimuleerd.[153] In hetzelfde rapport wordt bevestigd dat de problemen die in 1923 in het Rhodesische Wankie ontstonden het werk waren van de 'Wachttorenbeweging'. In het laatste geschiedenisboek van het Wachttorengenootschap (*Jehovah's Getuigen – Verkondigers van Gods Koninkrijk*, 1993) staat op pagina 434 dat de zogenaamde Wachttorenbeweging in Afrika helemaal niet met de Jehovah's Getuigen verbonden was. In het jaarboek van 1977 wordt echter toegegeven dat niet precies duidelijk is of de 1500 sympathisanten van de Wachttorenbeweging die het oproer in Wankie veroorzaakten lid waren van het Wachttorengenootschap in Brooklyn.[154]

In verband hiermee is bekend geworden dat in de woningen van enkele leden van de Wachttorenbeweging publicaties van de Jehovah's Getuigen zijn aangetroffen, die deze leden via de post hadden ontvangen.[155]

Brieven aan de politieke machthebbers

In een interview met Hiley Ward, een verslaggever gespecialiseerd in religieuze aangelegenheden, beweert de vijfde president, Milton G. Henschel, dat het Genootschap zich, in tegenstelling tot andere religies, niet met regeringen inlaat, nooit petities heeft ingediend en nooit tegen besluiten van de regering heeft geprotesteerd.[156]

Zoals we hebben gelezen, en in tegenstelling tot de beweringen van Henschel, de huidige president van de Getuigen, heeft het Wachttorengenootschap al heel wat petities en protesten tegen regeringen ingediend. Als voorbeelden noemen we nog een resolutie die gericht was tegen de vroegere minister-president van de Sovjet-Unie, Nikolai A. Boelganin, evenals een protest aan het adres van de dictator van de Dominicaanse Republiek, *Generalissimo* Rafael L. Trujillo.[157]

Ook moedigt de leiding in Brooklyn haar volgelingen aan om brieven te schrijven aan personen die een belangrijke politieke positie innemen. Onder het voorwendsel dat zij hun onderdrukte broeders verlichting willen brengen, komt er een ware vloed van vele duizenden brieven uit de hele wereld op de bureaus van regeringsvertegenwoordigers terecht, met daarin een oproep ten gunste van die broeders.

Een brief van de Portugese ambassade van 16 juni 1964 aan Anton Koerber, de toenmalige vertegenwoordiger van het Wachttorengenootschap bij het *State Department* in Washington,[158] maakt niet alleen duidelijk waaruit deze brievencampagnes van het Genootschap inhoudelijk bestaan, maar verschaft ook een zeer verhelderend beeld van de toenmalige activiteiten van de Jehovah's Getuigen in Portugal.

Nadat hij erop had gewezen dat in Portugal sprake was van werkelijke, door de grondwet gegarandeerde vrijheid van godsdienst en dat men geen enkele maatregel tegen de Getuigen had genomen, zag de ambassadeur zich toch gedwongen erop te wijzen dat de autoriteiten bepaalde middelen moesten aanwenden om de activiteiten van het Genootschap in te perken, aangezien die in strijd waren met de wetten van het land en met de persoonlijke rechten van de burgers. Vervolgens presenteerde hij een lange lijst met beschuldigingen, waarin het Wachttorengenootschap onder meer werd verweten propagandamateriaal te verspreiden, aan te zetten tot een verachtelijke omgang met de nationale vlag, en mensen aan te sporen niet in militaire dienst te gaan, terwijl die noodzakelijk was voor de verdediging van het land. Verder stond in de brief dat deze aspecten van de Wachttoren-propaganda niets met het christendom te maken hadden en beschouwd moesten worden als opruiende activiteiten tegen de staatsveiligheid en de wetten van het land. Met betrekking tot de persoonlijke rechten van de burgers werd in de brief het volgende aangevoerd:

Tijdens hun propagandistische activiteiten in verschillende woonwijken van Lissabon en in andere steden hebben de Jehovah's Getuigen inbreuk gemaakt op het privéleven van de burgers, door onder valse voorwendselen de huizen van burgers binnen te dringen en mensen, vaak onder bedreigingen en beledigingen, te dwingen propagandamateriaal aan te nemen. In verschillende gevallen hebben deze Jehovah's Getuigen letterlijk deuren geforceerd, wanneer geschrokken bewoners hun deur trachtten te sluiten teneinde hun privéleven te beschermen. Dit is een grove schending van de bij het burgerschap van Portugal behorende rechten op een ongestoord privéleven.

De brief eindigt met de vaststelling dat de haatcampagne die de Jehovah's Getuigen in Portugal voerden, door middel van uiterst beledigende brieven (vol onbeschaamdheden die hier fatsoenshalve verder niet kunnen worden weergegeven), onverenigbaar is met de morele principes van het christendom.[159]

Wat in dit hoofdstuk is besproken, zou toereikend moeten zijn om een eigen oordeel te vormen over de 'neutraliteit' en de geheime politiek van dit genootschap.

6

Satanisme in Brooklyn

Valstrikken van de duivel

Het Wachttorengenootschap maakt zijn volgelingen wijs dat het de enige organisatie is waar demonen geen invloed op uitoefenen en geen macht over hebben. Daarom is het zo merkwaardig dat juist de Jehovah's Getuigen in voortdurende angst voor Satan leven, ja langzamerhand een panische angst voor hem hebben. Alle problemen die zich onder hen voordoen, schrijven zij onmiddellijk toe aan Satan en zijn demonen. Het Besturend Lichaam grijpt niet alleen terug op apocalyptische verschrikkingen om zijn volgelingen bang te maken, maar dreigt ook met de duivel zelf. Dit is een methode waarvan alle destructieve sekten zich bedienen. De angst onder de Jehovah's Getuigen maakt zonder twijfel deel uit van een psychologisch plan en biedt het Genootschap een effectief middel om de volgelingen volgzaam te maken en ervoor te zorgen dat ze achter de organisatie blijven staan.

De hoogste leiding in Brooklyn maakt van elke gelegenheid gebruik om de angst voor demonen onder de Getuigen aan te wakkeren. De Getuigen beelden zich in dat ze voortdurend het gevaar lopen in een van Satans vele vallen te lopen. Ze zijn de hele dag op hun hoede om niet ten prooi te vallen aan demonische invloeden. Het is opvallend dat de volgelingen van het Wachttorengenootschap zich verre houden van iedere vorm van literatuur waarin een satanische afbeelding, een satanisch symbool of een satanische foto staat. Helaas zijn de Jehovah's Getuigen in dit opzicht het slachtoffer van een groot bedrog, waarvoor hun hoogste leidinggevenden verantwoordelijk zijn.

Door de psychologie is vastgesteld dat er verschillende bijzonder effectieve methoden bestaan om mensen te manipuleren. We weten allemaal dat door middel van reclameaffiches, krantenadvertenties en televisiereclame wordt geprobeerd het publiek te beïnvloeden. Wat de meeste mensen niet weten, is dat dergelijke beïnvloedingsprocessen gewoonlijk niet bewust worden geregistreerd en daardoor puur in het onderbewustzijn worden opgenomen. Men wordt er onbewust aan onderworpen. Zulke onbewuste boodschappen worden door het betreffende individu op geen enkele manier gecontroleerd of getoetst en op geen enkele manier ethisch of moreel beoordeeld.

Vandaag de dag is het overal ter wereld gebruikelijk om, door middel van uitgekiende reclametechnieken, onbewuste boodschappen over te brengen. Zodra deze boodschappen door de hersenen zijn opgeslagen, kunnen ze worden geactiveerd door middel van een kleur, een afbeelding, een opschrift, een klank of een woord. Onbewuste boodschappen hebben ook invloed op het gedrag van mensen. Ze hebben hun uitwerking overigens niet alleen in het onderbewustzijn van eenvoudige en goedgelovige mensen; ze kunnen een zeer lange nawerking hebben bij bijzonder intelligente mensen.

Voor zover tot nu toe kan worden vastgesteld, is de toepassing van onbewuste boodschappen in de reclame niet altijd schadelijk. Deze technieken zijn pas gevaarlijk als ze in communicatiemedia op een onkritisch publiek worden toegepast, voor de ideologie of propaganda van een bepaalde groep.

Wat de Jehovah's Getuigen betreft, op het eerste gezicht lijken hun tijdschriften, brochures en boeken uitsluitend gewijd te zijn aan religieuze thema's. De werkelijkheid is anders, want de leiders van de Jehovah's Getuigen maken veelvuldig gebruik van de nieuwste reclametechnieken. Zij verwerken in hun publicaties voortdurend onbewuste boodschappen. Hieruit blijkt dat zij met hun literatuur zeer verschillende doelstellingen voor ogen hebben. Nummer 5 van het Mexicaanse tijdschrift *Testigos de Jesuscristo* ('Getuigen van Jezus Christus') toont aan dat het Wachttoren-

6. Satanisme in Brooklyn 149

genootschap in zijn publicaties onder meer onbewuste boodschappen verwerkt die speciaal op vrouwen zijn gericht. Zo hebben bepaalde illustraties in de literatuur van het Genootschap een manipulatief karakter, door te suggereren dat een vrouw die de leer van de Jehovah's Getuigen aanneemt niet alleen gelukkig en tevreden is en een man heeft die haar toegenegen is, maar dat ze ook hoog in de gunst staat bij God. De topleiding in Brooklyn weet dat het heel gemakkelijk is om zich meester te maken van een gezin, als de vrouw eenmaal onder invloed van het Genootschap staat!

Het is verbluffend dat de leiders van de Jehovah's Getuigen niet alleen onbewuste propaganda in hun publicaties verwerken – om boodschappen van de 'onzichtbare machthebbers' over te brengen, om nieuwe 'bekeringen' voor te bereiden en om hun volgelingen op andere manieren te manipuleren – maar dat die publicaties ook doelbewust doorspekt zijn met verwarrende en verstorende boodschappen.

Voordat we hier nader op ingaan, eerst dit: In de jaren '80 deden onder de Jehovah's Getuigen geruchten de ronde dat in de illustraties in de publicaties van het Genootschap verborgen afbeeldingen van demonen waren 'binnengesmokkeld'.

De *Wachttoren (Duitse editie)* van 15 november 1985 zag zich daarop genoodzaakt met de volgende uitvoerige ontkenning te komen (pagina 28 e.v.):

De publicaties van het Wachttorengenootschap zijn het mikpunt van geruchten geweest. Zo ging het gerucht dat een van de tekenaars heimelijk afbeeldingen van demonen in de illustraties had verwerkt, totdat hij werd betrapt en uit de gemeenschap werd verwijderd.
Bent u een van degenen geweest die deze verhalen heeft rondverteld? Zo ja, dan hebt u 'wellicht onbewust' een onwaarheid verspreid, want al deze verhalen zijn uit de lucht gegrepen. Het gerucht over de publicaties van het Wachttorengenootschap

heeft zonder twijfel een negatieve uitwerking gehad en belastert ook de ijverige, vurige christenen die vele uren aan deze afbeeldingen besteden om de tijdschriften, brochures en boeken een aantrekkelijk uiterlijk te geven.

Het zou net zo bespottelijk zijn om te beweren dat God, bij de schepping van de hemellichamen, opzettelijk het 'mannetje in de maan' heeft gemaakt.

Zo'n gerucht kan vreselijke gevolgen hebben. Wie het verspreidt, verspreidt een leugen, iets wat Jehovah haat. Door een gerucht wordt de reputatie geschaad van een persoon of van de organisatie waarvan hij deel uitmaakt. We moeten daarom zorgvuldig nagaan of het om feiten gaat, als we iets verder vertellen wat we alleen maar hebben gehoord.

Omdat te betwijfelen valt dat de Jehovah's Getuigen deze geruchten indertijd hebben nagetrokken, geven wij nu, speciaal voor alle betrokkenen, de feiten weer. We zullen tot de ontdekking komen dat de 'geruchten' geen geruchten waren, maar feiten. Tot vandaag de dag bevatten duizenden illustraties van het Genootschap daadwerkelijk satanische symbolen en stuitende afbeeldingen die de werkelijke macht achter deze cultus aan het licht brengen. Om technische redenen hebben de afbeeldingen in dit boek niet hetzelfde effect als de originele. Daarom adviseer ik de lezers om, zo mogelijk, de originele afbeeldingen in de publicaties te bekijken.

VOORBEELD 1

Wie enigszins op de hoogte is van het occultisme, weet dat binnen deze wereld een voorliefde bestaat voor duivelsgezichten met afstotende gelaatstrekken.

Afb. 1: Barrett, Francis: *The Magus*,
Northhamptonshire 1989, p. 41

Het is bekend dat daarom in de 'fotografie' en 'tekeningen' in de literatuur van de satanscultus vaak menselijke lichaamsdelen worden verwerkt, zoals neuzen en ogen, gezichten met een wanstaltige vorm, of ook duivelskoppen. Opdat de lezer zich een beeld kan vormen, hebben we een typerend voorbeeld uit de Londense *Times* van 6 november (pagina 88) overgenomen (afbeelding 2).

Afb. 2: Times, 6 november 1989

Vervolgens komen we bij de publicaties van het Wachttorengenootschap. Afbeelding 3 is onmiskenbaar gebaseerd op de satanische gewoonte en dwang om, waar mogelijk, tronies en duivelse figuren te verwerken.

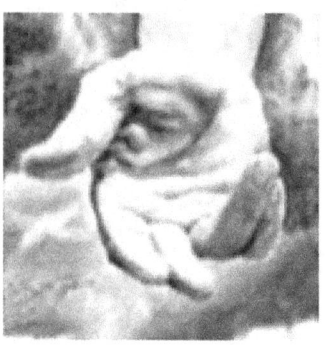 

Afb. 3: *De Openbaring – Haar grootse climax is nabij!*, Wachttorengenootschap 1988, p. 159

6. Satanisme in Brooklyn 153

Kijkt u vervolgens eens naar de afbeelding van Christus (afbeelding 4) op het moment dat Hij door Satan wordt verzocht (Matteüs 4). Deze afbeelding bevindt zich op pagina 17 van een van de meest verspreide boeken van het Genootschap: *U kunt voor eeuwig in een paradijs op aarde leven*, dat in 1982 door het Wachttorengenootschap is uitgegeven. Wanneer we deze afbeelding omdraaien, dan verschijnt er op het hoofd van Christus iets wat we zonder meer godslasterlijk kunnen noemen. Hiermee wordt duidelijk te verstaan gegeven dat degene die bij de verzoeking werkelijk zegevierde niet Christus was, maar Satan.

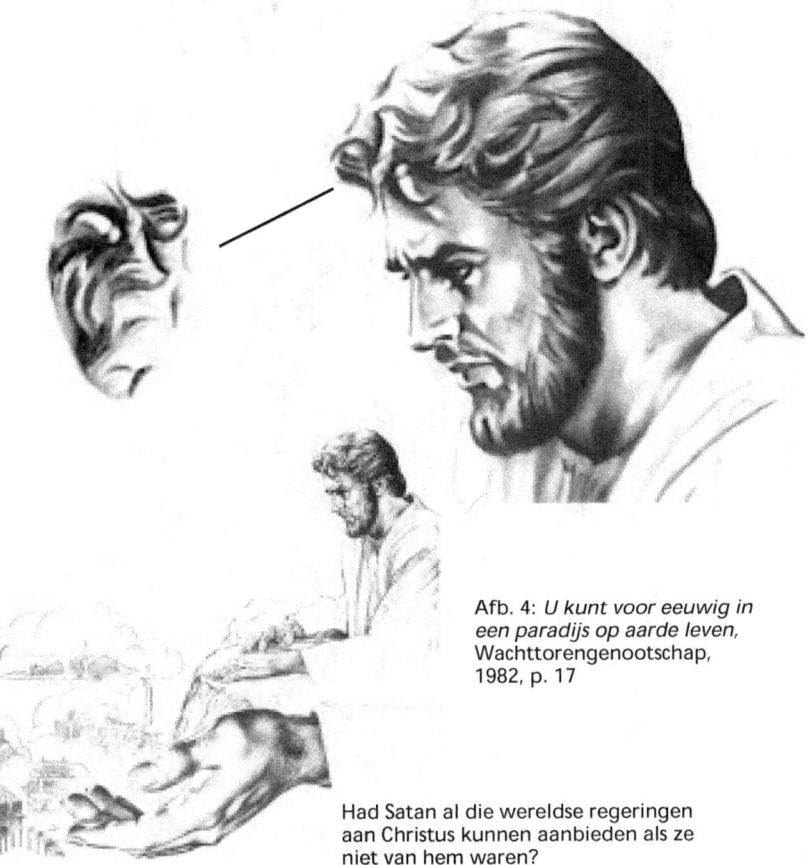

Afb. 4: *U kunt voor eeuwig in een paradijs op aarde leven*, Wachttorengenootschap, 1982, p. 17

Had Satan al die wereldse regeringen aan Christus kunnen aanbieden als ze niet van hem waren?

Verdere satanische figuren zijn zichtbaar in de afbeeldingen 5 tot en met 12, die u soms een slagje moet draaien om ze te herkennen.

Afb. 5: *De Openbaring – Haar grootse climax is nabij!* Wachttorengenootschap 1988, p. 121

Afb. 6: *Jehovah's Getuigen – Verkondigers van Gods Koninkrijk,* Wachttorengenootschap 1993, p. 16

6. Satanisme in Brooklyn

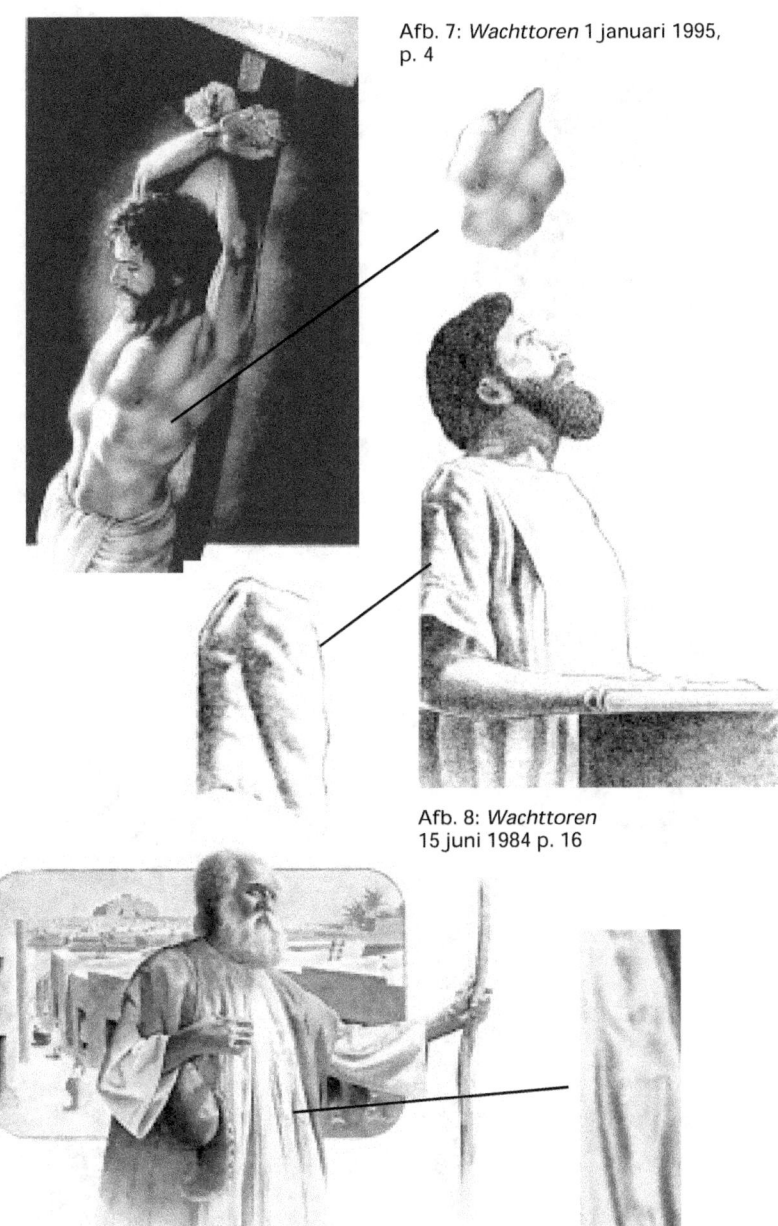

Afb. 7: *Wachttoren* 1 januari 1995, p. 4

Afb. 8: *Wachttoren* 15 juni 1984 p. 16

Afb. 9: *De mens op zoek naar God*, Wachttorengenootschap 1990, p. 206

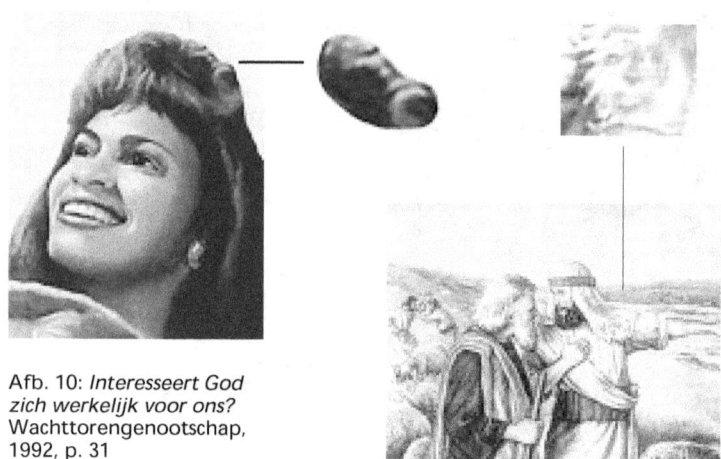

Afb. 10: *Interesseert God zich werkelijk voor ons?* Wachttorengenootschap, 1992, p. 31

Afb. 11: De *Wachttoren*, 15 november 1992, p. 15

Afb. 12: De Wachttoren 1 oktober 1991, p. 16

6. Satanisme in Brooklyn

VOORBEELD 2

In het boek *Hulp tot begrip van de Bijbel*, deel 8 (opnieuw uitgegeven door het Wachttorengenootschap in 1987), wordt het volgende toegelicht: 'Zeus is de hoogste god van de oude Grieken; hij komt overeen met de god Jupiter van de Romeinen. Zeus was een god van de hemel, en men geloofde dat hij macht uitoefende over de wind, de wolken, de regen en de donder.' In de Bijbel wordt vermeld dat de ware godsverering om verschillende redenen in direct conflict raakte met de verering van deze valse god. Hier doet zich de vraag voor: Waarom drukt het Wachttorengenootschap in de *Wachttoren* van 1 februari 1983 de afbeelding van deze valse god af (afbeelding 13) op de jurk van de meest rechtse vrouw?

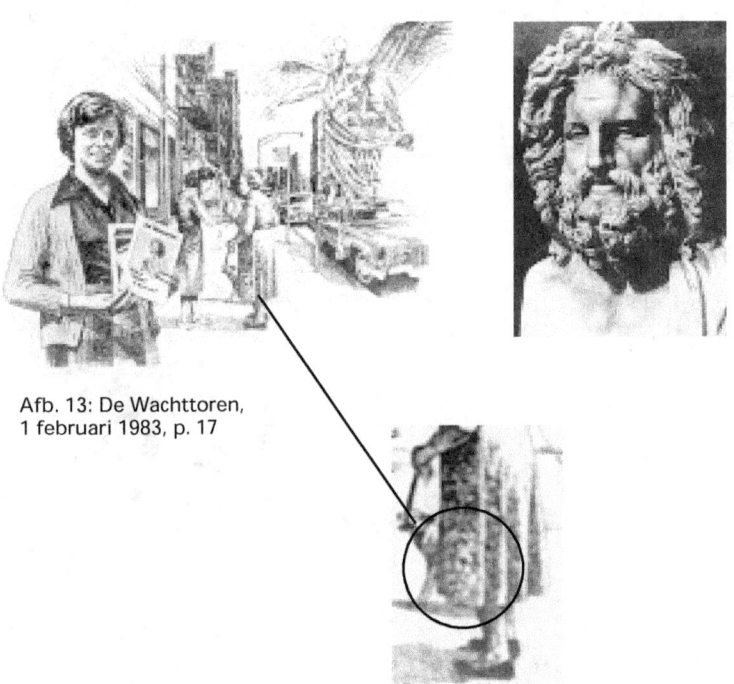

Afb. 13: De Wachttoren,
1 februari 1983, p. 17

VOORBEELD 3

De duivel beschikt over een buitengewoon goed aanpassingsvermogen. Hij kan zich in de meest verschillende gedaanten voordoen, maar verschijnt vaak in de vorm van een geitenbok. Wat ontdekken we in de boomstam in afbeelding 14?

Afb. 14: *De grootste mens die ooit heeft geleefd,* Wachttorengenootschap 1991, hoofdstuk 86

6. Satanisme in Brooklyn

En wat ontdekken we wanneer we, desnoods met behulp van een vergrootglas, kijken naar de emmer op de volgende afbeelding (afbeelding 15)? Op die emmer is zonder twijfel de kop van een geitenbok te zien.

Afb. 15: De Wachttoren,
15 februari 1992, p. 7

VOORBEELD 4

Interessant is de vaststelling dat de horens en de kop van de geitenbok vaak worden gesymboliseerd door een figuur die bestaat uit drie lijnen die elkaar kruisen. Dit is een van de meest gebruikte tekens binnen de heksencultus. Om een klein beetje orde te scheppen in deze overvloed aan symbolen, kunnen we te rade gaan bij het fameuze werk *The Book of Spirits* (afbeelding 16). Hier is het uit drie gekruiste lijnen bestaande symbool bijzonder duidelijk zichtbaar. Dit symbool staat ook op de lijst met demonische symbolen in het boek *The Magus* (Northhamptonshire 1989) van Francis Barrett (afbeelding 17).

Afb. 16: Barrett, Francis: *The Magus* p. 103, Northhamptonshire 1989

Afb. 17: Barrett, Francis: *The Magus* p. 79, Northhamptonshire 1989

6. Satanisme in Brooklyn

Keren we nu terug naar de illustraties van het Wachttorengenootschap. Het gevaarlijke symbool van de drie snijlijnen verschijnt daar maar al te vaak in (afbeeldingen 18 en 19).

Afb. 18: De *Wachttoren*
1 februari 1994, p. 15

Afb. 19: *De grootste mens die ooit heeft geleefd*, Wachttorengenootschap 1991, hoofdstuk 99

VOORBEELD 5

Op pagina 139 van het boek *U kunt voor eeuwig in een paradijs op aarde leven* (1982) is een boom afgebeeld die, volgens de schrijvers van het boek, de 'goddelijke heerschappij' uitbeeldt. Boven de boomkruin, tussen goudgekleurde wolken, zweeft een kroon waarin een gezicht te herkennen is dat alleen maar de Boze kan voorstellen (afbeelding 20). Onder de symbolen uit de satanische wereld, die in voorbeeld nummer 4 uit het boek *The Magus* van Francis Barrett (zie afbeelding 17) worden weergegeven, komt de kroon eveneens voor.

Afb. 20: *U kunt voor eeuwig in een paradijs op aarde leven*, Wachttorengenootschap 1982, p. 139

De hoge boom uit Dani 1 4 beeldt goddelijke heerschappij af. Een tijdlang werd deze tot uitdrukking gebracht via het koninkrijk Juda.

6. Satanisme in Brooklyn

VOORBEELD 6

De letter A is een vooraanstaand satanssymbool. Wanneer de A op zijn kop wordt gezet, verandert de letter in het bekende pictogram van de satanische geitenbokkenkop en verwijst hij bovendien uitdrukkelijk naar de duivel of naar de antichrist. Zoals men ziet, wordt dit pictogram niet alleen veelvuldig door heksen gebruikt, maar ook door het Wachttorengenootschap (afbeelding 21 en 22).

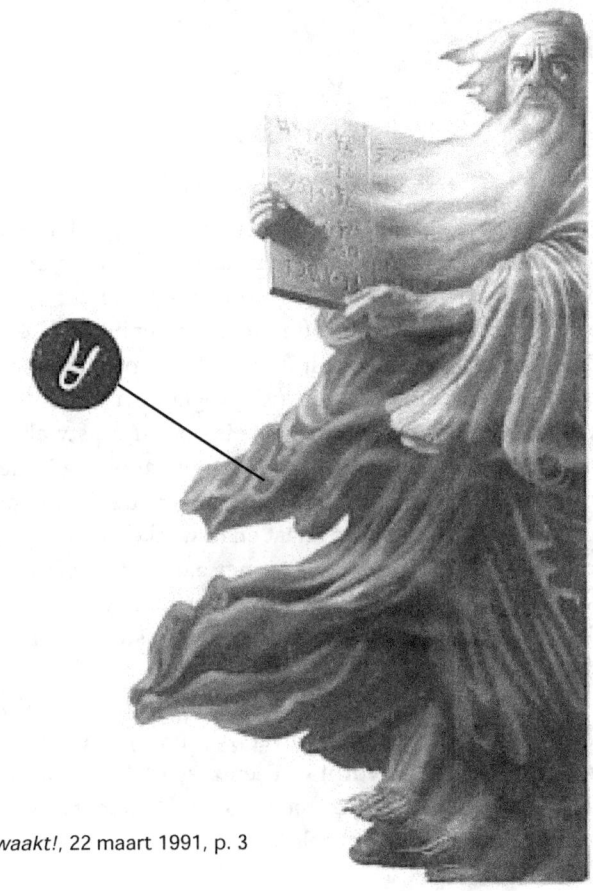

Afb. 21: *Ontwaakt!*, 22 maart 1991, p. 3

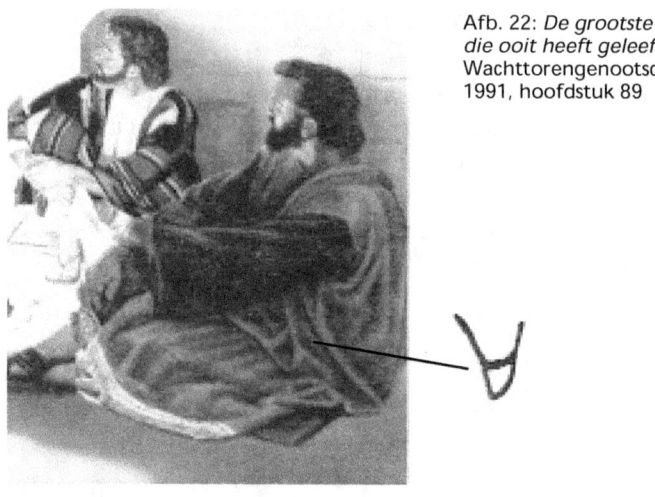

Afb. 22: *De grootste mens die ooit heeft geleefd*, Wachttorengenootschap 1991, hoofdstuk 89

VOORBEELD 7

De vijfpuntige ster is een van de meest geprefereerde tekenen van de anti-christelijke vrijmetselaars, heksen, satanisten en andere door demonen geïnspireerde groepen. Keer op keer wordt deze ster met grote doeltreffendheid onder het publiek verspreid. De vijfpuntige ster verschijnt niet alleen op vele vlaggen en militaire vaartuigen, in films, televisieprogramma's, in de literatuur, op kledingstukken enzovoort, maar is op een angstwekkend exclusieve en bijzonder dominante manier aanwezig in de tijd voor kerstmis. Het is werkelijk ironisch dat tijdens deze periode het satanssymbool overal op straat en in winkels te zien is. Zorgwekkend is ook de toename van het aantal teken(animatie)films waarin de satansster voorkomt. Deze ster symboliseert in deze films het 'goede', wat dus op een onbewuste manier wordt overgebracht op kinderen.

De vijfpuntige ster vinden we geregeld terug in de Wachttorenliteratuur. In de *Wachttoren* van 15 juli 1999 treffen we hem bijvoorbeeld aan in de vorm van een zeester. In de rotsen bevinden zich overigens duivelse tronies. Ook rechts onder ziet men gezichten in de zeeplanten (afbeelding 23).

6. Satanisme in Brooklyn

Afb. 23: De Wachttoren, 15 juli 1999, p. 18

VOORBEELD 8

In het tijdschrift *Ontwaakt!* van 22 oktober 1989 staat op pagina 7 een artikel over een moordpartij in Matamoros, Mexico. Volgens dit bericht was de wereld verbijsterd door de ontdekking van de stoffelijke resten van meer dan duizend mensen, die als onderdeel van een offerritueel in de buitenwijken van de stad Matamoros waren vermoord.

De schrijver van het artikel vertelt over het bericht in de *Times*, dat de moordenaars, om de duivel gunstig te stemmen, de hersenen en harten van hun slachtoffers kookten en ze met de botten van de armen en benen, samen met de kop van een dier, in één pot deden. Volgens het Wachttorengenootschap geloven de duivelsaanbidders dat ze door hun god (Satan!) worden beschermd als ze hem met mensenoffers tevreden stellen.

Maar wat *Ontwaakt!* verzwijgt, is de waarneming van een politieluitenant. Hij stelde vast dat de moordenaars, die allemaal lid waren van een satanische sekte, een pijlvormig litteken op hun schouder hadden dat hun, volgens eigen zeggen, de toestemming gaf om te doden.[160]

Pijlen worden overal ter wereld in de zwarte magie gebruikt. Ook is bekend dat dit symbool verwijst naar de staart van de duivel, die traditioneel als pijlpunt wordt afgebeeld. Het feit dat het pijlsymbool vaak in de illustraties van het Wachttorengenootschap voorkomt, is nog niet bijzonder verontrustend. Maar wat werkelijk alarmerend is, is dat de tekenaars van het Genootschap dit symbool, net als bij de moordenaars van Matamoros het geval was, veelvuldig projecteren op de schouder van bijbelse figuren en/of van afgebeelde Jehovah's Getuigen (afbeelding 24-26).

6. Satanisme in Brooklyn

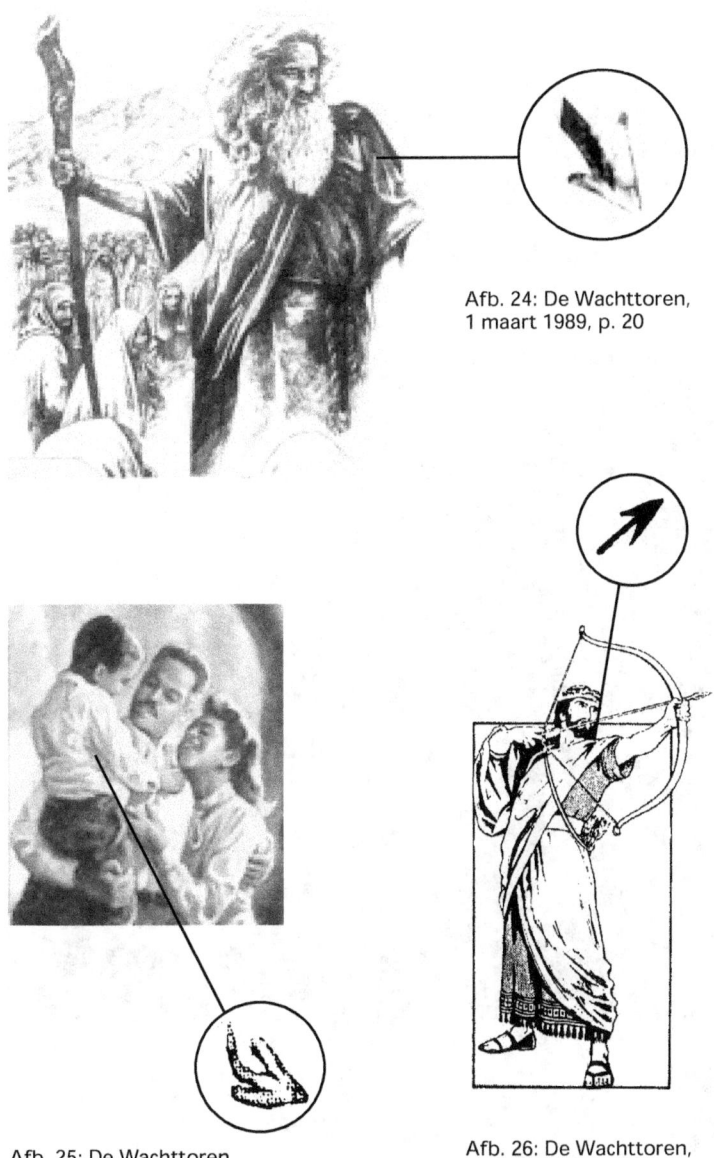

Afb. 24: De Wachttoren, 1 maart 1989, p. 20

Afb. 25: De Wachttoren, 15 oktober 1994, p. 7

Afb. 26: De Wachttoren, 15 oktober 1989, p. 14

VOORBEELD 9

Ook de letter E neemt een dominante plaats in binnen het occultisme en in de heksencultus. Zoals men kan zien, wordt zelfs in de publicaties van het Wachttorengenootschap voor deze letters gewaarschuwd. In deze publicaties wordt meegedeeld dat de letter in het spiritisme wordt toegepast (afbeelding 27). Juist daarom is het verwonderlijk dat deze letter vaak in de illustraties van de Jehovah's Getuigen verborgen is (afbeeldingen 28, 29, 30).

Afb. 27: *U kunt voor eeuwig in een paradijs op aarde leven*, Wachttorengenootschap 1982, p. 97

6. Satanisme in Brooklyn

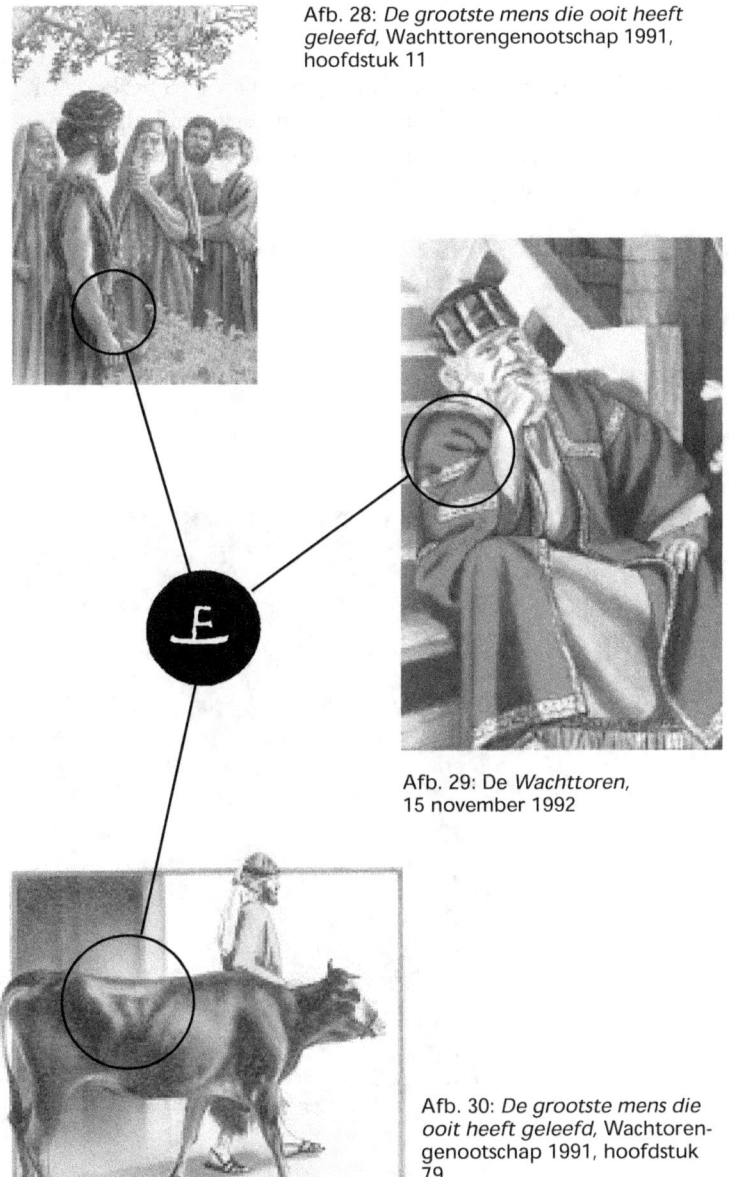

Afb. 28: *De grootste mens die ooit heeft geleefd*, Wachttorengenootschap 1991, hoofdstuk 11

Afb. 29: De *Wachttoren*, 15 november 1992

Afb. 30: *De grootste mens die ooit heeft geleefd*, Wachtorengenootschap 1991, hoofdstuk 79

VOORBEELD 10

In de afbeeldingen 31 tot en met 35 is de letter S herkenbaar. Deze letter wordt niet alleen over de hele wereld als satanssymbool gebruikt, maar is ook een bijzonder teken voor heksen. Tevens is de letter een symbool voor de bliksem.

Afb. 31: De *Wachttoren*, 15 oktober 1994, p. 24

6. Satanisme in Brooklyn

Afb. 32: De *Wachttoren*, 1 juli 1994, p. 17

Afb. 33: *Ontwaakt!*, 22 april1993, p. 8

Afb. 34: *De grootste mens die ooit heeft geleefd,* Wachttorengenootschap 1991, hoofdstuk 89

Afb. 35: *De grootste mens die ooit heeft geleefd,* Wachttorengenootschap 1991, hoofdstuk 6

Volgens het boek *De grootste mens die ooit heeft geleefd* (1990) stelt de oude vrouw in afbeelding 35 de profetes Anna (Hanna) voor. In het evangelie (Lucas 2:36) staat dat deze vrouw de geboorte van Christus met grote vreugde begroette. De houding van Anna's handen in het genoemde boek geeft echter blijk van het tegendeel, namelijk van haat en afwijzing!

VOORBEELD 11

Het is bekend dat satanisten zich door middel van bepaalde handgebaren aan elkaar kenbaar maken.

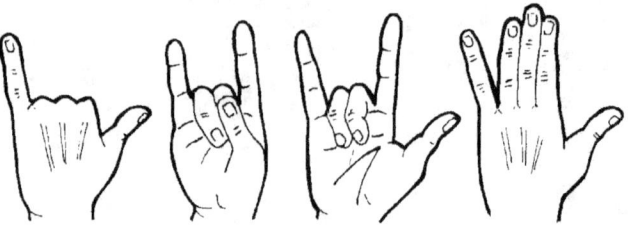

Deze satanische handgebaren verschijnen veelvuldig in de Wachttorenliteratuur (afbeeldingen 36 tot en met 39)!

Afb. 36: *De grootste mens die ooit heeft geleefd*, Wachttorengenootschap 1991, hoofdstuk 93

Afb. 37: *De grootste mens die ooit heeft geleefd*, Wachttorengenootschap 1991, hoofdstuk 61

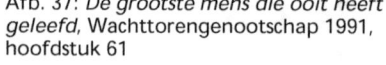

Afb. 38: De *Wachttoren*, 15 december 1992

Afb. 39: De *Wachttoren*, 15 maart 1992, p. 23

VOORBEELD 12

Op pagina 59 van het boek *De Openbaring – haar grootse climax is nabij* (1988) is een 'Romeinse' sleutel afgebeeld met een E die van drie pennen is voorzien. Het gaat hier om een voor satanisten belangrijke symbolische sleutel.

In hetzelfde boek staat op pagina 288 de illustratie van een engel die Satan in de afgrond slingert (afbeelding 40). In zijn hand houdt de engel de satanische sleutel!

Afb. 40: *De openbaring – Haar grootse climax is nabij!* – Wachttorengenootschap 1988, p. 59 en 288

Op pagina 287 wordt verklaard dat deze engel Jezus Christus is, een bewering die absoluut niet overeenkomt met de bijbelse leer. Jehovah's Getuigen moeten zich echter afvragen waarom het Wachttorengenootschap de beruchte satanische sleutel uitgerekend in de hand van Jezus Christus afbeeldt.

VOORBEELD 13

Een van de vreselijkste verborgen beledigingen van de persoon van Jezus Christus treffen we aan op pagina 189 van het boek *U kunt voor eeuwig in een paradijs op aarde leven*. Hier wordt de Heer met de linkervoet van een geitenbok (van Satan!) afgebeeld (afbeelding 41).

Afb. 41: *U kunt voor eeuwig in een paradijs op aarde leven*, Wachttorengenootschap 1982, p. 189

6. Satanisme in Brooklyn

Ter afsluiting dient nog een van Satans meesterwerken te worden vermeld. Onder de spiritistische literatuur in de bibliotheek van *Neu-Köln* in Berlijn bevinden zich twee boeken met afbeeldingen van de aardbol.[161] Een van deze afbeeldingen staat op het omslag. Deze aardbol noemt men een 'meesterwerk van Satan'. Als men er namelijk een tijdje onafgebroken naar kijkt, tekent zich langzaam maar zeker het hoofd van een mens af die de gedaante van een kikvors heeft. Als men de afbeelding een kwartslag draait, verschijnt een gehoornd mensdier dat naar links kijkt. Na nog een draai kan men de kop van een geitenbok herkennen. Na de laatste draai wordt de kop van een leeuwmens zichtbaar.

Na alles wat we in dit hoofdstuk hebben gezien, hoeft het ons niet te verwonderen dat het Wachttorengenootschap ook van dit soort illustraties gebruik maakt. In het boek *De mens op zoek naar God*, dat in 1990 door het Wachttorengenootschap is uitgegeven, staat op pagina 335 een satanische globe, die identiek is aan de globes in de beide vermelde boeken.

We hebben slechts een fractie van de voorbeelden besproken die men bij duizenden in de publicaties van het Wachttorengenootschap aantreft. Wie zoekt, zal vinden!

In de Wachttoren van 1 maart 1987 (Engelstalige editie) staat dat alle artikelen en alle bladzijden, en zelfs de afbeeldingen, door de 'gezalfde' leden van het Besturend Lichaam worden gecontroleerd voordat ze worden gedrukt. Moeten we dan geloven dat de leden van het Besturend Lichaam, die voor iedere illustratie in de *Wachttoren* en *Ontwaakt!* instaan, door God zijn uitverkoren, wanneer de genoemde duivelse symbolen en figuren hun ontgaan? Een lid van de Jehovah's Getuigen, Darek Barefoot, heeft veel van de afbeeldingen verzameld die in dit hoofdstuk aan de orde komen. En hij heeft de leden van het Besturend Lichaam ingelicht dat iemand satanische symbolen in de publicaties verwerkte. Het gealarmeerde Besturend Lichaam nam meteen maatregelen... Darek Barefoot werd met zijn hele gezin uit Jehovah's Getuigen gestoten!

Dit voorval, en het feit dat nog altijd duivelse symbolen in de publicaties van de Jehovah's Getuigen te zien zijn, maakt duidelijk dat het Besturend Lichaam bij het project betrokken is. Op z'n minst een aantal leden van dit Lichaam staat in directe dienst van Satan. Merkwaardig genoeg blijkt juist het Wachttorengenootschap, dat alle andere religies ervan beschuldigt deel uit te maken van de organisatie van Satan, zélf volledig in het occultisme te zijn verwikkeld. De volgelingen van het Genootschap verkeren in groot gevaar en zouden onmiddellijk met deze organisatie moeten breken die blijkbaar door de Boze en zijn demonen wordt geleid! En zij zouden het voorbeeld van de Efeziërs moeten volgen. Toen die zich tot Christus bekeerden, deden zij afstand van hun toverboeken en verbrandden die in alle openheid (Handelingen 19:19).

Occulte praktijken hebben zich overigens vanaf het begin bij het hoofdkantoor van het Genootschap voorgedaan. Zo droeg Charles Taze Russell vaak handschoenen die, zoals hij zelf zei, een middel waren om alle ziekten te genezen.

Russell bezat bovendien een kerkhof in Pittsburgh. Het is belangrijk te weten dat leidinggevende satanisten om verschillende redenen telkens weer proberen in het bezit te komen van eigen kerkhoven.

Ten eerste hebben ze daardoor de mogelijkheid om de lichamen van mensen die bij satanische rituelen worden vermoord, onopgemerkt uit de weg te ruimen. Deze lijken worden in de regel onder de graven van de 'normaal' overledenen begraven. Wanneer de kist in het graf wordt neergelaten, kunnen de satanisten er zeker van zijn dat niemand ooit nog onder het eigenlijke graf gaat graven.

Ten tweede worden kerkhoven in verband gebracht met magische kracht. Door een 'kring van licht', met in het midden een liggende en naakte satanist, wordt geprobeerd de spirituele kracht van de doden te bemachtigen.

Ten derde hebben satanisten bepaalde beenderen nodig, bijvoorbeeld de schedels en de linkerhanden. De linkerhanden worden opgeslagen en vervolgens door de duivelaanbidders bij hun

6. Satanisme in Brooklyn 177

rituele handelingen gebruikt, bijvoorbeeld om er tijdens bepaalde ceremoniën kaarsen mee vast te houden.

Vele jaren lang vonden allerlei spiritistische séances plaats aan een soort ouija-bord dat door Rutherford was geïntroduceerd. Volgens het boek *Versöhnung* (1928), dat door het Wachttorengenootschap is uitgegeven, brachten engelachtige wezens die door God geleid werden boodschappen aan Rutherford over. Zonder twijfel waren deze 'engelen' in werkelijkheid demonische wezens, die zich tijdens de spiritistische bijeenkomsten openbaarden.

In 1928 schreef Rollin Jones, de lijfpsycholoog van Rutherford, een satanisch boek met de titel *The Grape Cure*, dat in het tijdschrift *The Golden Age* van 26 december 1928 werd gepresenteerd. En het is opmerkelijk dat de vierde president van het Wachttorengenootschap, Frederick William Franz, zich inspande om dit boek te promoten. Deze Franz was de hoofdschrijver van de bijbel van de Jehovah's Getuigen en werd in staat gesteld het 'licht' te zien met behulp van een spiritistisch medium.

Een machtige groep leidinggevenden binnen het Wachttorengenootschap in Brooklyn spreekt in het 'Enochian'. Dit is een esoterische taal met een eigen alfabet.[162] Men vermoedt dat de taal uit Egypte stamt. De taal wordt tegenwoordig alleen nog door satanisten van de hoogste rangen ('high level') gesproken. De 'Enochian magic' (magie) werd in de zestiende eeuw in Schotland door Sir William Sinclair ontwikkeld. Ook de rituelen in het hoofdkwartier van het Wachttorengenootschap worden allemaal in het occulte Enochian uitgevoerd.[163]

De allerhoogste kringen binnen het wereldwijde satanisme controleren niet alleen sinds lang het Wachttorengenootschap, er doen zich ook verscheidene problemen voor bij de vergaderingen van de Jehovah's Getuigen die te maken hebben met satanisch ritueel misbruik. De gebieden waar het Wachttorengenootschap een grote religieuze invloed uitoefent en waar berichten over satanisme zich opstapelen, zijn Zuid-Californië, Florida, het Caraïbisch gebied, Schotland, het *Bethel*-hoofdkantoor en verschillende plekken in New York.[164]

Het ware satanisme van de 'satanische hiërarchie' is zonder enige twijfel de geheimste religie ter wereld! Het 'koninkrijk van Satan' controleert in het geheim alle satanische culten en sekten, die vaak als niveau 4 en 5 van het satanisme worden aangeduid. De laagste niveaus zijn voor de rekruten: de beginners, knechten en vazallen in het leger van Satan, als men ze zo noemen mag.

De organisatie van Satan

Vrouwelijk deel
Vorstin der duisternis
Hoge moeder der duisternis (13 graden)
Zusters van het licht (9 graden)
Matriarch
Reguliere heksenkring (onder leiding van een priesteres)

Mannelijk deel
Koninklijke Ipaimus
Raad van de groot-druïden
Hogere meesters
Pentakel-dienaren
Reguliere heksenkring (onder leiding van een priester)[165]

Veel volgelingen van deze satanische gemeenschap slijten hun hele leven als satanist, zonder ook maar aan iemand één enkel woord te verraden over hun aandeel in deze duivelse samenzwering. De volgelingen van Satan beschouwen het als een gouden regel om een positie van aanzien en respect in de maatschappij te verwerven, om zodoende hun ware identiteit te verhullen. Alle leidinggevende satanisten hebben minstens één dekmantel. Die

6. Satanisme in Brooklyn

dragen ze in het leven dat ze voor het oog van de wereld leiden. Ze kunnen bijvoorbeeld de burgemeester van een stad zijn, de directeur van een bedrijf, of zelfs een 'christelijke' evangelist of prediker. Zo'n dekmantel heeft voor satanisten als belangrijkste doel zich als iemand van aanzien voor te doen, of in ieder geval machtig genoeg te zijn om elke kritiek in de kiem te smoren.

De leidinggevende satanisten en hun volgelingen zijn werkelijk experts op het gebied van satanische macht, met andere woorden: het verwerven van wereldse macht en invloed, door middel van occulte rituelen. Er zijn aanwijzingen dat satanisten de duivel op de meest gruwelijke manier vereren die men zich kan voorstellen – om hem en zijn demonen tevreden te stellen. Volgens getuigenverklaringen bestaan die rituelen uit de verkrachting van maagdelijke jonge meisjes, seksuele orgieën, tegennatuurlijke ontucht, en zelfs bloedige offers van dieren en mensen. Dergelijke satanische rituele praktijken klinken veel mensen zo ongeloofwaardig in de oren, dat ze niet geloven dat ze waar zijn. Daarom zijn velen die het satanisme de rug hebben toegekeerd bang om naar buiten te treden. Ze kunnen door de media heel gemakkelijk als fantasten worden neergezet.

Bronvermelding van de afbeeldingen in hoofdstuk 6

1. Barrett, Francis: *The Magus*, Northhamptonshire 1989, pag. 41.
2. *Times*, 6 november 1989.
3. *De Openbaring – Haar grootse climax is nabij!*, Wachttorengenootschap 1988, pag. 159.
4. *U kunt voor eeuwig in een paradijs op aarde leven*, Wachttorengenootschap 1982, pag. 17.
5. *De Openbaring – Haar grootse climax is nabij!*, Wachttorengenootschap 1988, pag. 121.
6. *Jehovah's Getuigen – Verkondigers van Gods Koninkrijk*, Wachttorengenootschap 1993, pag. 16.
7. *Wachttoren*, 1 januari 1995, pag. 4.

8. *Wachttoren*, 15 juni 1984, pag. 16.
9. *De mens op zoek naar God*, Wachttorengenootschap 1990, pag. 206.
10. *Interesseert God zich werkelijk voor ons?*, Wachttorengenootschap 1992, pag. 31.
11. *Wachttoren*, 15 november 1992, pag. 15.
12. *Wachttoren*, 1 oktober 1991, pag. 16.
13. *Wachttoren*, 1 februari 1983, pag. 17.
14. *De grootste mens die ooit heeft geleefd*, Wachttorengenootschap 1991, hoofdstuk 86.
15. *Wachttoren*, 15 februari 1992, pag. 7.
16. Barrett, Francis: *The Magus*, Northhamptonshire 1989, pag. 103.
17. Barrett, Francis: *The Magus*, Northhamptonshire 1989, pag. 79.
18. *Wachttoren*, 1 februari 1994, pag. 15.
19. *De grootste mens die ooit heeft geleefd*, Wachttorengenootschap 1991, hoofdstuk 99.
20. *U kunt voor eeuwig in een paradijs op aarde leven*, Wachttorengenootschap 1982, pag. 139.
21. *Ontwaakt!*, 22 maart 1991, pag. 3.
22. *De grootste mens die ooit heeft geleefd*, Wachttorengenootschap 1991, hoofdstuk 89.
23. *Wachttoren,* 15 juli 1999
24. *Wachttoren*, 1 maart 1989, pag. 20.
25. *Wachttoren*, 15 oktober 1994, pag. 7.
26. *Wachttoren*, 15 oktober 1989, pag. 14.
27. *U kunt voor eeuwig in een paradijs op aarde leven*, Wachttorengenootschap 1982, pag. 97.
28. *De grootste mens die ooit heeft geleefd*, Wachttorengenootschap 1991, hoofdstuk 11.
29. *Wachttoren*, 15 november 1992 (omslag).
30. *De grootste mens die ooit heeft geleefd*, Wachttorengenootschap 1991, hoofdstuk 79.
31. *Wachttoren*, 15 oktober 1994, pag. 24.
32. *Wachttoren,* 1 juli 1994, pag. 17.

33. *Ontwaakt!*, 22 april 1993, pag. 8.
34. *De grootste mens die ooit heeft geleefd*, Wachttorengenootschap 1991, hoofdstuk 89.
35. *De grootste mens die ooit heeft geleefd*, Wachttorengenootschap 1991, hoofdstuk 6.
36. *De grootste mens die ooit heeft geleefd*, Wachttorengenootschap 1991, hoofdstuk 93.
37. *De grootste mens die ooit heeft geleefd*, Wachttorengenootschap 1991, hoofdstuk 61.
38. *Wachttoren*, 15 december 1992 (omslag).
39. *Wachttoren*, 15 maart 1992, pag. 23.
40. *De Openbaring – Haar grootse climax is nabij!*, Wachttorengenootschap 1988, pag. 59 en 288.
41. *U kunt voor eeuwig in een paradijs op aarde leven*, Wachttorengenootschap 1982, pag. 189.

7

De nieuwe religieuze bewegingen

Ondermijning van het christelijk geloof

Het is geen geheim dat de 'politieke' figuren achter de schermen van de Jehovah's Getuigen sinds de negentiende eeuw verscheidene destructieve sekten ondersteunen en andere zelfs in het leven hebben geroepen. Een van de doelen is om het vertrouwen in het christendom te ondermijnen.

Zonder twijfel bestaan er nauwe betrekkingen tussen deze 'politieke' figuren achter de schermen en de destructieve sekten. Iedereen die zich uitvoerig met het thema bezighoudt, zal vroeg of laat op de clans van de Rothschilds, Warburgs en de Rockefellers stuiten. Het is openlijk bekend dat zij aanzienlijke hoeveelheden geld beschikbaar hebben gesteld om de verbreiding van vele destructieve sekten te stimuleren. Vele van deze sekten functioneren slechts dankzij voortdurende, enorme financiële injecties.

In 1970 werkten de Rockefellers een plan uit om de christelijke kerken in Latijns-Amerika door 'kerken' als de *Hare Krisjna* en *Unification Church* (De Verenigingskerk) van Sun Myung Moon te vervangen. De Rockefellers spendeerden niet alleen grote hoeveelheden geld om de verbeiding van de Hare Krisjna-sekte (*made in the USA!*) te ondersteunen,[166] ook heeft de *Chase Manhattan Bank* van de Rockefellers een uiterst omvangrijke lening verstrekt aan de Koreaan van Japanse afkomst, Sun Myung Moon, de leider van de zogenaamde *Unification Church* (de *Moonies*). De *Chase Manhattan Bank* heeft ook zeer veel geld geschonken om de Mormonen te ondersteunen![167]

7. De nieuwe religieuze bewegingen

Achter de coulissen is er niet alleen sprake van nauwe betrekkingen tussen de sekten, ook hun advocaten werken al jarenlang met elkaar samen en informeren elkaar collegiaal over rechtsgeschillen waarin de sekten zijn verwikkeld.

In het Franse blad *Le Point* is een omvangrijke keten van betrekkingen tussen de sekten met duidelijke documentatie aangetoond.[168] In het blad werd een ontmoeting beschreven tussen vertegenwoordigers van verschillende sekten die destijds in Frankrijk en andere landen actief waren. Onderwerp van deze ontmoeting was de oprichting van een gemeenschappelijk, offensief orgaan, met een krachtige leiding (een overkoepelende organisatie), dat tot taak heeft allen te bestrijden en uiteindelijk financieel te ruïneren die zich ten doel hebben gesteld de destructieve sekten of culten te ontmaskeren en ertegen op te treden.

In oktober 1992 werd dat orgaan in het leven geroepen. Dit kartel van sekten heeft de naam *Firephim*, de Franse afkorting voor 'Federatie van religieuze en filosofische minderheden'. De president van *Firephim* is mevrouw Gounord van de *Scientology*-Kerk, penningmeester is de Franse leider van de *Moon*-sekte, Bernard Mitjaville, en algemeen secretaris is de *Raelier* Jacques Aizac. De volgende sekten maken deel uit van dit sektenkartel: de *Scientology*-kerk, de *Unification Church* (de *Moonies*), de *Raelians* (een ufo/sekscultus), Keltische druïden, satanisten, *Transcendente Meditatie*, de *Memphis-* en *Misraïmriten* van de vrijmetselarij, *Wicca Occidental*, voormalige *Children of God*, *Baha'i*, en... de *Jehovah's Getuigen*.[169]

Het Wachttorengenootschap heeft het al jarenlang moeilijk in Rusland. Het Genootschap wordt daar beschouwd als een van de vele Amerikaanse sekten, die religie klaarblijkelijk alleen gebruiken als een dekmantel voor hun commerciële en andere belangen. Daarover worden al lange tijd verbitterde discussies voor het gerecht gevoerd.

Een bericht in de *Berliner Zeitung* van 11 november 1999 legde een interessant verband bloot. De Moskouse advocate Galina

Krylova geldt niet alleen als de belangrijkste juridische vertegenwoordiger van internationale sekten in Rusland, maar heeft ook zitting in de raad van toezicht van de *Citizens Commission on Human Rights* (CCHR) in de Verenigde Staten. Deze organisatie is een volle dochter van *Scientology*.

Sektenexperts waarschuwen eens temeer voor de mogelijke invloed van *Scientology* op de Russische politiek. Volgens Alexander Dworkin, sektenfunctionaris van de Russisch-Orthodoxe kerk in Moskou, wordt Krylova door *Scientology* als paard van Troje gebruikt. Bovendien vertegenwoordigt ze een coalitie van totalitaire sekten.

Volgens de *Berliner Zeitung* heeft Krylova de afgelopen jaren alle belangrijke processen voor alle mogelijke sekten in Rusland gevoerd, en de meeste daarvan verloren. Zo vertegenwoordigde ze in 1995 de Japanse gifgas-sekte *Aum Shinrikyo*, toen ouders zich inzetten voor een verbod op die sekte. Ook was ze actief voor de Koreaanse *Moon*-sekte, de *Hare Krisjna*-beweging en de *Jehovah's Getuigen*.

Het *Center of Studies on New Religions* (CESNUR), gevestigd in Turijn, is een organisatie die beweert zich in te zetten voor de bescherming van religieuze en etnische minderheden. In werkelijkheid gaat het hier echter om een belangenvereniging van talrijke sekten, waartoe ook de Jehovah's Getuigen behoren.

De dertiende internationale conferentie van de CESNUR vond van 2 tot 4 juni 1999 plaats in Pennsylvania (VS). Het thema was: 'Religieuze en spirituele minderheden in de twintigste eeuw – globalisering en lokalisering'. Wie was daar ook van de partij? Galina Krylova, advocaat van het Wachttorengenootschap in Moskou, die verslag uitbracht over 'de juridische strijd van de Jehovah's Getuigen in Moskou'. Ook aanwezig was Philip Brumley uit Patterson, New York, een advocaat van de Wachttoren die zich bezighield met het thema 'Bescherming van religieuze overtuigingen'. Het is aannemelijk dat onder de toehoorders meerdere officiële vertegenwoordigers van het Wachttorengenootschap aanwezig waren.

7. De nieuwe religieuze bewegingen 185

Het Wachttorengenootschap laat zich in met een organisatie die zich inzet voor de meest kwalijke sekten in onze tijd. De advocaten van de organisatie zijn sprekers op een conferentie waar het over 'religieuze minderheden' gaat, zoals de *Children of God, Black Muslims, Baha'i*, de *Mormonen, MSIA* en *Ramhta*. Met andere woorden: achter de schermen streeft men ernaar ervaringen uit te wisselen met groeperingen die officieel als 'valse religies' worden bestempeld.

Dat het Wachttorengenootschap met *Scientology* samenwerkt, daarvoor zijn inmiddels opmerkelijke aanwijzingen. Maar er zijn blijkbaar ook betrekkingen met andere sekten. Zo doet het Duitse *Infolink* melding van een bericht over een bijeenkomst van de *Moon*-sekte in Oostenrijk. Tijdens die bijeenkomst werd een volledig nieuw aspect onthuld, want 'de eerste spreker was een Jehovah's Getuige, en wel de Oostenrijker Dr. Reinhard Kohlhofer, advocaat, officieel vertegenwoordiger in erkenningsprocedures van het Wachttorengenootschap, en ouderling in zijn geloofsgemeenschap'. Dr. Kohlhofer presenteerde zich als deskundig jurist op het zeer gecompliceerde gebied van het staatskerkrecht. Hij zei dat hij niet alleen het Wachttorengenootschap vertegenwoordigde, maar ook alle andere sekten (*Scientology, Mormonen* en *Moonies* noemde hij bij naam), en hij sprak over gedeeltelijke juridische successen. Hij hekelde het monopolie op religie en informatie van de gevestigde grote kerken, en hij oefende heftige kritiek uit op de voorlichtingscampagne van het bondsministerie (en met name van minister Bartenstein, uit de christelijke vleugel van de Oostenrijkse Volkspartij). Vervolgens bood hij een blik op de Europese religieuze geschiedenis, en hij kwam tot de conclusie dat niemand het recht heeft te veronderstellen dat andere religies minder rechten hebben. Verbazend genoeg sloot hij zijn toespraak af met een citaat van paus Johannes Paulus II: 'Het recht op vrijheid van religie, of het recht op een eigen geweten tijdens de zoektocht naar waarheid, vormt de basis voor alle andere vrijheden.'

Dit boek is geschreven als een waarschuwing voor iedereen die samen met Jehovah's Getuigen de Bijbel bestudeert of een familielid heeft dat lid is van de sekte, en voor hen die in deze beweging verstrikt zijn geraakt of op enige andere manier met het Wachttorengenootschap te maken hebben. Ik hoop dat iedereen die dit boek gelezen heeft zich afzijdig zal houden van sekten als die van de Jehovah's Getuigen.

Bijlage 1
Financiële overzichten van het Wachttorengenootschap

SF

Charity Commission
14 Ryder Street St James's London SW1Y 6AH

Telephone Direct line 01-214 } 8470
GTN 214
Switchboard 01-214 6000

Mrs M Bradley
Secretary to Major Sir
Patrick Wall MC VRD (Retd) MP
House of Commons
London
SW1A OAA

Your reference

Our reference
MAC-241623-A1-R

Date
18 November 1985

Dear Mrs. Bradley,

Further to my letter of 28 October 1985, I have pleasure in enclosing a copy of the accounts for the year ended 31 August 1985 for the Watch Tower Bible and Tract Society of Pennsylvania - British Branch.

Yours sincerely,

M A CONBOYE

P.T.O.

WATCH TOWER BIBLE & TRACT SOCIETY
ANNUAL SUMMARY - Receipts and Expenses to August 31 1983

September 1, 1982	Cash on hand and at Bank:		452,851.59
	Securities (face value):		13,123.03
		£	465,974.62

RECEIPTS

Jehovah's Witnesses Assembly Halls Fund and interest thereon:	£ 220,301.90	
Society's literature and Bibles	1,176,798.02	
Society's magazines	1,820,530.05	
Donations	243,633.10	
Donations subject to refund (see below)	42,619.15	
Security divs., loan refunds and interest	233,157.63	
Legacies	135,055.03	
Transfers from International Bible Students Association	1,869,700.00	
Sale of waste paper	26,653.08	
Sale of old machinery and vehicles	1,502.75	
Misc receipts	426.20	
Missionary Fund donations (for travel)	72,306.99	
Interest free loans to building program	33,086.00	
Receipts from branch offices	22,654.22	5,906,511.00
		6,372,485.62

EXPENSES

Maintenance of Assembly Halls	3,381.90	
HQ catering and hostel costs	222,752.40	
Duty on imports	8,497.45	
Freight	124,425.71	
Shipping supplies	13,495.62	
Office supplies, telephone, maintenance	12,741.16	
Bibles & literature from outside firms	10,960.09	
Paper and ink	614,045.46	
Machinery: Upkeep and supplies	55,852.35	
New	8,238.41	
Expense allowances: Circuit and District Ministers and Special Pioneer Missionaries (Av: 278)	207,699.70	
Vehicles: Travel costs and upkeep	82,732.68	
Legal fees	114.67	
Transfers to International Bible Students Association	2,679,800.00	
Kingdom Hall loans to congregations	41,807.55	
Refund on donations (see above)	51,294.52	
Factory insurance & insurance of stock	867.25	
Missionary travel costs (£47,590.17), bank and legal fees	50,223.70	
Cash and goods to our Head Office and branches	1,088,448.08	
Repayments of interest free loans (building program)	117,813.80	5,395,192.50

August 31, 1983	Cash on hand and at Bank:	964,170.09	
	Securities b/fwd £13,123.03		
	Redeemed --	13,123.03	977,293.12

I hereby certify that the above is a true and correct statement of the Receipts and Expenses for the year ending August 31, 1983, in accordance with the books and records of the foregoing Society. No Directors' Report or Balance Sheet was issued.

Signed.   S. D. Smith
                               Treasurer-British Branch.

WATCH TOWER BIBLE & TRACT SOCIETY
ANNUAL SUMMARY - Receipts and Expenses to August 31, 1984

September 1, 1983 Cash on hand and at Bank:		964,170.09
Securities (face value):		13,123.03
		£ 977,293.12

RECEIPTS

Jehovahs Witnesses Assembly Halls Fund and interest thereon:	£ 456,725.89	
Society's literature and Bibles	1,431,720.42	
Society's magazines	1,866,035.66	
Donations	233,236.76	
Donations subject to refund (see below)	49,814.91	
Security divs., loan refunds and interest	283,460.81	
Legacies	113,274.24	
Transfers from International Bible Students Assn	2,973,600.00	
Sale of waste paper	24,858.60	
Sale of old machinery and vehicles	4,085.48	
Misc receipts	205.31	
Missionary Fund donations (for travel)	1,606.10	
Interest free loans to building program	250.00	
Receipts from branch offices	13,921.43	
Convention charter travel	78,811.80	7,531,607.41
		8,508,900.53

EXPENSES

Maintenance of Assembly Halls	205,725.89	
HQ catering and hostel costs	248,778.70	
Duty on imports	7,417.36	
Freight	145,874.25	
Shipping supplies	9,291.43	
Office supplies, telephone, maintenance	25,617.10	
Bibles & literature from outside firms	14,651.21	
Paper & ink	531,255.84	
Machinery: Upkeep and supplies	63,332.83	
New	10,770.44	
Expense allowances: Circuit & District Ministers & Special Pioneer Missionaries (Av: 271)	214,994.48	
Vehicles: New, travel costs & upkeep	129,598.48	
Legal fees	41.23	
Transfers to International Bible Students Assn.	1,393,000.00	
Kingdom Hall loans to congregations	350,542.10	
Refund on donations (see above)	46,886.43	
Factory insurance & insurance of stock	1,366.81	
Missionary travel costs (£705.80), bank & legal fees	2,492.75	
Cash & goods to our Head Office & branches	1,312,935.51	
Repayment of interest free loans (building)	130,340.81	
Convention charter travel	75,169.87	
Property repairs (£1,709.58) misc expenses	3,703.55	4,923,787.07
August 31, 1984 Cash on hand and at Bank	3,571,990.43	
Securities b/fwd £13,123.03		
Redeemed	13,123.03	3,585,113.46

I hereby certify that the above is a true and correct statement of the Receipts and Expenses for the year ending August 31, 1984, in accordance with the books and records of the foregoing Society.

Signed

S. D. Smith
Treasurer-British Branch.

ANNUAL SUMMARY - Receipts and Expenses to August 31, 1985

```
September 1, 1984 Cash on hand and at Bank:        £ 3,571,990.43
                  Securities (face value):           13,123.03
                                                    3,505,113.46
```

RECEIPTS

```
Jehovah's Witnesses Assembly Halls Fund
            and interest thereon:           799,489.02
Society's literature and Bibles           1,786,243.58
Society's magazines                       2,516,847.82
Donations                                   216,892.79
Donations subject to refund (see below)      63,875.11
Security divs., loan refunds and interest   599,851.35
Legacies                                    251,308.23
Transfers from International Bible Students
                                Association: 690,500.00
Sale of waste paper                          23,990.54
Sale of old machinery and vehicles            6,202.50
Misc receipts                                     1.00
Receipts from Branch Offices                  2,354.51
Convention charter travel                   187,124.31   7,146,604.76
                                                        10,731,798.22
```

EXPENSES

```
Maintenance and construction of Assembly
                                Halls:    1,099,989.02
HQ catering and hostel costs                241,628.45
Duty on imports                               9,584.34
Freight                                     103,067.16
Shipping supplies                             9,364.99
Office supplies, telephone, maintenance      27,982.47
Bibles & literature from outside firms       20,410.46
Paper and ink                               679,036.55
Machinery: Upkeep and supplies               58,482.92
           New                               42,583.34
Expense allowances: Circuit & District Minister
    & Special Pioneer Missionaries (Av 266) 222,619.78
Vehicles: New, travel costs & upkeep         89,386.89
Legal fees                                       25.00
Transfers to International Bible Students
                                Association: 751,000.00
Kingdom Hall loans to congregations         747,168.62
Refund on donations (see above)              43,974.11
Insurance (Factory/Liability/Stock)           1,548.52
Bank charges                                  1,560.66
Cash & goods to our Head Office & Branches 2,230,353.02
Repayment of interest free loans (building)  51,640.00
Convention charter travel                   180,066.04   6,691,474.34

August 31, 1985 Cash on hand and at Bank  4,027,200.85
                Securities b/fwd £13,123.03
                Redeemed            --       13,123.03   4,040,323.88
```

I hereby certify that the above is a true and correct statement of the Receipts and expenses for the year ending August 31, 1985, in accordance with the books and records of the foregoing Society.

Signed   S. D. Smith

WATCH TOWER BIBLE & TRACT SOCIETY
ANNUAL SUMMARY - Receipts and Expenses to August 31, 1986

September 1, 1985   cash on hand and at bank: £ 4,027,200.85
                    securities (face value)   13,123.03

RECEIPTS

Jehovah's Witnesses Assembly Halls Fund and interest thereon:	10,097.68
Society's literature and Bibles	2,171,363.34
Society's magazines	2,687,917.81
Donations	297,788.85
Donations subject to refund (see below)	319,112.12
Security divs., loan refunds and interest	749,160.37
Legacies	182,579.51
Transfers from International Bible Students Association:	845,200.00
Sale of waste paper	14,144.94
Sale of old machinery and vehicles	1,233.20
Fund for construction of new Kingdom Halls	530.00
Receipts from branch offices	10,791.74
Convention charter travel	75,220.86

                                                   7,365,140.42

                                                 11,405,464.30

EXPENSES

Maintenance and construction of Assembly Halls:	292,897.68
HQ catering and hostel costs	262,873.67
Duty on imports	10,195.58
Freight	197,683.47
Shipping supplies	13,113.42
Office supplies, telephone, maintenance	38,331.12
Bibles & literature from outside firms	8,638.80
Paper and ink	560,966.83
Machinery: Upkeep and supplies	80,898.50
New	26,569.78
Expense allowances: Circuit and District Ministers & Special Pioneer Missionaries (Av 260)	228,368.76
Vehicles: New, travel costs and upkeep	97,982.77
Legal fees	1,389.82
Transfers to International Bible Students Association	595,000.00
Kingdom Hall loans to congregations	1,170,997.15
Refund on donations (see above)	130,200.07
Insurance (factory/liability/stock)	4,071.56
Bank charges	2,255.58
Cash & goods to head office and branches	3,134,572.18
Repayment of interest free loans (building)	35,161.00
Convention charter travel	77,616.99

                                                  6,969,784.73

August 31, 1986   cash on hand and at bank: 4,422,556.54
                   securities b/fwd £13,123.03
                   redeemed   -   13,123.03   4,435,679.57

I hereby certify that the above is a true and correct statement of the Receipts and Expenses for the year ending August 31, 1986, in accordance with the books and records of the foregoing Society.

Signed: S. D. Smith
                                 Treasurer-British Branch

WATCH TOWER BIBLE & TRACT SOCIETY
ANNUAL SUMMARY - Receipts and Expenses to August 31, 1987

September 1, 1986 Cash on hand and at bank:		£ 4,422,556.54
Securities (face value):		13,123.03
		4,435,679.57

RECEIPTS

Society's literature and Bibles	2,001,368.03	
Society's magazines	2,698,814.25	
Donations	296,146.41	
Donations subject to refund (see below)	384,484.96	
Security divs, loan refunds and interest	866,138.64	
Legacies	426,559.68	
Transfers from International Bible Students Association:	318,400.00	
Sale of waste paper	8,740.32	
Sale of old machinery and vehicles	7,657.10	
Fund for construction of new Kingdom Halls	254,209.51	
Receipts from branch offices	7,234.36	
Missionary Funds (conventions 1988)	50,265.74	
Convention charter travel	33,846.79	
Missionary loan	493.53	7,354,359.32
		11,790,038.89

EXPENSES

HQ catering and hostel costs	428,944.80	
Duty on imports	5,511.33	
Freight	222,953.79	
Shipping supplies	10,667.80	
Office supplies, telephone, maintenance	31,085.71	
Bibles & literature from outside firms	25,219.18	
Paper and ink	635,647.38	
Machinery: Upkeep & supplies	66,484.26	
New	1,758.35	
Expense allowances: Circuit and District Ministers & Special Pioneer Missionaries (Average: 258)	243,530.50	
Vehicles: New, travel costs and upkeep	155,293.15	
Legal fees	1,854.00	
Transfers to International Bible Students Association:	4,505,000.00	
Kingdom Hall loans to Congregations	1,073,833.74	
Refund on donations (see above)	93,318.19	
Insurance (factory/liability/stock)	3,434.86	
Bank charges	1,370.26	
Cash & goods to head office and branches	2,288,211.60	
Repayment of interest free loans (building)	12,900.00	
Convention charter travel	33,007.97	
Missionary loan	966.53	9,840,993.40
August 31, 1987 cash on hand and at bank:	1,935,922.46	
securities b/fwd £13,123.03 redeemed	13,123.03	1,949,045.49

I hereby certify that the above is a true and correct statement of the Receipts and Expenses for the year ending August 31, 1987 in accordance with the books and records of the foregoing Society.

Signed: *[signature]*   S. D. Smith
Branch Treasurer

Bijlage 2*

Europese Commissie voor de Rechten van de Mens
Voorstel nummer 28626/95
Khristiansko Sdruzhenie 'Svideteli na Iehova'
(Christelijk Genootschap der Jehovah's Getuigen)
tegen
Bulgarije

COMMISSIERAPPORT
(aangenomen op 9 maart 1998)

I. Dit rapport heeft betrekking op het onder artikel 25 van de Europese Conventie ter bescherming van de Mensenrechten en fundamentele vrijheden ingediende verzoekschrift van Khristiansko 'Sduzhenie na Jehova' (Christelijk Genootschap der Jehovah's Getuigen) tegen Bulgarije op 6 september 1995. Het verzoekschrift werd op 25 september 1995 onder dossiernummer 28626/95 geregistreerd.

II. Het genootschap dat het verzoekschrift indiende, werd vertegenwoordigd door MM Alain Garay en Philippe Goni, advocaten werkzaam in Parijs.

III. De Bulgaarse regering werd vertegenwoordigd door haar afgevaardigde mevrouw Guenka Beleva, en later door Mr. Vladimir Sotirov van het ministerie van Buitenlandse Zaken en door mevrouw Violina Djidjeva als mede-afgevaardigde.

IV. Op 3 juli 1997 verklaarde de Commissie het verzoekschrift ontvankelijk. Zij voerde vervolgens haar verplichtingen uit volgens Artikel 28 paragraaf 1 van de Conventie, waarin het volgende wordt bepaald:

'Indien de Commissie het verzoekschrift aanneemt,

a) zal zij, ter verificatie van de feiten, samen met de afgevaardigden van de partijen het verzoekschrift analyseren en, indien nodig, een onderzoek uitvoeren, waarbij de betrokken landen zorg zullen dragen voor alle voorzieningen die daarvoor noodzakelijk zijn, nadat een uitwisseling van gezichtspunten met de Commissie heeft plaatsgevonden;

b) zal zij zich tegelijkertijd ter beschikking stellen van de betrokken partijen, opdat in der minne een regeling over de zaak kan worden getroffen op basis van respect voor de Mensenrechten, zoals vastgelegd in deze Conventie.

---

* De tekst van deze bijlage is uit het Duits vertaald.

V. De Commissie heeft geconcludeerd dat de partijen met betrekking tot deze zaak een regeling in der minne zijn overeengekomen en aanvaardde dit rapport op 9 maart 1998, dat, overeenkomstig artikel 28 paragraaf 2 van de Conventie, is beperkt tot een korte weergave van de feiten en van de overeengekomen solutie.

VI. De volgende leden waren bij de inontvangstneming van het rapport aanwezig: MM S. TRECHSEL, President J.-C. GEUS, M.P. PELLONPÄÄ, E. BUSUTTIL, G. JÖRUNDSSON, A.S. GÖZÜBÜYÜK, A. WEITZEL, J.-C. SOYER, H. DANELIUS, Mevrouw G.H. THUNE , MM F. MARTINEZ , C.L. ROZAKIS, Mevrouw J. LIDDY, MM L. LOUCAIDES, M.A. NOWICKI, I. CABRAL BARRETO, B. CONFORTI, N. BRATZA, I. BÉKÉS, J. MUCHA, D. VÁBY, G. RESS, A. PERENIC, C. BÎRSAN, K. HERNDL, E. BIELIUNAS, E.A. ALKEMA, M. VILA AMIGÓ, Mevrouw M. HION, MM R. NICOLINI, A. ARABADJIEV.

DEEL I
FEITENVERKLARING

VII. De aanvrager is een religieus genootschap dat gevestigd is in Sofia.

VIII. Het aanvragend genootschap is in 1991 opgericht en geregistreerd onder de de wet op de burgerlijke stand. In 1994 werd deze wet dusdanig gewijzigd dat religieuze genootschappen verplicht waren zich opnieuw te registreren, nu met toestemming van de ministerraad. De registratie van een genootschap dat geen toestemming tot een nieuwe registratie van de ministerraad had ontvangen, diende te worden be indigd.

IX. Het aanvragend genootschap diende een verzoek in bij de ministerraad voor toestemming tot nieuwe registratie. De ministerraad reageerde niet op de verzoeken van de aanvrager om gehoord te mogen worden. Op 28 juni 1994 aanvaardde de ministerraad Besluit nummer 255, daarmee toestemming weigerend. Het Besluit vermeldde dat het was gebaseerd op Sectie 133a en op de overgangsregeling van de wet op de burgerlijkestand verdere uitleg werd niet gegeven.

X. Het aanvragend genootschap ontving geen officieel afschrift van dit Besluit. Leden van het aanvragend genootschap namen pas op 5 augustus 1994 kennis van de inhoud van het Besluit, tijdens een politieactie in de stad Haskovo. Op 9 september 1994 werd Besluit nummer 255 gepubliceerd in de Staatscourant, het offici le staatsorgaan.

XI. Op 15 september 1994 ging het aanvragend genootschap tegen Besluit nummer 255 in beroep bij het Hooggerechtshof. Op 13 maart 1995 werd het beroep door het Hooggerechtshof verworpen. Het Hof concludeerde dat het alleen kon onderzoeken of de ministerraad binnen zijn bevoegdheden had gehandeld.

XII. In navolging van de aanvaarding van Besluit nr. 255 werden verschillende maatregelen tegen de activiteiten van het aanvragend genootschap en van zijn leden genomen. Deze hielden onder meer in: arrestaties, ontbinding van bijeenkomsten die werden gehouden in openbare en particuliere ruimten, en de confiscatie van religieus materiaal.

XIII. Het aanvragend genootschap deed op grond van de Artikelen 9, 10, 11 en 14 van de Conventie zijn beklag over de opheffing van zijn registratie en activiteiten. Tevens deed het aanvragend genootschap op grond van Artikel 6 van de Conventie zijn beklag over het feit dat het geen toegang had verkregen tot een rechtbank die bevoegd was over de merites een oordeel uit te spreken. Verder deed het aanvragend genootschap op grond van Artikel 10 van de Conventie zijn beklag over vijandige berichtgeving in de media, waaronder interviews met ambtenaren, en over de vermeende onmogelijkheid om weerleggingen te publiceren.

DEEL II
OVEREENKOMST

XIV. Volgend op het besluit dat de aanvraag ontvankelijk was, stelde de Commissie zich ter beschikking van de partijen, met als doel een regeling in der minne te bewerkstelligen in overeenstemming met Artikel 28 paragraaf 1 (b) van de Conventie, en nodigde zij de partijen uit elk gewenst voorstel in te dienen.

XV. In overeenstemming met de gebruikelijke gang van zaken nam de Secretaris, handelend overeenkomstig de instructies van de Commissie, contact op met de partijen om de mogelijkheden van het bereiken van een regeling in der minne na te gaan.

XVI. Door middel van brieven gedateerd op 8 en 12 september 1997 gaven de partijen hun bereidheid aan om tot een regeling in der minne te komen. De partijen wisselden correspondentie en voorstellen uit voor een dergelijke regeling en ontmoetten elkaar op 20 en 21 november 1997 in Sofia. Op 17 januari 1998, op verzoek van de partijen, deed de Commissie voorstellen aan de partijen met als doel enkele overgebleven moeilijkheden met betrekking tot hun standpunten op te lossen. De partijen ontmoetten elkaar opnieuw op 10 februari 1998 in Sofia.

XVII. Door middel van brieven gedateerd op 10 en 11 februari 1998 informeerden de partijen de Commissie over de definitieve tekst van de regeling in der minne. Deze tekst, samengesteld op basis van de correspondentie die van de partijen werd ontvangen, luidt als volgt:

Met betrekking tot vervulling van de militaire dienst door middel van vervangende dienstplicht, verplicht de Bulgaarse regering zich bij de volksvertegenwoordiging een wetsvoorstel in te dienen waarmee burgerdienst als alternatief voor de militaire dienst wordt ingevoerd.

1.1 Naar de mening van de aanvragende partij komt het ontwerp tegemoet aan het verlangen van dienstweigeraars uit gewetensgronden, volgelingen van de Jehovah's Getuigen, die burgerdienst wensen te vervullen in plaats van militaire dienst.

1.2 Het uiteindelijke wetsontwerp, ingediend door de parlementaire ministerraad, zal onmiddellijk aan de Europese Commissie voor de Rechten van de Mens worden voorgelegd.

II. Met betrekking tot de opstelling van de Jehovah's Getuigen ten opzichte van het bloedvraagstuk verplicht het aanvragend genootschap zich een verklaring op te stellen die als wezenlijk onderdeel aan de statuten van de Jehovah's Getuigen in Bulgarije, met het oog op de registratie van het genootschap, zal worden bijgevoegd, en die luidt:

2.1 Jehovah's Getuigen doen als pati nt voor zichzelf en voor hun kinderen een beroep op de gezondheidszorg; elk lid heeft het recht uit vrije wil een beroep te doen op deze gezondheidszorg, EN WEL ZONDER TOEZICHT EN SANCTIES VAN DE KANT VAN HET AANVRAGEND GENOOTSCHAP.

2.2 In overeenstemming met de Bulgaarse gezondheidswetgeving verplicht het Christelijk Genootschap der Jehovah's Getuigen in Bulgarije zich de toepassing van de genoemde wetgeving te respecteren, hetgeen inhoudt dat:

2.2.1 - vooraf geen geneeskundige verklaring wordt afgegeven dat minderjarigen geen bloedtransfusie mogen ondergaan [hetgeen betekent dat het gedoopte of ongedoopte minderjarigen verboden is om een codicil tegen bloedtransfusies bij zich te dragen];

2.2.2 - en wat volwassenen betreft, dat met betrekking tot het genoemde recht wordt erkend dat ieder individu keuzevrijheid heeft.

III. Met betrekking tot de erkenning door de Bulgaarse staat van de sekte van de Jehovah's Getuigen als offici le religie:

3.1 Het Christelijk Genootschap der Jehovah's Getuigen verplicht zich ertoe het door hem bij de Europese Commissie voor de Rechten van de Mens ingediende verzoekschrift in te trekken;

3.2 Vervolgens, na intrekking van het verzoekschrift, verplicht de Bulgaarse regering zich er op haar beurt toe de Jehovah's Getuigen in Bulgarije en hun aanbidding overeenkomstig het recht van religieuze confessies te registreren.

3.3 Vervolgens, na intrekking van het verzoekschrift, verplicht de Bulgaarse regering zich er eveneens toe punt 16 van aanhangsel 2 tot punt 4 van de Bepaling van de ministerraad nummer 255 uit 1994 te herroepen.

Bijlage 2

XVIII. Tijdens de zitting op 9 maart 1998 stelde de Commissie vast dat de partijen over de voorwaarden voor een regeling een overeenkomst hadden bereikt. Verder nam de Commissie in aanmerking, rekening houdend met Artikel 28 paragraaf 1 (b) van de Conventie, dat de regeling in der minne van de zaak bereikt is op basis van respect voor Mensenrechten zoals gedefinieerd in de Conventie.

Vanwege deze redenen heeft de Commissie het voorgelegde rapport aangenomen.

M. de SALVIA
Secretaris
van de Commissie
S. TRECHSEL
president
van de Commissie

Bijlage 3
Verklaring van 25 juni 1933

Erklärung

Dieser Kongreß deutscher Männer und Frauen, friedlicher und ordnungsliebender Bürger aus allen Teilen des Landes, die alle miteinander ernsthaft an dem höchsten Wohl des deutschen Volkes mitarbeiten, hat sich heute, den 25. Juni 1933, offiziell in Berlin versammelt und erklärt freudig seine völlige Ergebenheit gegenüber Jehova Gott, dem Allmächtigen, und seinem Königreich unter Christus Jesus, dessen vergossenes Blut die Menschheit erkauft hat. Wir bekennen, daß die Heilige Schrift, die Bibel, Gottes Wort ist, daß den Menschen zur Unterweisung in Gerechtigkeit gegeben wurde, und daß dieses göttliche Wort die Wahrheit ist, die für den Menschen von größter Bedeutung ist, damit er über sein Verhältnis zu Gott Kenntnis erhalte. Wir berufen uns auf das Wort Gottes und möchten nach diesem Maßstabe beurteilt werden.

Christus Jesus ist Jehova Gottes großer Wahrheitszeuge, und als seine treuen und ergebenen Nachfolger sind wir durch seine Gnade Zeugen der Wahrheit. Der Zweck dieser Erklärung ist den Führern und dem Volk ein wahres und aufrichtiges Zeugnis in der Namen und das Vorhaben Jehovas und über unsere Beziehungen dazu zu überreichen.

Wir sind fälschlicherweise bei den Regierungsbehörden und bei dem deutschen Volke angeschuldigt worden. Damit nun der Name Jehova Gottes in der Auffassung des Volkes erhöht und sein gültiger Ratschluß besser verstanden und unsere Stellung der Regierung gegenüber in rechter Weise dargelegt werden möchte, ersuchen wir hiermit die Führer und das deutsche Volk, die folgende Erklärung des wahren Sachverhalts gerecht und unparteisch zu prüfen.

Die Schrift erklärt deutlich, daß Satan der Teufel, dessen Name auch Schlange und Drache ist, der Hauptgegner Jehova Gottes und der größte Feind der Menschheit ist. Es steht in der Schrift, daß Satan, der seit langem der unsichtbare Herrscher dieser Welt war, die Menschen über die Wahrheit täuscht und verblendet, damit das Licht über Jehova Gott und Christus Jesus nicht in ihre Herzen hineinscheint. (2. Korinther 4:3,4) Satan hat oft durch Betrug, List und Täuschung aufrichtige Menschen veranlaßt, sich gegenseitig in der Kämpfen, die alle von Gott entfremde und sie vernichte. Vor allen Dingen sollten die Menschen Jehova Gott und seine gütige Vorsehung zu ihrem allgemeinen Wohlergehen kennenlernen.

Juden

Wenn in unserer Literatur der Ausdruck "Geistlichkeit" gebraucht wird, so bezieht sich dieser Ausdruck auf solche angeblichen Religionslehrer, Priester und Geistliche, die unrechtmäßige politische Mittel anwenden, um ihre Zwecke zu erreichen, und die sogar ihre Kräfte verbinden mit solchen, die Gott und den Herrn Jesus Christus verfolgen. Das ist dieselbe Klasse, die Jesus als seine Verfolger bezeichnete. Wir üben keine Kritik an aufrichtigen Religionslehrern.

Als Jesus zu den Juden kam, um ihnen die Wahrheit kundzutun, war es die jüdische Geistlichkeit, das heißt Pharisäer und Priester, die ihn heftig bekämpfte, ihm folgte und die Ursache war, daß er aller möglichen Verbrechen und Sünden beschuldigt wurde. Sie weigerten die Wahrheit zu hören, und Jesus richtete folgende Worte an sie: "Warum verstehet ihr meine Sprache nicht? ... ihr mein Wort nicht hören könnt. Ihr seid aus dem von dem Teufel, und die Begierden eures Vaters wollt ihr ... Jener war ein Menschenmörder von Anfang und ist in Wahrheit nicht bestanden, weil keine Wahrheit in ihm ... Wenn er die Lüge redet, so redet er aus seinem Eigen, denn er ist ein Lügner und der Vater derselben. Weil aber die Wahrheit sage, glaubet ihr mir nicht." (Johannes 8:13–45) Obschon die Pharisäer und Priester dem vorgaben Jehova Gott zu dienen, sagte ihnen Jesus, daß sie in Wirklichkeit Vertreter Satans des Teufels seien.

Wir haben keinen Streit mit irgend jemand, auch nicht mit Religionslehrern, jedoch müssen wir darauf aufmerksam machen, daß oft diejenigen, die vorgeben Gott und Christus Jesus zu vertreten, unsere tatsächlichen Verhältnisse sind, die uns bei den Regierungen der Länder in solchem Lichte darstellen. Als wahre Nachfolger Christi Jesu haben solche Gegnerschaft zu erwarten, wir erwähnen dies hier zur Erklärung, weshalb wir bei den Führern des Volkes in Verruf gebracht worden sind. Jesus sagte zu seinen treuen Nachfolgern: "Gedenket des Wortes, das ich euch gesagt habe: Ein Knecht ist nicht größer als sein Herr. Wenn sie [die falschen Religionslehrer] mich verfolgt haben, werden sie auch euch verfolgen. Wenn sie [die wahren Lehrer] mein Wort gehalten haben, werden sie auch das eure halten." (Johannes 15:20) Des weiteren erklärte Jesus, daß dieselbe Gruppe von Menschen veranlassen würde, daß seine treuen Jünger bei der Staatsgewalt in falschen Verdacht gebracht werden würden. Seine Worte lauteten: "Ihr aber, sehet auf euch selbst, denn sie [falsche Religionslehrer] werden euch an Synedrien [Polizeigewalt] und in Synagogen überliefern; ihr werdet geschlagen und vor Statthalter und Könige gestellt werden um meinetwillen ihnen zu einem Zeugnis [andere Übers.: zu einem Zeugnis wider sie]." (Markus 13:9) Dies erklärt warum Jehova Gott es zuzeit geschehen läßt, daß seine treuen Zeugen in falschen Verdacht kommen und verfolgt werden, nämlich damit solche, die von einem falschen Geist beseelt sind, sich selbst als Feinde Gottes offenbaren und somit wider sich selbst Zeugnis ablegen.

Es ist von unseren Feinden fälschlich behauptet worden, daß wir in unserer Tätigkeit von den Juden finanziell unterstützt werden. Dies ist absolut unwahr, denn bis zur gegenwärtigen Stunde ist auch nicht das geringste an Beiträgen oder finanzieller Unterstützung für unser Werk von Juden geleistet worden. Wir sind treue Nachfolger Jesu Christi und glauben an ihn als den Heiland der Welt. Die Juden dagegen verwerfen Jesus Christus völlig und leugnen absolut, daß er der Welt Heiland ist, der von Gott zum Nutzen des Menschen gesandt wurde. Schon allein diese Tatsache sollte genügen... ..., daß wir von den Juden nicht unterdrückt werden, und daß die Rechtsgläubigen gegen uns in der Tat schon vorgebracht worden und falsch sind und nur von dem Satan, unserem großen Feinde, herrühren können.

Das Anglo-Amerikanische Weltreich ist das größte und bedrückendste Herrschaft auf Erden. Hiermit ist das Britische Weltreich, wovon die Vereinigten Staaten Amerikas einen Teil bilden, gemeint. Es sind die Handelsjuden des Britisch-Amerikanischen Weltreiches, die das Großgeschäft aufgebaut und benutzt haben als ein Mittel der Ausbeutung und der Bedrückung mehr Völker. Diese Tatsache bezieht sich insonderheit auf die Städte London und New York als Hauptstützpunkte des Großgeschäfts. Dies ist in Amerika so offenbar, daß es in bezug auf die Stadt New York ein Sprichwort gibt, das heißt: „Den Juden gehört die Stadt, die irischen Katholiken beherrschen sie, und die Amerikaner müssen zahlen." Wir haben mit den erwähnten Gruppen keinen Streit, sondern als Zeugen für Jehova und in Befolgung seiner in der Schrift niedergelegten Gebote müssen wir auf die Wahrheit hierüber aufmerksam machen, damit das Volk über Gott und sein Vorhaben aufgeklärt werden möchte.

Unsere Literatur

Es ist gesagt worden, daß unsere Bücher und Schriften, wenn sie unter dem Volke verbreitet werden, die öffentliche Ordnung und Sicherheit des Staates gefährden. Wir sind überzeugt, daß diese Schlußfolgerung allein der Tatsache zuzuschreiben ist, daß unsere Bücher und Schriften von den Richtern nicht sorgfältig geprüft und daher auch nicht richtig verstanden worden sind. Wir machen ergebenst darauf aufmerksam, daß diese Bücher und Schriften im Original in Amerika geschrieben wurden, und daß die Sprache dem offenen und direkten amerikanischen Stil entspricht, so daß sie in der deutschen Übertragung hart erscheint. Wir geben zu, daß dieselben Wahrheiten nicht so derb gesagt und in eine mildere Form gekleidet werden könnten. Die Sprache der Bücher entspricht jedoch genau der Redeweise der Bibel.

Man sollte daran denken, daß in dem Britischen Weltreich und in Amerika das allgemeine Volk gelitten hat und jetzt noch sehr leidet durch die Mißherrschaft des Großgeschäfts und der gewissenlosen Politiker; diese Mißherrschaft wurde und wird von politischen Religionsvertretern unterstützt, und darum waren die Schreiber unserer Bücher und unserer Literatur bemüht, eine offene Sprache zu führen, um dem Volke die rechten Gedanken und das rechte Verständnis zu vermitteln. Die angewandte Redeweise ist jedoch nicht so kräftig und deutlich wie diejenige, die Jesus Christus gebrauchte, als er die Bedrücker und falschen Lehrer seiner Zeit anklagte.

Die nationale Regierung hat sich nun deutlich ausgesprochen gegen die Bedrückung durch das Großgeschäft und gegen verkehrte religiöse Einflüsse in den politischen Angelegenheiten des Staates. Genau dies ist auch unsere Stellungnahme, und wie erklären ferner in unserer Literatur, warum das bedrückende Großgeschäft besteht, und warum der verkehrte politisch-religiöse Einfluß vorhanden ist; denn die Heilige Schrift erklärt deutlich, daß diese bedrückenden Werkzeuge vom Teufel herkommen, und daß die gänzliche Errettung davon in Gottes Königreich unter der Herrschaft Christi kommen wird. Es ist darum unmöglich, daß unsere Literatur oder unsere Tätigkeit in irgendeiner Weise eine öffentliche Ordnung und Sicherheit des Staates bedrohen oder gefährden kann.

Unsere Organisation ist keineswegs politisch; wir bestehen nur darauf, das Wort Jehova Gottes dem Volke zu lehren und dies ohne Behinderung tun zu können. Wir haben nichts dagegen und suchen auch niemand zu hindern, zu lehren oder zu glauben was ihm beliebt. Wir erbitten jedoch die Freiheit, zu glauben und zu lehren was wir für biblische Lehre halten, und dann mag das Volk entscheiden, was es zu glauben wünscht; es ist für jedermann von größter Wichtigkeit, Jehova Gott und seine gütige Vorkehrung für die Menschheit kennenzulernen, weil Gott in seinem Worte erklärt hat, daß, wo kein Gesicht oder kein Verständnis seines Wortes ist, ein Volk zügellos wird (and. Übers.: umkommt). (Sprüche 29:18) Wir haben alles, was wir sind und haben, unserer Aufgabe gewidmet, damit das Volk ein Gesicht oder Verständnis des göttlichen Wortes erhalten möge. Es ist daher unmöglich, daß unsere Literatur und unsere Wirksamkeit die öffentliche Ordnung und Sicherheit des Landes bedrohen könnte. Anstatt gegen die von der deutschen Regierung vertretenen Grundsätze eingestellt zu sein, treten wir vollkommen ein für diese Leitsätze und bestehen darauf hin, daß Jehova Gott durch Christus Jesus die gänzliche Verwirklichung dieser Grundsätze bringen, dem Volke Frieden und Wohlstand bringen und die höchsten Wünsche aller aufrichtigen Herzen erfüllen wird.

Unsere Organisation sucht weder finanziellen Gewinn noch Mitglieder, sondern sie ist eine organisierte Körperschaft christlicher Männer und Frauen, die lediglich in gemeinnütziger Weise damit beschäftigt sind, möglichst unentgeltlich dem Volke das Wort Gottes zu lehren. Unsere Gesellschaft wurde ursprünglich in den Vereinigten Staaten von Amerika im Jahre 1884 unter dem Namen „Watch Tower Bible and Tract Society" gegründet, und 1911 wurde die Gesellschaft nach englischem Gesetz unter dem Namen „International Bible Students Association" eingetragen. Diese Korporationsbenennungen dienen unserer Gesellschaft als gesetzliche Grundlage zur Durchführung ihres Werkes. Der schriftgemäße Name aber ist: Jehovas Zeugen. Wir betreiben ein absolut gemeinnütziges Werk; den Zweck unserer Bewegung besteht darin, dem Volke zu einem Zeugnisse der Bibel zu verhelfen, wodurch der einzig richtige Weg zur Segnung und baldigen Errettung der Menschheit klargelegt wird. Die Tätigkeit unserer Organisation hat sich über die ganze Erde erstreckt. Bildung, Kultur und Aufbau des Volkes muß und wird kommen durch Gottes Königreich, worüber wir das lehren, was in der Bibel niedergelegt ist. Das Heil des Menschen hängt ab von ihrer richtigen Erkenntnis und ihrem Gehorsam Jehova Gott und seinen gerechten Wegen gegenüber.

Die Menschen befinden sich in großer Bedrängnis und brauchen eine Anleitung, bei Grund ihrer unglücklichen Lage und den Weg zu ihrer Errettung zu erkennen. Ein Verständnis der Schrift erhellt diese Sache. Anstatt bei den

Leuten Geld zu sammeln und dieses zu verwenden, große Bauten zu errichten, oder einzelnen hohe Gehälter zu zahlen, verwenden wir die Mittel zum Druck der frohen Botschaft von Gottes Königreich und bringen diese den Menschen ins Haus, damit sie ohne Mühe über Gottes Vorhaben mit ihnen unterrichtet werden.

Eine sorgfältige Prüfung unserer Bücher und Schriften wird deutlich zeigen, daß die hohen Ideale, die sich die nationale Regierung zum Ziel gesetzt hat und die sie propagiert, auch in unseren Veröffentlichungen dargelegt, gutgeheißen und besonders hervorgehoben werden. Unsere Literatur beweist ferner, daß Jehova Gott dafür sorgen wird, daß alle, die Gerechtigkeit lieben und dem Allerhöchsten gehorchen, zur bestimmten Zeit diese hohen Ziele erreichen werden. Anstatt daß unsere Schriften und unsere Tätigkeit die Grundsätze der nationalen Regierung gefährden, werden in ihnen diese hohen Ideale sehr unterstützt. Darum hat auch Satan, der Feind aller, die Gerechtigkeit lieben, versucht, unsere Tätigkeit in Verruf zu bringen und sie in diesem Lande zu verhindern.

Seit vielen Jahren war unsere Bewegung unablässig bestrebt, in uneigennütziger Weise dem Volke Gutes zu tun. Unsere amerikanischen Brüder haben das Werk in Deutschland auch mit Geldmitteln fleißig unterstützt, und zwar zu einer Zeit, wo sich ganz Deutschland in großer Not befand. Nun, wo es scheint, daß Deutschland bald von Bedrückung befreit und das Volk in eine bessere Lage gebracht sein wird, bemüht sich Satan, der große Feind, dieses gemeinnützige Unternehmen hierzulande zu vernichten. Man möchte uns gestatten, hier darauf aufmerksam zu machen, daß in Amerika unsere Bücher, geschrieben worden, Katholiken als auch Juden sich miteinander verbunden haben in der Bekämpfung der nationalen Regierung in Deutschland und dem Versuch, Deutschland zu boykottieren wegen der von der nationalsozialistischen Partei verkündigten Grundsätze.

Völkerbund

Man hat das, was in unseren Büchern oder Schriften über den Völkerbund gesagt wurde, als Grund angenommen, unsere Tätigkeit und die Verbreitung unserer Bücher zu verbieten. Wir möchten die Regierung und das deutsche Volk daran erinnern, daß es der Völkerbund war, wodurch dem deutschen Volke große, ungerechte und unerträgliche Lasten auferlegt wurden. Jener Völkerbund ist nicht von den Freunden Deutschlands gemacht worden. Die Presse kündigte seinerzeit an, daß in Amerika 140 000 Geistliche eine bestimmte Zeit festgelegt hatten, während der gemeinsame Anstrengungen gemacht werden sollten und auch gemacht wurden, um das amerikanische Volk zu bewegen, dem Völkerbund beizutreten. Der Kirchenbund in Amerika gab ein Manifest heraus, worin erklärt wurde, daß der Völkerbund „der politische Ausdruck des Reiches Gottes auf Erden" sei, und so wurde dieser von ihnen an die Stelle des Königreiches Gottes unter Christi Herrschaft gesetzt. Damals zeigte unsere Organisation unter der sichtbaren Leitung ihres Präsidenten Rar und deutlich, daß dieser Völkerbund keine Einrichtung Jehova Gottes ist, weil er bedrückend und unfair ist. Was aber von Jehova Gott kann nicht bedrückend und unfair sein. Die damals vorhandenen Umstände gaben den Anlaß, in unseren Büchern offen über den Völkerbund zu reden und darauf aufmerksam zu machen, daß ein solcher Völkerbund niemals Befreiung und Segnung der Völker bringen kann, weil die Errettung und Segnung nur kommen kann, wenn die Grundsätze, die in Gottes Wort niedergelegt sind, befolgt werden, und nur auf die Weise, wie Jehova sie bestimmt hat.

Seit beinahe einem halben Jahrhundert hat unsere durchaus christliche Organisation ihre Tätigkeit in verschiedenen Teilen der Erde ausgeübt. Unsere Bücher sind in mehr als 50 Sprachen erschienen, und mehr als 140 Millionen dieser Bücher sind in den Händen der Menschen. Seit mehr als 30 Jahren sind unsere Bücher und Schriften in ganz Deutschland verbreitet worden, und Millionen dieser Bücher befinden sich in den Händen des deutschen Volkes und werden gelesen. Alle, die diese Bücher gelesen haben, werden bezeugen, daß diese sich gänzlich auf die Bibel stützen, und daß sie ihnen geholfen, sie auferbaut und ihnen die Hoffnung auf all die Segnungen gegeben haben, die Jehova Gott seit langem verheißen hat. Aus all diesen Jahren unserer Tätigkeit und bei der weiteren Verbreitung unserer Bücher und Schriften kann wahrheitsgemäß kein einziges Beispiel angeführt werden dafür, daß unsere Literatur oder unsere Literatur jemals in irgendeiner Weise die Regierung oder die öffentliche Ordnung und Sicherheit des Landes bedroht hätte.

Das Bestreben unserer Organisation ist ausschließlich darauf beschränkt, für den Namen und das Wort Jehova Gottes Zeugnis abzulegen. Es wäre daher von uns ganz inkonsequent, wenn wir versuchen wollten, irgendwelchen Einfluß auf die Regierungen dieser Welt auszuüben oder irgend etwas zu tun, was die öffentliche Ruhe und Sicherheit des Landes gefährden würde. Wir haben weder den Wunsch noch den Gedanken, irgend etwas anderes zu tun, als nur den uns von Gott gegebenen Auftrag, das Wort Jehova Gottes zu verkündigen, auszuführen.

In Amerika, Kanada und in andern Teilen des Britischen Weltreiches haben die politischen Geistlichen, Priester und Jesuiten, die Glieder unserer Organisation ohne guten Grund oder eine Entschuldigung fortgesetzt verfolgt und fahren fort, dies zu tun, und wir haben jeden Grund zu glauben, daß ein ähnlicher Einfluß in listiger Weise von dem großen Feind Satan angewandt wurde, um uns und unsere Tätigkeit in Deutschland in Verruf zu bringen. Wir möchten daran erinnern, daß in den letzten Jahren politische Geistliche dem deutschen Volke mehr Sorgen bereitet haben als irgendeine andere Gruppe. Wir wollen uns nicht mit den Katholischen Geistlichen streiten, doch wir ersuchen die Reichsregierung, uns nicht nach der falschen Darstellung dieser Männer zu beurteilen, sondern nach dem Maßstab des Wortes Gottes und nach der Tätigkeit, die wir im Einklang mit diesem ausüben. Jehova Gott verfolgt niemand, sondern überläßt es jedem einzelnen, seinen eigenen Weg zu wählen, aber er hält jeden nach seiner Erkenntnis verantwortlich für sein Tun. Jehova Gott hat deutlich seinen Zorn zum Ausdruck gebracht gegen alle, die seine Diener verfolgen. Dies beweist, daß, wer uns verfolgt, nicht Gott dient, sondern von dem Feinde Gottes und des Menschen dazu veranlaßt wird. — Psalm 72 : 4.

Bedeutungsvolle Wahrheiten

Die Heilige Schrift, betrachtet im Lichte heutiger Ereignisse, wodurch göttliche Prophetie erfüllt wird, offenbart: Der Zeitpunkt ist gekommen, wo Jehova seinen Namen der ganzen Schöpfung bekanntgeben, rechtfertigen und von der Schändung, die Satan auf Gottes heiligen Namen gebracht hat, reinigen wird. (Psalm 83 : 18) Als Jesus Christus, der große Rechtfertiger, in den Himmel aufgestiegen war, befahl Jehova ihm, bis zu dem bestimmten Zeitpunkt zu warten, wo der Feind niedergeworfen werden sollte. Diese Wartezeit ist jetzt zu Ende, und Gott hat seinen geliebten Sohn gesandt, den Feind auszutreiben und dann in Gerechtigkeit zu herrschen. (Psalm 110 : 1—4; Hebräer 10 : 12, 13) Die Welt oder die ununterbrochene Herrschaft Satans ist zu Ende, was durch den Weltkrieg 1914 in Erscheinung trat. Seitdem ist die Zeit, wo das Evangelium vom Königreich den Nationen kundgemacht werden muß. (Matthäus 24 : 3, 14) Satan ist nun aus dem Himmel hinaus- und auf die Erde hinabgeworfen worden, und seine Wirksamkeit ist jetzt auf die Erde beschränkt. Es ist sein Bestreben, die Menschen gegen die Wahrheit blind zu machen und sie zugrunde zu richten, und dies ist die Ursache für die gegenwärtigen Leiden der Menschheit. Jetzt haben die prophetischen Worte Jesu Anwendung: „Wehe denen, die auf Erden [die Führer] wohnen, und auf dem Meer [das allgemeine Volk]! denn der Teufel ist zu euch hinabgekommen und hat große Wut, da er weiß, daß er wenig Zeit hat." — Offenbarung 12 : 12.

Das deutsche Volk hat seit 1914 große Not gelitten und hat viele Ungerechtigkeiten durch andere erdulden müssen. Die Nationalsozialisten haben erklärt, daß sie gegen jede solche Ungerechtigkeit Stellung nehmen, und haben als Leitsatz kundgetan: „Unser Verhältnis Gott gegenüber ist hoch und heilig." Da unsere Organisation diese gerechten Grundsätze durchaus gutheißt und einig damit beschäftigt ist, die Menschen über das Wort Jehova Gottes aufzuklären, ist Satan in listiger Weise bestrebt, die Regierung gegen unser Werk zu wenden und es zu zerstören, weil wir die Notwendigkeit, Gott zu erkennen und ihm zu dienen, vorhaben. Unsere Organisation gefährdet keineswegs die öffentliche Ordnung und Sicherheit des Staates, sondern sie ist die Bewegung, die für die öffentliche Ordnung, Ruhe und Sicherheit des Landes eintritt.

Wir möchten allen vor Augen führen, daß die große Krise über die Welt gekommen ist, weil dies die Übergangszeit vom Schlechten zum Guten ist. Die Hoffnung der Welt ist Gottes Königreich unter der Herrschaft Christi, wofür Jesus seine Jünger lehrte, ständig zu beten: „Dein Reich komme, dein Wille geschehe, wie im Himmel so auch auf Erden."

Jehova Gottes Macht ist über alles erhaben, und es gibt keine Macht, die ihm erfolgreich widerstehen kann. Sein Zeitpunkt, seine Macht zum Nutzen der Menschheit und zur Rechtfertigung seines hohen Namens auszuüben, ist herbeigekommen. In diesem Zusammenhang gestatten wir uns ergebenst, auf die Ermahnung und Warnung Jehovas sowohl an die Führer als auch an das Volk hinzuweisen. Diese Schriftstelle hat auf die gegenwärtige Stunde Anwendung und lautet: „Habe doch ich meinen König gesalbt auf Zion, meinem heiligen Berge . . . Und nun, ihr Könige, seid verständig; lasset euch zurechtweisen, ihr Richter der Erde! Dienet Jehova mit Furcht, und freuet euch mit Zittern! Küsset den Sohn, daß er nicht zürne, und ihr umkommet auf dem Wege, wenn nur ein wenig entbrennt sein Zorn. Glückselig alle, die auf ihn trauen!" — Psalm 2 : 6, 10—12.

Nachdem sich die nationale Regierung zu den oben erwähnten hohen Idealen bekannt hat, sind wir überzeugt daß die Führer nicht wissentlich das fortschrittliche Zeugniswerk für den Namen Jehovas und seines Königreiches, das wir jetzt hinausführen, bekämpfen wollen. Wenn unser Werk nur Menschenwerk wäre, so würde es bald unter gehen. Wenn es jedoch Gottes Werk ist und auf seinen Befehl getan wird, so bedeutet die Bekämpfung dieses Werkes einen Kampf gegen Gott. — Apostelgeschichte 5 : 39.

Wir appellieren daher an den Gerechtigkeitssinn der Landesführer und ersuchen ergebenst, daß das Verbot unserer Tätigkeit und unserer Literatur aufgehoben werden möchte, und daß man uns eine Gelegenheit gebe, in unparteiischer Weise angehört zu werden, ehe man uns verurteilt. Wir bitten ergebenst darum, daß die Regierung ein Komitee unparteiischer Männer bestimme, um mit einem Komitee aus unserer Organisation zu verhandeln, und daß unsere Literatur und unsere Tätigkeit in fairer und unparteiischer Weise untersucht werden, damit jedes Mißverständnis behoben werde und wir uns gegenseitig behilflich sein möchten, und damit wir ohne Behinderung dem Gebote Gottes, das jetzt auf uns Anwendung hat, nachkommen können, nämlich: „Ziehet, ziehet durch die Tore, bereitet den Weg des Volkes; bahnet, bahnet die Straße, reiniget sie von Steinen, erhebet ein Panier über die Völker." — Jesaja 62 Vers 10.

Das deutsche Volk ist ein gottesfürchtiges Volk, und ihm sollte nicht die Möglichkeit genommen werden, über Jehova Gott und über seine gütige Vorkehrung, allen, die ihn kennen und ihm gehorchen, ewigen Frieden, Wohlfahrt, Freiheit und ewiges Leben auf Erden zu geben, unterrichtet zu werden. Möchten doch alle, die Gott lieben, zusammen arbeiten zur Ehrung und Rechtfertigung seines Namens. Alle, die einen entgegengesetzten Weg verfolgen, müssen selber vor Gott die Verantwortung auf sich nehmen; was aber uns betrifft, so werden wir auf ewig Jehova dienen.

Es wird hierdurch beschlossen, je ein Exemplar dieser Erklärung den hohen Regierungsbeamten ergebenst zu überreichen und sie allgemein zu verbreiten, damit der Name Jehovas immer mehr bekannt gemacht werde.

Watch Tower Bible and Tract Society, Magdeburg

Bijlage 4
Brief aan Adolf Hitler

WATCH TOWER
BIBLE AND TRACT SOCIETY
PUBLISHERS OF THE BIBLE STUDENTS ASSOCIATION

GENERAL OFFICES:　　　　GERMAN BRANCH:
117 ADAMS TREET　　　　　WACHTTURMSTR. 1-19
BROOKLYN　　　　　　　　MAGDEBURG
NEW YORK, U.S.A.　　　　　POSTSCH.-K.: MAGDEBURG 4042

TELEPHONE, MAGDEBURG 405 56, 405 57, 405, 58
RADIO AND CABLE ADDRESS: WATCHTOWER MAGDEBURG

Sehr verehrter Herr Reichskanzler!

Am 25. Juni 1933 tagte in Berlin in der Sporthalle Wilmersdorf eine ca. 5000 Personen umfassende und mehrere Millionen Deutscher repräsentierende Vertreterkonferenz der Bibelforscher Deutschlands (Zeugen Jehovas), welche bereits seit vielen Jahren Freunde und Anhänger dieser Bewegung sind. Der Zweck dieser, von den Abgeordneten der einzelnen Bibelforschergemeinden Deutschlands besuchten Tagung war, Mittel und Wege zu finden, um dem Herrn Reichskanzler und den übrigen hohen Regierungsbeamten des Deutschen Reiches sowohl als allen Länderregierungen Kenntnis zu geben von folgendem:

Gegen eine auf dem Boden positiven Christentums stehende Vereinigung ernster, christlicher Männer und Frauen wurden und werden in einzelnen Landesteilen Massnahmen ergriffen, die in ihrem Ursprung lediglich als die Verfolgung von Christen durch andere Christen anzusprechen sind, weil die - diese Massnahmen auslösenden - gegen uns erhobenen Anschuldigungen meistens von klerikaler, besonders katholischer Seite aus erhoben wurden und unwahr sind.

Absolut überzeugt von der völligen Objektivität der die Angelegenheit bearbeitenden Regierungsstellen und Beamten, ersehen wir trotz allem, dass - einerseits wohl wegen des Umfanges unserer Literatur und andererseits wegen starker Inanspruchnahme der betreffenden Sachbearbeiter - der Inhalt unserer Literatur und der Sinn unserer Bewegung grösstenteils falsch beurteilt wird, und zwar nach dem, was unsere religiösen Gegner - Vorurteil bewirkend - gegen uns vorbringen.

Darum ist das auf dieser Konferenz Besprochene in beigefügter Erklärung der Watch Tower Bible and Tract Society niedergelegt, um es ihnen, Herr Reichskanzler, sowie den hohen Regierungsstellen des Deutschen Reiches und der Länder zu überreichen als Dokumentierung der Tatsache, dass die Bibelforscher Deutschlands als einziges Ziel ihrer Arbeit nur beabsichtigen, die Menschen zu Gott zurückzuführen vor den Namen Jehovas, des Allerhöchsten, des Vaters unseres Herrn und Erlösers Jesus Christus, auf Erden zu bezeugen und zu ehren. Wir wissen bestimmt, dass Sie, Herr Reichskanzler, solche Tätigkeit nicht stören lassen werden.

Die Bibelforschergemeinden Deutschlands und ihre Glieder sind allgemein bekannt als Hort wahrhafter Ehrfurcht vor dem Allerhöchsten und als eifrige Pfleger sorgsamer Bibelforschung. Örtliche Polizeibehörden werden immer bestätigen müssen, dass Bibelforscher absolut zu den ordnungliebenden und -erhaltenden Elementen des Landes und Volkes zu zählen sind. Ihre einzige Mission ist Werbung der Menschenherzen für Gott.

Die Watch Tower Bible and Tract Society ist die organisierende Missionszentrale der Bibelforscher (für Deutschland: Sitz Magdeburg).

Das Brooklyner Präsidium der Watch Tower-Gesellschaft ist und war seit jeher in hervorragender Masse deutschfreundlich. Aus diesem Grunde wurden im Jahre 1918 der Präsident der Gesellschaft und die sieben Glieder des Direktoriums in Amerika zu 80 Jahren Zuchthaus verurteilt, weil der Präsident sich weigerte, zwei von ihm in Amerika geleitete Zeitschriften zur Kriegspropaganda gegen Deutschland zu gebrauchen. Diese zwei Zeitschriften „The Watch Tower" und „Bible Studen" waren die beiden einzigen Zeitschriften Amerikas, die eine Kriegspropaganda gegen Deutschland verweigerten und darum während des Krieges in Amerika auch verboten und unterdrückt wurden.

In gleicher Weise hat sich das Präsidium unserer Gesellschaft in den letzten Monaten nicht nur geweigert, an der Greuelpropaganda gegen Deutschland teilzunehmen, sondern hat sogar dagegen Stellung genommen, wie dies auch in der beigefügten Erklärung untersrichen wird durch den Hinweis, dass die Kreise, welche diese Greuelpropaganda in Amerika leiteten (Geschäftsjuden und Katholiken), dort auch die rigorösesten Verfolger der Arbeit unserer Gesellschaft und ihres Präsidiums sind. Durch diese und andere in der Erklärung enthaltenden Feststellungen soll die Zurückweisung der Verleumdung, Bibelforscher würden durch die Juden unterstützt, erfolgen.

Die Vertreterkonferenz dieser fünftausend Delegierten nahm mit grosser Befriedigung Kenntnis von der durch Herrn Regierungspräsidenten zu Magdeburg erfolgten Feststellung, dass die von unseren kirchlichen Gegnern behauptete Beziehung, zwischen Bibelforschern und Kommunisten oder Marxisten nicht erweisbar sei (also auch eine Verleumdung ist). Ein diesbezüglicher Pressebericht, enthalten in der Magdeburger Tageszeitung Nr. 104 vom 5. Mai 1933, lautet:

Eine Erklärung der Regierung zur Besetzung des Bibelforscher-Hauses. — Die Pressestelle der Regierung teilt mit: „Die polizeiliche Besetzung des Grundstückes der „Vereinigung der ernsten Bibelforscher" in Magdeburg ist am 29. April aufgehoben worden, weil kein belastendes Material hinsichtlich der behaupteten kommunistischen Betätigung gefunden worden ist."

Ferner: Magdeburger Tageszeitung Nr. 102 vom 3. Mai 1933

Vom Büro der Bibelforschervereinigung wird uns mitgeteilt, dass die Aktion, die von der Polizei gegen die Wachtturmgesellschaft aufgehoben worden ist. Ferner wurde alles freigegeben, da die sorgfältig durchgeführte Durchsuchung ergab, dass sich die Gesellschaften weder in politischer noch in krimineller Hinsicht irgend etwas zuschulden kommen liessen, und weil weiter festgestellt wurde, dass die beiden Gesellschaften absolut unpolitisch und streng religiös sind. — Von der Regierung wurde uns auf Anfrage die Richtigkeit dieser Angaben bestätigt."

Die Vertreterkonferenz dieser fünftausend Delegierten betonte, dass sie es nach dieser Sachlage unter ihrer Würde halte, sich fernerhin überhaupt noch gegen die verächtliche Verdächtigung marxistischer oder gar kommunistischer Betätigung verteidigen zu müssen. Diese widerlegten Verleumdungen unserer religiösen Gegner tragen eindeutig das Signum religiöser Konkurrenz, die einen ehrlichen Mahner statt mit Gottes Wort, mit dem wenig schönen Mittel der Verleumdung erdrosseln möchte.

Weiter wurde auf dieser Konferenz der fünftausend Delegierten - wie in der Erklärung ausgedrückt - festgestellt, dass die Bibelforscher Deutschlands für dieselben hohen ethischen Ziele und Ideale kämpfen, welche die nationale Regierung des Deutschen Reiches bezüglich des Verhältnisses des Menschen zu Gott proklamierte, nämlich: Ehrlichkeit des Geschöpfes gegenüber dem Schöpfer!

Auf der Konferenz wurde festgestellt, dass in dem Verhältnis der Bibelforscher Deutschlands zur nationalen Regierung des Deutschen Reiches keinerlei Gegensätze vorliegen, sondern dass im Gegenteil bezüglich der rein religiösen, unpolitischen Ziele und Bestrebungen der Bibelforscher - zu sagen ist, dass diese in völliger Übereinstimmung mit den gleichlaufenden Zielen der nationalen Regierung des Deutschen Reiches sind.

Unter Berufung auf die angeblich harte Sprache unserer Literatur erfolgten einige Verbote unserer Bücher. Die Konferenz der fünftausend Delegierten verwies dazu auf den Umstand, dass der beanstandete Inhalt der Bücher doch nur Bezug nimmt auf Zustände und Handlungen im Anglo-Amerikanischen Weltreich, und dass dieses - speziell England - doch für den Völkerbund und die auf Deutschland gelegten ungerechten Verträge und Lasten verantwortlich zu machen ist. Das im obigen Sinne unserer Literatur Gesagte richtet sich also doch - einerlei, ob in finanzieller, politischer oder ultramontaner Beziehung - gegen die Bedrücker des deutschen Volkes und Landes, aber doch nicht gegen das sich gegen diese Lasten sträubende Deutschland, so dass die erfolgten Verbote absolut unverständlich sind.

Für diejenigen deutschen Ländergruppen, in denen sogar Verbote der Bibelforscher-Gottesdienste, Verbote ihrer Gebetsversammlungen usw. vorliegen, und die seit vielen Wochen auf eine gerechte Lösung dieses, ihr religiöses Leben knebelnden Zustandes warten, wurde folgendes ausgedrückt:

Wir wollen auch weiterhin den erlassenen Verbotsanordnungen Folge leisten; denn wir sind gewiss, dass der Herr Reichskanzler bzw. die einzelnen hohen Landesregierungen diese Massnahmen - durch welche zehntausende christliche Männer und Frauen schliesslich einem dem Urchristen-Leiden vergleichbaren Märtyrertum verfallen müssten - nach Kenntnis der wirklichen Sachlage aufheben werden.

Endlich bekundete diese Konferenz der fünftausend Delegierten, dass die Bibelforscher- bzw. die Watchtower-Organisation eintritt für die Aufrechterhaltung von Ordnung und Sicherheit des Staates, sowie für die Förderung der vorerwähnten, auf religiösem Gebiet liegenden hohen Ideale der nationalen Regierung. Um hiervon vor allen Dingen dem Herrn Reichskanzler, als dem Führer des Volkes, und den übrigen hohen Regierungsbeamten des Deutschen Reiches und der Länder Kenntnis zu geben, wurde das vorstehend kurz gesagte in anliegender Erklärung ausführlich niedergelegt.

Diese beigefügte Erklärung wurde vom Sekretär der fünftausend Delegierten der Bibelforscher Konferenz vorgelesen und von dieser ein-

Bijlage 4

stimmig gebilligt und angenommen mit dem Auftrag, je ein Exemplar dieser Erklärung zusammen mit diesem Versammlungsbericht dem Herrn Reichskanzler und den übrigen hohen Regierungsbeamten des Reiches und der Länder zu überreichen.

Dies geschieht hierdurch mit der ergebenen Bitte, dem in der Erklärung zum Ausdruck gebrachten Ansuchen aus unserer Mitte Gelegenheit zu wollen Nämlich, einer Kommission aus unserer Mitte Gelegenheit zu geben zur verantwortlichen Darlegung des wahren Sachverhalts vor dem Herrn Reichskanzler oder dem Herrn Reichsminister des Innern persönlich. Anderfalls wollte der Herr Reichskanzler eine Kommission von Männern bestimmen, die nicht nur durch religiöse Vorurteile gegen uns eingenommen sind, also von Männern, die selbst nicht beruflich religiös interessieret sind, sondern die wirklich nur - den für solche Fälle geltenden Grundsätzen gerechten und vom Herrn Reichskanzler selbst aufgestellten Grundsätzen entsprechend - unsere Angelegenheit vorurteilslos prüfen würden. Mit diesen Grundsätzen meinen wir das in Punkt 24 des Programms der Nationalsozialistischen Deutschen Arbeiterpartei Gesagte:

„Wir fördern die Freiheit aller religiösen Bekenntnisse im Staat, soweit sie nicht dessen Bestand gefährden oder gegen das Sittlichkeitsund Moralgefühl der germanischen Rasse verstossen.

Die Partei als solche vertritt den Standpunkt eines positiven Christentums, ohne sich konfessionell an ein bestimmtes Bekenntnis zu binden. Sie bekämpft den jüdisch-materialistischen Geist in und ausser uns und ist überzeugt, dass eine dauernde Genesung unseres Volkes nur erfolgen kann von innen heraus..."

Wir sind fest überzeugt, dass - wenn man uns religiös vorurteilslos erstens nur nach Gottes Wort und zweitens diesen angeführten Programmpunkten nach beurteilt - die nationale Regierung Deutschlands keinerlei Ursache finden wird, unsere Gottesdienste oder unsere Missionstätigkeit zu hindern.

In Erwartung einer baldigen gütigen Zusage, und mit der Versicherung unserer allergrössten Hochachtung, sind wir, seht verehrter Herr Reichskanzler

ergebenst

WATCH TOWER BIBLE AND TRACT SOCIETY

MAGDEBURG

Bijlage 5
Resolutie van 15 september 1943

Erklärung

Jeder Krieg bringt namenloses Leid über die Menschheit. Jeder Krieg bringt Tausende, ja Millionen von Menschen in schwere Gewissensnot. Das gilt besonders auch vom jetzigen Krieg, der keinen Erdteil verschont und in der Luft, zu Wasser und zu Lande ausgetragen wird. Es ist unvermeidlich, daß in solchen Zeiten nicht nur einzelne Menschen, sondern auch Gemeinschaften aller Art ungewollt verkannt oder auch bewußt falsch verdächtigt werden.

Auch uns Zeugen Jehovas ist dieses Schicksal nicht erspart geblieben. Wir werden als eine Vereinigung hingestellt, die bezwecke oder deren Tätigkeit darauf gerichtet sei, „die militärische Disziplin zu untergraben, insbesondere Dienstpflichtige zum Ungehorsam gegen militärische Befehle, zur Dienstverletzung, zur Dienstverweigerung oder zum Ausreißen zu bewegen oder zu verleiten."

Eine solche Auffassung kann nur vertreten, wer Geist und Wirken unserer Gemeinschaft völlig verkennt oder sie wider besseres Wissen böswillig entstellt.

Wir stellen ausdrücklich fest, daß unsere Vereinigung weder gebietet noch empfiehlt, noch sonst in irgendeiner Weise nahelegt, gegen militärische Vorschriften zu handeln. Derartige Fragen werden weder in unseren Versammlungen noch in den von der Vereinigung herausgegebenen Schriften behandelt. Wir beschäftigen uns überhaupt nicht mit solchen Fragen. Wir erblicken unsere Aufgabe darin, für Jehova Gott Zeugnis abzulegen und allen Menschen die biblische Wahrheit zu verkündigen. Hunderte unserer Mitglieder und Glaubensfreunde haben ihre militärischen Pflichten erfüllt und erfüllen sie weiterhin.

Wir haben uns nie angemaßt und werden uns nie anmaßen, in dieser militärischen Pflichterfüllung eine Zuwiderhandlung gegen die Grundsätze und Bestrebungen der Vereinigung Jehovas Zeugen, wie sie in ihren Statuten niedergelegt sind, zu erblicken. Wir bitten alle unsere Mitglieder und Glaubensfreunde, bei der Verkündigung der Botschaft vom Königreiche Gottes (Matthäus 24:14) sich nach wie vor streng auf die Verkündigung der biblischen Wahrheiten zu beschränken und alles zu vermeiden, was Anlaß zu Mißverständnis geben oder gar als Aufforderung zum Ungehorsam gegen militärische Vorschriften mißdeutet werden könnte.

Vereinigung Jehovas Zeugen der Schweiz
Der Präsident: Ad. Gammenthaler
Der Sekretär: D. Wiedenmann

Bern, den 15. September 1943.

Bibliografie

Abeele, Andries van den: De Kinderen van Hiram, Brussel 1991.
Albancelli, Copin: Le Pouvoir Occulte, o.A.
Alerta, 1 juni 1985.
Allen, Gary: None Dare Call It Conspiracy, Concord Press 1972.
Algermissen, Konrad: Die internationale Vereinigung Ernster Bibelforscher, Hannover 1928.
Algermissen, Konrad: Die Zeugen Jehovas, Celle 1949.

Baker Eddy, Mary: Ciencia y Salud, Boston 1982.
Baker, Nina: The Story of Theodor Herzl, London 1950.
Bailey, Alice: Externalization of the Hierarchy, New York 1982.
Ball Martínez, Mary: Die Unterminierung der katholischen Kirche, Durach 1992.
Barbier, E.: Les Infiltrations Maçonniques dans l'Eglise, Paris 1910.
Barefoot, Darek: Jehovah's Witnesses and the Hour of Darkness, Grand Junction 1992.
Barrett, Francis: The Magus, Northhamptonshire 1989.
Baumann: Atlantikpakt der Konzerne. Die Internationale Kapitalverflechtung in West-Deutschland, Berlin 1952.
Berliner Zeitung (11-11-1999)
Billedbladet NA^a (1989)
Blackwood, Peter: Die Netzwerke der Insider, Leonberg 1986.
Blázquez Miguel, Juan: La Historia de la Masonería Española, Madrid 1989.
Bord, Janet und Colin: Geheimnisse des 20. Jahrhunderts. Faszinierende Phänomene, Erscheinungen und Ereignisse, o.A.

Cahill, Rev. E.: Freemasonery and the anti-Christian Movement, Dublin 1959.
Carlisle, Al: Satan's Underground, Stattford 1990.
Caro Rodríguez, José María: El Misterio de la Masonería, Santiago de Chile 1988.

Carrera, Antonio: 127 Preguntas sobre la Secta de Jehová, Chihuahua 1994.
Cetnar, William: Questions for Jehovah's Witnesses, Kunkletown 1983.
Churchward, Albert: The Signs and Symbols of Primordial Man – The Evolution of Religious Doctrines from the Eschatology of the Ancient Egyptians, London 1913.
Cierva, Ricardo de la: El Tercer Templo, Barcelona 1992.
Cole, Marley: Jehovas Zeugen – Die Neue Weltgesellschaft, Frankfurt 1956.
Cross, Sholto: The Watchtower Movement in South-Central Africa 1908-1945, Oxford 1973.
Crowley, Aleister: The Book of the Law, Maine 1976.

Dall, Curtis B.: Amerikas Kriegspolitik – Roosevelt und seine Hintermänner, Tübingen 1975.
Decker, Ed und Hunt, Dave: Los Fabricantes de Dioses, Minneapolis 1987.
Doyon, Josy: Herders zonder Erbarmen, Baarn 1975.
Droz, Jacques: Historia General del Socialismo, Barcelona 1982.
Dulles, Allan Welsh, The Craft of Intelligence, New York 1963.

Eban, Abban: My People, the Story of the Jews, New York 1968.

Falcke: Vor dem Eintritt Amerikas in den Weltkrieg, Dresden 1928.
Farrer, David: The Warburgs, New York 1974.
Finkenstädt, Helmut: Eine Generation im Banne Satans, Frankfurt 1990.
Foreign Relations of the United States – Diplomatic Papers 1933, Volume II. The British Commonwealth, Europe, Near East and Africa, Washington 1949.
Franke-Gricksch, Ekkehard: Der namenlose Krieg, Leonberg 1989.
Franz, Raymond: In Search of Christian Freedom, Atlanta 1991.
Friedlmayer, Helmut: Die Zeugen Jehovas, Durach 1993.

Garbe, Detlef: Zwischen Widerstand und Martyrium – Die Zeugen Jehovas im "Dritten Reich". Dissertation zur Erlangung der Würde des Doktors der Philosophie der Universität Hamburg, Hamburg 1989.
Garbe, Detlef: Zwischen Widerstand und Martyrium – Die Zeugen Jehovas im "Dritten Reich". Studien zur Zeitgeschichte. Band 42, Oldenburg 1993.
Gebhard, Manfred: Die Zeugen Jehovas – Eine Dokumentation über die Wachtturmgesellschaft, Leipzig 1971.
General Synod – July group of Sessions – Report of Proceedings, London 1987.
Gómez, Manuel Guerra: Los Nuevos Movimientos Religiosas, Pamplona 1993.
Gotthilf, P.B.: Die größte Geheim-Macht der Welt – Die Ursache aller Kriege sowie aller nationalen und internationalen Zerwürfnisse. Ein Jahrhunderte alter Betrug aufgedeckt, Leipzig 1924.
Graham, O.J.: The Six-Pointed Star, New York 1984.
Griffin, Des: Die Herrscher – Luzifers 5. Kolonne, Vaduz 1980.
Griffin, Des: Wer regiert die Welt?, Leonberg 1986.

Handbuch des jüdischen Wissens, Königstein 1982.
Heinz, Herman, Die Goldene Woge, München 1961.
Hellmund, Dietrich: Geschichte der Zeugen Jehovas in der Zeit von 1870 bis 1920. Geschichte der Zeugen Jehovas in Deutschland bis 1970. Theologische Dissertation, Hamburg 1972.
Hoffstetter, P.: Défense de l'Occident, Paris 1963.
Homuth Norbert: Kommt Luzifer an der Macht?, Aglasterhausen 1985.
Homuth, Norbert: Vorsicht Ökumene! Christen im Strudel der Antichristlichen Endzeitkirche, Nürnberg 1986.
Horowitz, David: Pastor Charles Taze Russell – An Early American Christian Zionist, New York 1990.
Höss, Rudolf: Kommandant in Auschwitz – Autobiographische Aufzeichnungen, Stuttgart 1958.
House, Edward Mandell: The Intimate Papers of Colonel House.

Arranged by Charles Seymour, Boston 1926-1928.
Imberger, Elke: Widerstand von unten. Widerstand und Dissens aus den Reihen der Arbeiterbewegung und der Zeugen Jehovas in Lübeck und Schleswig-Holstein 1933-1945, Neumünster 1991.
Infolink: Das Kartell der Sekten (November 1996).

Jüdisches Jahrbuch von Herzl, Band 5, London 1963.

Kahane, Meir: La Historia del Jewish Defense League, Madrid 1975.
King, Christina Elizabeth: The Nazi State and the New Religions – Five Case Studies in Non-Conformity, Toronto 1982.

Lady Queensborough: Occult Theocracy, California, Christian Book Club of America 1931.
Lantoine, Albert: Histoire de la Franc-Maçonnerie Française, Paris 1925.
Ledré, Charles: La Masonería, Andorra 1958.
Lévi, Elephas: Les Mystères de la Kabbale, Paris 1977.

Macmillan, A.H.: Faith on the March, Englewood Cliffs, 1957.
Magnani, Duane: The Moneymakers, Clayton 1986.
Manzanares, Vidal César: El Infierno de las Sectas, Bilbao 1989.
Merlier, M.: Le Congo de la Colonisation Belge a l'indépendence, Paris 1962.
Mohr, J.B.C.: Entscheidungsjahr 1932, Tübingen 1966.
Möller, Reimer: Widerstand und Verfolgung in einer agrarisch-kleinstädtischen Region – SPD, KPD und Bibelforscher im Kreis Steinburg 1933-1945, ZSHG 114, 1989.
Morse, Arthur D., While Six Million Died, Wageningen 1968.
Müller, Gerhard: Hinter den Kulissen des Weltgeschehens, Pähl 1982.
Muhlstein, Anka: Baron James – The Rise of the French Rothschilds, New York 1980.
Mullins, Eustace: Die Bankiersverschwörung von Jekyll Island,

Oberammergau/Oberbayern 1956.
Mullins, Eustace: The World Order, Boring OR, 1984.

Nefontaine, Luc: Eglise et Francmaçonnerie, Chalet 1990.
New Age Magazine (September 1959).
Nobel, Rolf: Falschspieler Gottes – Die Wahrheit über die Zeugen Jehovas, Hamburg 1985.
Nuevo Diccionario Ilustrado Sopena, Barcelona 1988.

Ohrtmann, Johann: Die Kriegsdienstgegnerbewegung, Heide (Holstein) 1932.

Pape, Günther: Ich war Zeuge Jehovas, Augsburg 1989.
Penton, James M.: The Christian Quest Vol. 3. A Story of Attempted Compromise – Jehovah's Witnesses, Anti-Semitism and the Third Reich, Addison 1990.
Pike, Albert: Morals and Dogma of the Ancient and Accepted Rite of Scottish Freemasonery, Richmond, Virginia 1921 (Republished 1966).
Ploncard d'Assac, Jacques: Les Secrets des Francs-Maçons, Chiré-en-Montreuil 1979.
Poncins, Léon de: Hinter den Kulissen der Revolution, Berlín 1929.
Prokovsky, A.: B'naï B'rith y sus Esclavos, México 1941.

Reed, David: Respuestas bíblicas a los Testigos de Jehová, Miami 1990.
Reinard.: Spanischer Sommer, Affaltern/Schweiz 1948.
Report from the Church of Scotland's Panel on Doctrine, Edinburg 1989.
Robison, John: Proofs of a Conspiracy against all Governments and Religions, Boston 1967.
Rodríguez, Pepe: El Poder de las Sectas, Barcelona 1990.
Rothberg, Rolent: The Making of Malawi and Zambia 1873-1964, London 1966.
Rothkranz, Johannes: Die kommende "Diktatur derHumanität"

oder die Herrschaft des Antichristen. Band 1: Die geplante Weltdemokratie in der "City of man", Durach 1991.

Rothkranz, Johannes: Die kommende "Diktatur der Humanität" oder die Herrschaft des Antichristen. Band 2: Die Weltherrscher der Finsternis in Aktion, Durach 1990.

Rothkranz, Johannes: Die kommende "Diktatur der Humanität" oder die Herrschaft des Antichristen. Band 3: Die vereinten Religionen der Welt im antichristlichen Weltstaat, Durach 1990.

Roulantzas, N.: Fascisme et Dictature, Paris 1986.

Ruiter, Robin de: ¡Precaución! Testigos de Jehová, Chihuahua 1992.

Ruiter, Robin de: El Poder detrás de los Testigos de Jehová, Chihuahua 1994.

Ruiter, Robin de: Die Geheime Macht hinter den Zeugen Jehovas, Durach 1995.

Ruiter, Robin de: Die 13 Satanischen Blutlinien – Die Ursache vielen Elends und Übels auf Erden, Durach 1999.

Schnell, W.J.: Treinta años en la Torre del Vigia, Kansas 1976.

Schnerb, R: El Siglo XIX, Barcelona 1983.

Schnoebelen, William & Spencer, James: Mormonism's Temple of Doom, Idaho 1987.

Shaw, Jim: The Deadly Deception, Lafayette 1988.

Smit, W.: Israel, Bussum 1979.

Smith, E.: Vrijmetselaar of Christen?, Amsterdam 1990.

Springmeier, Fritz: Be Wise as Serpents (special pre-publication), Lincoln 1991.

Springmeier, Fritz: The Watchtower and the Masons, Lincoln 1990.

Springmeier, Fritz: The Top 13 Illuminati Bloodlines, Lincoln 1995.

Springmeier, Fritz & Wheeler, Cisco: The Illuminati Formula used to create an Undetectable Total Mind Controlled Slave,

Clackamas 1996.
Stokes, Lawrence: Kleinstadt und Nationalsozialismus, Neumünster 1984.
Stuhlhofer, Franz: Charles Taze Russell und die Zeugen Jehovas – Der unbelehrbare Prophet, Berneck 1992.
Sweetnam, George: Where else but Pittsburgh?, Pittsburgh 1958.

Tancill, C.C.: Amerika geht in den Krieg, Stuttgart 1939.
Taylor, Samuel: Rocky Mountain Empire. The Later Day Saints Today, New York 1978.
The Case of the International Bible Students Association, Vol. 1. Reprint of the Trail Transcripts.

Vaca de Osma, José Antonio: La Masonería y el Poder, Barcelona 1992.
Vázquez Dízan, Católico y Masón. ¿Qué dice la Iglesia hoy?, Chihuahua 1994.

Webster, Nesta: Secret Societies, New York 1924.
Wechsberg, Joseph: The Merchant Bankers, London 1967.
Weiss John, Ideology of Death, New York 1997, 315.
Western Pennslyvania Genealogical Society. A list of Immigrants Who applied for Naturalization Papers in the District Courts of Allegheny County, Pa., Pittsburgh 1978.
Wichtl, Friedrich: Weltfreimaurerei – Weltrevolution – Weltrepublik. Eine Untersuchung über Ursprung und Endziele des Weltkrieges, München 1919.
Wiechoczek, Reinhard: Astrologie – Das falsche Zeugnis vom Kosmsos, o.A.
Wills, A.J.: The History of Central Africa, London 1973.
Woodrow, Alain: Las Nuevas Sectas, México 1986.

Zipfel, Friedrich: Kirchenkampf in Deutschland 1933-1945, Berlín 1965.

Wachttorenliteratuur

Zion's Watchtower and Herald of Christ's Presence (1879-1909)
The Watch Tower and and Herald of Christ's Presence (1909-1939)
The Watchtower
The Messenger
The Golden Age
Das Goldene Zeitalter.
Consolation.
Trost.
Ontwaakt!
De Wachttoren.
Kingdom Ministry
Thy Kingdom Come (1891).
The New Creation (1904).
Comfort to the Jews (1912)
The Finished Mystery (1917).
Pastor Russell's Sermons (1917).
The Battle of Armagedon (1919).
Millioenen nu levende menschen zullen nimmer sterven (1920).
Comfort for the Jews (1925).
Versöhnung (1928).
Prophezeiung (1929).
Leven (1929).
Die Krise (1933).
Vijanden (1937).
Religion (1940).
Die Neue Welt (1942).
God zij waarachtig (1952).
Nieuwe hemelen en een nieuwe aarde (1957).
Jehovas Zeugen in Gottes Vorhaben (1960).
Dan is Gods mysterie voleindigd (1970).
U kunt voor eeuwig in een paradijs op aarde leven (1982).
Hulp tot begrip van de Bijbel (1982-1985).
Overleving en daarna een nieuwe aarde (1984).

Wereldomvattende zekerheid onder de Vredevorst (1986).
De Openbaring – Haar grootse climax is nabij (1988).
De grootste mens die ooit heeft geleefd (1990).
De mens op zoek naar God (1990).
Interesseert God zich werkelijk voor ons? (1992).
Jehovah's Getuigen – Verkondigers van Gods Koninkrijk (1993).
Verschillende Jaarboeken van Jehovah's Getuigen.
Anerkennungsverfahren der Religionsgemeinschaft der Zeugen Jehovas in Deutschland 1990–1997.

Noten

1. In enkele landen is onlangs wettelijk bepaald dat het Wachttorengenootschap wel als 'werkgever' dient te worden beschouwd. Dit betekent dat het Genootschap zich in deze landen strafbaar heeft gemaakt. In verband hiermee werden bijvoorbeeld door de Duitse justitie op 31 maart 1998 op het Duitse hoofdkantoor *Selters* zogenaamde 'vrijwillige' werknemers ondervraagd en belangrijke documenten in beslag genomen.
2. Een *Kringdienaar* is degene die belast is met de dagelijkse leiding van een kring, gevormd door een aantal gemeenten. Meestal is hij in Brooklyn opgeleid, en wordt onderhouden door de gemeenten die hij regelmatig bezoekt. Hij heeft geen eigen thuis en geniet slechts een zeer kleine toelage van het Genootschap. Een *Speciale Pionier* moet ergens buiten het eigen gebied van zijn gemeente een nieuwe gemeente organiseren. Zij werken meer dan 140 uur per maand.
3. Intern schrijven van het Duitse Wachttorengenootschap d.d. 1 mei 1983. Zie ook: *Wer krank wird, ist selber Schuld,* van Infolink (Netzwerk ehemaligen Zeugen Jehovas).
4. Rechter Pesce in *Daily News Magazine* van 31 juli 1988.
5. Zie ook de open brief van het Wachttorengenootschap aan de Franse president Jacques Chirac in de New York Times van 5 juli 1998.
6. Het Wachttorengenootschap is bij *Dunn & Bradstreet* aangesloten om iedereen die geïnteresseerd is zaken met haar te doen, te overtuigen van zijn kredietwaardigheid.
7. *Zeitschrift für evangelisches Kirchenrecht,* 43. Band 1. Heft, maart 1998. *Hintergrund* van 14 mei 1997, Nr. 109,5.
8. Volgens de Duitse grondwet voor 'Religionsgemeinschaften' heeft een religieuze gemeenschap het recht om een aanvraag in te dienen om als publiekrechtelijk lichaam te worden erkend. Eenmaal erkend, geeft dit, naast belastingvoordelen, onder andere de mogelijkheid om geloofsovertuigingen in bijvoorbeeld ziekenhuizen en gevangenissen te verkondigen. In Duitsland is belastingvoordeel alleen van toepassing, als men de status van publiekrechtelijk lichaam heeft.
9. Wanneer het Wachttorengenootschap beweert dat de staat door Satan wordt beheerst en anti-christelijk is, dan geldt dit ook voor de instellingen van de staat.
10. *Infolink: Das Kartell der Sekten,* november 1996.
11. Frans sektenrapport uit 1996, waarin het Wachttorengenootschap in Frankrijk er, onder andere, van beschuldigd wordt een gevaar voor de openbare orde te zijn en dat de kinderen van Jehovah's Getuigen sociaal worden geïsoleerd. Bovendien wordt er melding gemaakt over een hoog zelfmoordpercentage onder Jehovah's Getuigen.

12. In de *Wachttoren* van 1 november 1999 wordt bevestigd dat iedere Jehovah's Getuige zelf beslist of hij op een verkiezingskandidaat stemt of niet. Dit betekent overigens niet dat Jehovah's Getuigen ook daadwerkelijk gaan stemmen. In dezelfde *Wachttoren* wordt de drempel om te gaan stemmen zo hoog gelegd, dat geen enkel lid het zal wagen aan een politieke verkiezing deel te nemen. De berichtgeving over deelname aan politieke verkiezingen effent het pad voor de komende processen in verband met de gerezen problemen in Duitsland omtrent de erkenning als publiekrechtelijk lichaam en de belastingaanslagen zoals bijvoorbeeld in Frankrijk.
13. Immigrantenlijst van de *Western Pennsylvania Genealogical Society*, Pittsburgh 1978, pag. 93.
14. Deze gegevens zijn afkomstig uit het testament van Ann Eliza Birney Russell. De moeder van Russell stierf toen hij 9 jaar oud was.
15. *Die Zeugen Jehovas in Gottes Vorhaben* 1960, pag. 17, Wachttorengenootschap.
16. De familie Russell sloot de slecht lopende winkel met herenartikelen in 1883.
17. George Sweetnam, *Where else but Pittsburgh*, Pittsburgh 1958, pag. 112.
18. Duane Magnani, *The Money Makers*, Clayton, 1986, pag. 41.
19. Volgens de onderzoeker Fritz Springmeier had ook Frederick Franz, de in 1992 overleden president van het Wachttorengenootschap, een voorproever. Zie zijn boek *Be Wise as Serpents*, Lincoln 1991, pag. 211.
20. A.H. Macmillan, *Faith on the March*, Englewood Cliffs 1957, pag. 70.
21. Marley Cole, *Die Zeugen Jehovas – Die Neue Wellt-Gesellschaft*, Frankfurt 1956. De auteur schreef dit boek met toestemming van het Wachttorengenootschap.
22. David Horowitz, *Charles Taze Russell - An Early American Christian Zionist*, New York 1991, pag. 61.
23. De originele stukken van dit proces bevinden zich in het oude Paleis van Justitie in Brooklyn.
24. Fritz Springmeier zegt in zijn boek *The Watchtower & the Masons*, Lincoln 1900, pag. 97, dat Russell in het Bethel-huis in Brooklyn 70.000 dollar in goud, 30.000 dolar in baar geld en 62.000 dollar in staatsobligaties had verborgen.
25. De *Wachttoren* (Spaanse editie), 1 april 1977.
26. Fritz Springmeier, *Be Wise as Serpents*, Lincoln 1991, pag. 132.
27. *Billedbladet* van 5 oktober 1989. Zie ook *Aftenposten* van 18 oktober 1990.
28. Vergelijk *Hulp tot begrip van de bijbel* (deel 6, blz. 1037) uitg. Wachttorengenootschap, 1989.
29. Brochure Jehovah's Getuigen en de school, Wachttorengenootschap 1985.
30. De *Wachttoren*, 1 november 1992.
31. Robin de Ruiter, *Detrás de la Sonrisa de los Testigos de Jehová*, Mexico 1999, 321.
32. Volgens de Jehovah's Getuigen werd de Hemelse Regering in 1918 gevormd.

Momenteel leven nog ongeveer 8.000 uitverkorenen op aarde.
33. *God zij waarachtig*, De Wachttoren 1955, pag. 161.
34. De gedachtencontrole heeft als doel het individu te controleren.
35. De Jehovah's Getuigen lezen de voorgenummerde passages en beantwoorden daarover vragen met antwoorden die in de tekst worden gegeven.
36. Alain Woodrow, *Las Nuevas Sectas*, Mexico 1986, pag. 101.
37. W.J. Schnell, *Treinta Años Esclavo en la Torre de Vigía*, Grand Rapids 1976, pag. 35.
38. Fritz Springmeier, *Be Wise as Serpents*, Lincoln 1991, pag. 199.
39. Een Loge is een bijzondere ruimte waar de bijeenkomsten van de vrijmetselarij plaatsvinden.
40. Andries van den Abeele, *De kinderen van Hiram*, Brussel 1991, pag. 268. Vergelijk: *Report from the Church of Scotland's Panel on Doctrine*, Edinburgh 1989.
41. Robin de Ruiter, *El Poder detrás de los Testigos de Jehová*, Chihuahua 1994, pag. 39.
42. Dr. Fara, *La Masonería y su Obra*, Madrid 1935, pag. 44.
43. Opgenomen door A.C. de la Rive in *La Femme et l'Enfant dans la Franc-Maçonnerie Universelle*. Citaat uit: Lady Queensborough, *Occult Theocracy*, Christian Book Club of America 1931, pag. 220 e.v.
44. Ed Decker en Dave Hunt, *Los Fabricantes de Dioses*, Minneapolis 1987, pag. 112.
45. Mary Baker Eddy was getrouwd met George Washington Glover, een prominent vrijmetselaar. *Christian Science* maakt tot op de dag van vandaag gebruik van het vrijmetselaarssymbool. Volgens Mary Baker Eddy zijn kruis en kroon de merktekens van de vereniging tussen de directeuren van de *Christian Science*.
46. Hiram-Abif is niet identiek aan de koning van Tyrus (vergelijk het bijbelboek Koningen).
47. Fritz Springmeier, *The Watchtower & the Masons*, Lincoln 1990, pag. 27.
48. Russell werd begraven op het landgoed van het Wachttorengenootschap *The Rosemont United Cemetries*, vijf mijl ten noorden van Pittsburgh. Tot op de huidige dag staat de stenen vrijmetselaarspiramide op zijn graf. Zijn volgelingen hebben naast de piramide een stenen plaat aangelegd met daarop zijn foto, om de aandacht van het eigenlijke graf af te leiden.
49. Deze loge hoort bij de *Grand Loge* van Pennsylvania.
50. Lady Queensborough, *Occult Theocracy*, Californië 1931, pag. 737.
51. De Tempelrede is vertaald uit het *International Bible Students Souvenir, Convention Report* 1913, pag. 359 e.v.
52. Vergelijk Fritz Springmeier, *Be Wise as Serpents*, Lincoln 1991, pag. 423 en pag. 312.
53. Zijn de Ernstige Bijbelonderzoekers werkelijk zo 'onschuldig'? in *Der Morgen*, derde jaargang nummer 116, 18 mei 1923.

54. idem
55. Laurens Stokes, *Kleinstadt und Nationalsozialismus*, Neumünster 1984, pag. 700.
56. Johannes Rothkranz, *Die kommende 'Diktatur der Humanität' oder die Herrschaft des Antichristen*, deel 1: *Die geplante Weltdemokratie in der 'City of Man'*, Durach 1991, pag. 114.
57. Charles Taze Russell, *Scripture Studies*, deel I, 1886, pag. 83.
58. Jim Shaw (vrijmetselaar van de 33ste graad), *The Deadly Deception*, Lafayette 1988, 239.
59. Jim Shaw, *The Deadly Deception*, Lafayette 1988, pag. 137. *The Watchtower*, 6 januari 1960, pag. 352.
60. Sir Arthur James Balfour was als politicus belast met de buitenlandse aangelegenheden van zijn land. Hij was een Engels conservatief, fanatiek zionist en een prominent lid van de vrijmetselarij.
61. Manfred Gebhard, *Eine Dokumention über die Wachtturm-Gesellschaft*, Leipzig 1971, pag. 76.
62. Severin Reinard, *Spanischer Sommer*, Affaltern 1948, pag. 174.
63. Joseph Franklin Rutherford, *Leven*, Wachttorengenootschap 1929, pag. 178.
64. Volgens het door de B'nai B'rith uitgegeven werk *The Challenge of Ethnic Leadership*, pag. 201.
65. *Jehovah's Getuigen Verkondigers van Gods Koninkrijk*, Wachttorengenootschap 1993, pag. 406.
66. *Zion's Watchtower*, 1 december 1891, pag. 170.
67. *The Herzl Yearbook*, Volume 5, Londen 1963.
68. David Horowitz, *Pastor Charles Taze Russell - An early American Christian Zionist*, tweede druk, New York 1990, pag. 43.
69. David Horowitz, *Pastor Charles Taze Russell - An early American Christian Zionist*, tweede druk, New York 1990, pag. 69.
70. *United Israël Bulletin*, november 1971.
71. Franz Stuhlhofer, *Charles Taze Russell und die Zeugen Jehovas - Der unbelehrbare Prophet*, tweede druk, Berneck 1992, pag. 239.
72. M. James Penton, *The Christian Quest*, deel 3: *A Story of Attempted Compromise. Jehovah's Witnesses, AntiSemitism and the Third Reich*, Addison 1990, pag. 35 e.v. De auteur citeert op deze pagina's zijn vader, die bij de toespraak van Rutherford in Winnipeg aanwezig was.
73. Joseph Franklin Rutherford, *Leven*, Wachttorengenootschap 1929, pag. 121.
74. Joseph Franklin Rutherford, *Trost für die Juden*, Wachttorengenootschap 1925, pag. 70 e.v. Onder de eerste directeuren van de beroemde Hebreeuwse Universiteit van Jerusalem bevonden zich Chaim Weizmann, Felix Warburg en James Rothschild.
75. Alleen al in 1910 werd de *Prince Albert Hall* in Londen tien keer afgehuurd!
76. Rabino Meir Kahane, *La Historia del Jewish Defense League*, Madrid 1975, pag. 59.

77. Manfred Gebhard, *Die Zeugen Jehovas - Eine Dokumentation über die Wachtturm-Gesellschaft*, Leipzig 1971, pag. 307.
78. Joseph Franklin Rutherford, *Rechtfertigung*, Wachttorengenootschap 1932, pag. 258 e.v.
79. Joseph Rutherford, *Vijanden*, Wachttorengenootschap 1937, pag. 217/271.
80. Manfred Gebhard, *Die Zeugen Jehovas - Eine Dokumentation über die Wachtturm-Gesellschaft*, Leipzig 1971, pag. 169.
81. Robin de Ruiter, *¡Precaución!... Testigos de Jehová*, Chihuahua 1992, pag. 219.
82. Rudolf Höss, *Kommandant in Auschwitz. Autobiographische Aufzeichnungen*, Stuttgart 1958, pag. 117.
83. C.C. Tancill, *Amerika geht in den Krieg*, Stuttgart 1939, pag. 84.
84. C.C. Tancill, *Amerika geht in den Krieg*, Stuttgart 1939, pag. 365. Ook Eustace Mullins, *Die Bankiersverschwörung von Jekyll Island*, Oberammergau/Oberbayern 1956, pag. 55.
85. Fritz Springmeier, *Be Wise as Serpents*, Lincoln 1991, pag. 222.
86. *Die Zeugen Jehovas in Gottes Vorhaben*, Wachttorengenootschap 1960, pag. 78.
87. *Der Wachtturm*, 15 juni 1955.
88. In de *Wachttoren* van 1 mei 1996 wordt bekend gemaakt dat vanaf dat moment het al of niet vervullen van de vervangende dienstplicht aan het geweten van de leden wordt overgelaten.
89. In die landen waar de dienstplicht is afgeschaft, is dit aspect voor de Jehovah's Getuigen uiteraard niet relevant.
90. *Zion's Watchtower*, 1 augustus 1898, pag. 231.
91. *Zeugen Jehovas in Gottes Vorhaben*, Wachttorengenootschap 1960, pag. 58.
92. Rutherford vluchtte met een kotter naar Engeland!
93. Detlef Garbe, *Zwischen Widerstand und Martyrium - Die Zeugen Jehovas im 'Dritten Reich'*. Proefschrift filosofie aan de Universiteit van Hamburg 1989, pag. 58.
94. Frederick William Franz, *Dan is Gods mysterie voleindigd*, Wachttorengenootschap 1969, pag. 324.
95. Johann Ohrtmann, *Die Kriegsdienstgegenerbewegung*, Heide 1932, pag. 9.
96. Vergelijk ook *Trost* van 15 oktober 1943 en van 15 november 1943 (Zwitserse editie). Zie bijlage.
97. Ook deze opmerkelijke ommekeer heeft waarschijnlijk te maken met de wens van het Wachttorengenootschap om officieel erkend te worden in landen die voor de organisatie belangrijk zijn.
98. Konrad Algermissen, *Die Zeugen Jehovas*, Celle 1949, pag. 7.
99. Het door Rutherford ontworpen theocratische systeem veroorzaakte ook problemen. Zo werd er in de Wachttoren van 1 mei 1941 over geklaagd dat veel volgelingen een 'lage moraal' aan de dag legden. Onder enkelen bestond de opvatting dat het onnodig was zich te onderwerpen aan de verplichting tot huwelijksvoltrekking voor de staat. Zij leefden samen als man en vrouw,

zonder de wettelijke plichten te hebben vervuld (pag. 141).
100. De naam van het tijdschrift *Das Goldene Zeitalter* is tegenwoordig bekend onder de naam *Erwachet! (Ontwaakt!).*
101. *Reichsgesetzblatt* 1931, [1 Abs. 1 Zif. 3] van de *Verordnung des Reichspräsidenten zur Bekämpfung politischer Ausschreitungen,* 28 maart 1931 (pag. 79).
102. Citaat uit Detlef Garbe, *Zwischen Widerstand und Martyrium. Die Zeugen Jehovas im 'Dritten Reich',* Proefschrift, Hamburg 1989, pag. 109.
103. *Jahrbuch 1933 der Zeugen Jehovas,* Wachttorengenootschap, pag. 99.
104. Een districtsdienaar is iemand die aan de Genootschap verslag uitbrengt over een kringvergadering en de kringdienaar en diens vrouw.
105. *Geschichte der Zeugen Jehovas in Deutschland.* Transcriptie van de geluidsopname: Helmut Lasarcyk (1990). Vergelijk ook Elke Imberger, *Widerstand von unten, Widerstand und Dissens aus den Reihen der Arbeitersbewegung und der Zeugen Jehovas in Lübeck und SchleswigHolstein* 1933-1945, Neumünster 1991, pag. 262 e.v.
106. Allen die uit gewetensbezwaar de militaire dienst weigerden, werden voor deze wet ook beschouwd als een bedreiging van de staat.
107. Detlef Garbe, *Zwischen Widerstand und Martyrium - Die Zeugen Jehovas im 'Dritten Reich'.* Proefschrift, Hamburg 1989, pag. 466.
108. Document van de Geheime Staatspolizei (Gestapo) A2 11 B 2/326/37S.
109. Detlef Garbe, *Zwischen Widerstand und Martyrium - Die Zeugen Jehovas im 'Dritten Reich'.* Proefschrift, Hamburg 1989, pag. 491 e.v.
110. Er waren overigens heel wat Jehovah's Getuigen die, tegen de voorschriften van hun geloof in, de militaire dienst vervulden. Velen van hen waren tijdens de Tweede Wereldoorlog in dienst van de *Wehrmacht* en de *Volkssturm.* Vergelijk Reimer Möller, *Widerstand und Verfolgung in einer agrarischkleinstädtischen Region: SPD, KPD und Bibelforscher im Kreis Steinburg 1933-1945,* ZSHG 114, 1989, pag. 217.
111. Detlef Garbe, *Zwischen Widerstand und Martyrium - Die Zeugen Jehovas im 'Dritten Reich'.* Proefschrift, Hamburg 1989, pag. 533.
112. Het *State Department* verzamelt en analyseert via zijn inlichtingendienst grote hoeveelheden informatie uit de politieke en economische sectoren uit de landen waar de Verenigde Staten door ambassades worden vertegenwoordigd.
113. *Foreign Relations of the United States. Diplomatic Papers 1933.* Deel 11. *The British Commonwealth, Europe, Near East and Africa,* Washington 1949, pag. 406-417. Dit boek bevat ook correspondentie tussen beide regeringen over het Wachttorengenootschap.
114. *Foreign Relations of the United States. Diplomatic Papers 1933.* Deel 11. *The British Commonwealth, Europe, Near East and Africa,* Washington 1949, pag. 406.
115. *Foreign Relations of the United States. Diplomatic Papers 1933.* Deel 11. *The British Commonwealth, Europe, Near East and Africa,* Washington 1949, pag.

116. 407.
Foreign Relations of the United States. Diplomatic Papers 1933. Deel 11. The British Commonwealth, Europe, Near East and Africa, Washington 1949, pag. 407.

117. De verklaring werd indertijd volledig afgedrukt in het door Rutherford geschreven boek 1933 Yearbook of Jehovah's Witnesses. Zie ook Robin de Ruiter, ¡Precaución!... Testigos de Jehová, Chihuahua 1992, pag. 404-415. Het getypte origineel van de Feitenverklaring bevindt zich in het Bundesarchiv onder nummer R. 43 II/179, 126140.

118. G eschichte der Zeugen Jehovas in Deutschland. Transcriptie van de geluidsopname: Helmut Lasarcyk (1990).

119. Rudolph Höss, Kommandant in Auschwitz, Autobiographische Aufzeichnungen, Stuttgart 1958, pag. 77.

120. Foreign Relations of the United States. Diplomatic Papers 1933. Deel 11. The British Commonwealth, Europe, Near East and Africa, Washington 1949. pag. 409.

121. Foreign Relations of the United States. Diplomatic Papers 1933. Deel 11. The British Commonwealth, Europe, Near East and Africa, Washington 1949, pag. 409.

122. Cordell Hull stond van 1933 tot 1944 aan het hoofd van het Amerikaanse ministerie van Buitenlandse Zaken.

123. Arthur D. Morse, Terwijl zes millioen stierven, Wageningen 1968, pag. 112.

124. Manfred Gebhard, Die Zeugen Jehovas - Eine Dokumention über die Wachtturm-Gesellschaft, Leipzig 1971, pag. 120.

125. Zie Erwachet! (Duitse editie van Ontwaakt!), nummer 21, 8 november 1964.

126. De brief is afgedrukt in: Manfred Gebhard, Die Zeugen Jehovas - Eine Dokumention über die Wachtturm-Gesellschaft, Leipzig 1971, pag. 122.

127. Foreign Relations of the United States. Diplomatic Papers 1933. Deel 11. The British Commonwealth, Europe, Near East and Africa, Washington 1949, pag. 412.

128. Deze brief werd samen met een kopie van de Feitenverklaring door een speciale bode persoonlijk aan Hitler overhandigd.

129. Marley Cole, Die Zeugen Jehovas, Frankfurt 1956, pag. 193.

130. Vele Jehovah's Getuigen waren, vanwege het politieke karakter van de brief, niet bereid aan de actie van 7 oktober 1934 mee te doen. Na de protestactie kwam het daardoor tot een nieuwe afsplitsing van vele groepen Bijbelonderzoekers.

131. Vidal César Manzanares, El Infierno de las Sectas, Bilbao 1989, pag. 76 e.v.

132. Josy Doyon, Herders zonder Erbarmen, vierde druk, Baarn 1980, pag. 145.

133. Elke Imberger, Widerstand von unten, Widerstand und Dissens aus den Reihen der Arbeiterbewegung und der Zeugen Jehovas in Lübeck und Schleswig Holstein 1933-1945, Neumünster 1991, pag. 295. Vergelijk Protokoll der Geheimpolizei, nummer 1035/36, 28 augustus 1936.

134. Elke Imberger, *Widerstand von unten, Widerstand und Dissens aus den Reihen der Arbeitersbewegung und der Zeugen Jehovas in Lübeck und Schleswig Holstein 1933-1945*, Neumünster 1991, pag. 295. Vergelijk *Protokoll der Geheimpolizei* nummer 1035/36, 28 augustus 1936.
135. Aangezien van hallen sprake is, bestaat de mogelijkheid dat de door het Wachttorengenootschap gepubliceerde foto's in een hal zijn gemaakt waar geen vlaggen aanwezig waren.
136. Vergelijk Manfred Gebhard, *Die Zeugen Jehovas - Eine Dokumentation über die Wachtturm-Gesellschaft*, Leipzig 1971, pag. 256.
137. Manfred Gebhard, *Die Zeugen Jehovas - Eine Dokumentation über die Wachtturm-Gesellschaft*, Leipzig 1971, pag. 212.
138. Robin de Ruiter, *¡Precaución!... Testigos de Jehová*, Chihuahua 1992, pag. 249.
139. De Jehovah's Getuigen in de concentratiekampen stonden als zeer plichtsgetrouw, correct en betrouwbaar bekend. Zij werden daarom onder andere belast met het toezicht over de medegevangenen en werden als voormannen ingezet.
140. John Toland, *Adolf Hitler*, Utrecht 1978, pag. 835.
141. Rolf Nobel, *Falschspieler Gottes – Die Wahrheit über die Zeugen Jehovas*, Hamburg 1985, pag. 122.
142. *Jahrbuch 1947 der Zeugen Jehovas*, Wachttorengenootschap, Bern, pag. 112.
143. *Wachttoren (Duitse editie)*, 15 februari 1948.
144. Manfred Gebhard, *Die Zeugen Jehovas – Eine Dokumentation über die Wachtturm-Gesellschaft*, Leipzig 1971, pag. 149.
145. De brief is afgedrukt in: Manfred Gebhard, *Die Zeugen Jehovas – Eine Dokumentation über die Wachtturm-Gesellschaft*, Leipzig 1971, pag. 226 e.v.
146. Josy Doyon, *Herders zonder Erbarmen – Tien jaren Jehovah's Getuige*, Baarn 1980, pag. 60.
147. *Erwachet!* van 22 maart 1953 en van 22 september 1965.
148. De *Wachttoren*, 15 maart 1977, pag. 175.
149. Citaat uit Manfred Gebhard, *Die Zeugen Jehovas – Eine Dokumentation über die Wachtturm-Gesellschaft*, Leipzig 1971, pag. 149.
150. Tony Hodges, *Jehovah's Witnesses in Central Africa*, [o.O.u.J.], pag. 14.
151. Vergelijk Sholto Cross, *The Watchtower Movement in South-Central Africa 1908-1945*, Oxford 1973.
152. Vergelijk Rolent Rothberg, *The Making of Malawi and Zambia 1873-1964*, Londen 1966, pag. 142-146.
153. In het begin van de jaren '60 had de omverwerping van de onafhankelijkheidsbeweging in Katanga onder meer de liquidatie van Tsjombe tot doel; bovendien moest ze het de Amerikaanse trust *United States Steel* (van de Morgans) mogelijk maken zijn concurrent *Union Minière du Haut Katanga* uit te schakelen. Vergelijk P. Hoffstetter, *Défense de l'Occident*, Parijs 1963, pag. 45.

154. *Jaarboek 1977 van de Jehovah's Getuigen*, Wachttorengenootschap, pag. 93 e.v.
155. *Jehovah's Getuigen - Verkondigers van Gods Koninkrijk*, Wachttorengenootschap 1993, pag. 482.
156. William Cetnar, *Questions for Jehovah's Witnesses*, Kunkletown 1983, pag. 31.
157. Vergelijk *Der Wachtturm*, 15 april 1957; *La Atalaya* (Spaanse editie van de *Wachttoren*), 1 juni 1963.
158. Toentertijd was Anton Koerber de vertegenwoordiger van de Wachttoren; in 1952 deed hij president Nathan Knorr onder meer een nieuwe Cadillac cadeau. Vergelijk William Cetnar, *Questions for Jehovah's Witnesses*, Kunkletown 1983, pag. 66.
159. De brief van de Portugese Ambassade in Washington van 16 juni 1964 is afgedrukt in *Ontwaakt!* van 8 november 1964, pag. 13-14.
160. *San Diego Unión*, 13 april 1989.
161. Janet en Colin Bord, *Geheimnisse des 20. Jahrhunderts. Faszinierende Phänomene, Erscheinungen und Ereignisse*, Hestia Verlag, alsook: Reinhard Wiechoczek, *Astrologie. Das falsche Zeugnis vom Kosmos*, Erb Verlag.
162. Fritz Springmeier en Cisco Wheeler, *The Illuminati Formula used to create an Undetectable Total Mind Controlled Slave*, Chackamas 1996, pag. 253.
163. Robin de Ruiter, *Die 13 satanischen Blutlinien - Die Ursache vielen Elends und Übels auf Erden*, Durach 1999.
164. Fritz Springmeier, *The Top 13 Illuminati Bloodlines*, Lincoln 1995, pag. 207.
165. Een 'heksenkring' behoort tot de laagste rangen van het satanisme (vergelijkbaar met een eenheid in het leger). Een heksenkring bestaat uit 13 heksen, met een priester of priesteres als 'officier'. De meeste heksenkringen worden uiterst geheim gehouden.
166. Manuel Guerra Gomez, *Los Nuevos Movimientos Religiosos*, Pamplona 1993, pag. 119.
167. Samuel Taylor, *Rocky Mountain Empire The Latter Day Saints Today*, New York 1978, pag. 66.
168. *Le Point*, 27 februari 1993, pag. 214.
169. *Infolink: Das Kartell der Sekten*, november 1996, pag. 21 / Rapport van het *Wellspring Retreat and Resource Center for Post-Cult Rehabilitation* in de *Wellspring Messenger* van juli/augustus 1994.

www.ingramcontent.com/pod-product-compliance
Lightning Source LLC
Chambersburg PA
CBHW060603230426
43670CB00011B/1949